文化旅游与管理研究

卢明强 ◎ 著

吉林出版集团股份有限公司

图书在版编目（CIP）数据

文化旅游与管理研究 / 卢明强著.— 长春 ： 吉林
出版集团股份有限公司, 2023.10
ISBN 978-7-5731-2479-1

Ⅰ．①文… Ⅱ．①卢… Ⅲ．①旅游文化－研究②旅游
经济－经济管理－研究 Ⅳ．①F590

中国国家版本馆 CIP 数据核字（2023）第 207624 号

文化旅游与管理研究

WENHUA LÜYOU YU GUANLI YANJIU

著　　者	卢明强
责任编辑	王　平
封面设计	林　吉
开　　本	787mm×1092mm　　1/16
字　　数	210 千
印　　张	14
版　　次	2023 年 10 月第 1 版
印　　次	2024 年 1 月第 1 次印刷
出版发行	吉林出版集团股份有限公司
电　　话	总编办：010-63109269
	发行部：010-63109269
印　　刷	廊坊市广阳区九洲印刷厂

ISBN 978-7-5731-2479-1　　　　　　　　　　　　定价：78.00 元

前　言

自古以来，中国人的旅游活动就蕴含了丰富的文化色彩与因子。在自然风景中游览，可以吟咏历代文人的山水诗词：在历史街区中漫步，可以回想古老城市的市井繁华。个人的生命因旅游活动赋予的精神世界而变得多彩，人类社会生活亦因此得以更加丰富和发展。文化旅游始终表现出强大的生命力，是旅游者追求人性的自由和解放、塑造文化人格及民族和谐旅游性格，实现回归自然或融入社会的重要过程。它对于体现人类自然人性的回归、对休闲生活方式的向往、对文化交流的需求，均具有重要的现实意义。

文化旅游是以旅游文化的地域差异性为诱因，以文化的碰撞与互动为过程，以文化的相互融洽为结果的，它具有民族性、艺术性、多样性、互动性等特征。文化旅游的过程就是旅游者对旅游资源文化内涵进行体验的过程，这也是文化旅游的主要功能，它给人一种超然的文化感受，这种文化感受以饱含文化内涵的旅游景点为载体，体现了审美情趣激发功能、教育启示功能和民族、宗教情感寄托功能。

本书进行旅游文化资源及其管理模式的综合研究，先是介绍了文化与旅游的相关内容，接着详细地分析了旅游管理、旅游服务管理、旅游信息管理以及旅游部门管理，然后重点探讨了文化旅游资源开发、文化旅游管理概论、文化旅游景区的服务管理、文化旅游的公共服务管理以及文化旅游管理人才的培养等内容。本书力求体现理论的系统性、知识的综合性，可以作为旅游从业人员的培训和参考用书。

另外，编者在撰写本书的过程中，借鉴了许多前人的研究成果，在此表示衷心的感谢。由于水平有限，书中还存在许多不足，望读者能够不吝指正。

卢明强

2023.3

目　录

第一章 文化与旅游

第一节 文化与文化产业

一、文化的概念与内涵

（一）文化的概念

"观乎天文，以察时变；观乎人文，以化成天下。"《易经》中对于文化如此描述，"文化"即由其中的"人文化成"得来。这里的"文化"是"以文教化"的意思，即通过观察人类社会，使天下之人都能遵从文明礼仪，行为举止得当。在我国，"文化"一词最早出现于西汉刘向的《说苑·指武》："圣人之治天下也，先文德而后武力。凡武之兴，为不服也；文化不改，然后加诛。"这里"文化"的含义可以理解为"文治教化"。也就是说，古汉语中的"文化"是指以伦理道德教导世人，使人"发乎情止乎礼"。我国学术界对文化的定义，一方面是借鉴西方学术界的定义，另一方面是根据中国社会发展的自身情况进行定义。例如，《辞海》①分别从广义和狭义两个角度对文化概念做出了界定：广义指人类在社会实践过程中所获得的物质、精神的生产能力和创造的物质、精神财富的总和；狭义指精神生产能力和精神产品，包括一切社会意识形态——自然科学、技术科学、社会意识形态。有时义专指教育、科学、文学、艺术、卫生、体育等方面的知识与设施。很明显，文化广义的定义注重人与动物、社会与自然的本质区别，狭义的定义指与人类社会经济基础相对应的精神文化。此外，我国学者受西方学术界的影响，从符号学的角度定义文化，如童庆炳在《文学理论要略》②里将文化定义为人类符号创造活动及其符号产品的总称，凝聚着人类的信念、情感、价值、意义或理想追求。

---

① 夏征农 . 辞海 [M]. 上海：上海辞书出版社 , 1999.
② 童庆炳 . 文学理论要略 [M]. 北京：人民文学出版社 , 1995.

　　在西方，"文化"一词源于拉丁语 Cultura，文化原本是指与自然存在的东西相对的人造自然物，原意为对土地的耕耘和对植物的栽培，后引申为对人的身体和精神两方面的培育。"文化"的科学概念，到了 18 世纪启蒙时代才真正产生出来。1790 年，德国著名哲学家康德在其著作《判断力批判》中指出，文化是人作为有理性的实体，为了一定的目的而进行的有效的创造。① 康德认为，人是自然的最终目的，文化则是这一最终目的存在于人身上的一种形式的、主观的条件，"在一个有理性的存在者里面，产生一种达到任何自行抉择的目的的能力，因而产生一种使一个存在者自由地抉择其目的之能力的就是文化"（转引自郭齐勇，2014）。19 世纪，文化人类学兴起，人们对文化现象的认识有了新的突破。英国"人类学之父"泰勒在其 1871 年出版的《原始文化》② 中给出了近代科学的文化定义："文化，或文明，就其广泛的民族学意义来说，是包括全部的知识、信仰、艺术、道德、法律、风俗，以及作为社会成员的人所掌握和接受的任何其他才能和习惯的复合体。"该定义侧重文化中的"软件"，强调文化多样性的统一，即知识、习俗、才能的复合体。这种理解影响了当时和后来的许多社会科学家，被认为是从文化学学科角度定义文化的开始。英国文化人类学家马林诺夫斯基在《文化论》③ 中提出，文化包括物质、精神、语言和社会组织四方面，这些方面组成了不可分割的整体。这一定义具有深远影响，曾是苏联和中国对文化的主流定义。此后，学者们从不同领域、不同角度对文化这一种综合体进行了详细的研究，但并没有形成统一的概念。美国文化语言学奠基人萨丕尔从历史角度将文化定义为被民族学家和文化史学家用来表达在人类生活中任何通过社会遗传下来的东西，包括物质和精神两方面。罗海姆从心理学角度出发，认为文化是所有升华作用、替代物或反应形成物的总和。社会学家埃米尔·迪尔凯姆把文化看作社会事实，就是由社会全体人员在反复感觉和思考中作为一种制度固定下来的东西。从社会学角度对文化概念的理解比较接近于马克思、恩格斯提出的"意识形态"性质的揭示。

　　随着符号观点的引入，人们开始从符号学的角度理解文化。如学者克罗伯和克鲁克洪认为文化是通过符号而获得，并通过符号而传播的行为模型；其符号也像人工制品一样体现了人类的成就；在历史上形成和选择的传统思想，特别是其

---

① 康德.判断力批判判断力批判解义 [M].韦卓民，译.武汉:华中师范大学出版社,2016.
② 泰勒.原始文化 [M].蔡江浓，译.杭州：浙江人民出版社,1988.
③ 马林诺夫斯基.文化论 [M].费孝通，译.北京：中国民间文艺出版社,1987.

所代表的价值观念，是文化的核心；文化系统一方面可以看作是行动的产物，另一方面又是进一步行动的制约因素。马克思主义经典作家恩格斯 1876 年提出文化起源观，并指出文化作为意识形态，借助于意识和语言而存在，文化是人类特有的现象和符号系统。美国新进化论学派的代表人物怀特也提出文化符号论，即文化以符号为特征，文化是一个由技术体系、社会体系和观念体系构成的自成一体的现象领域，他认为正是有了符号，文化才有可能永存不朽。从符号学的角度理解文化的概念是对文化理解的重大突破。此后，英国学者雷蒙·威廉斯从不同角度对文化问题进行了更为深入的思考并概括出三种界定方式：第一种是思想的文化定义，即文化是人类完善的一种状态或过程，这一文化定义主要指向最优秀的思想和艺术经典。第二种是文献式的文化定义，即文化是知性和想象作品的整体。第三种是文化的"社会"定义，即文化是一种整体的生活方式，该定义奠定了文化研究的理论基础。其中提到的"文化及生活方式"与以往概念大不相同，将文化概念的界定推至更深远的境界。"文化研究之父"斯图亚特·霍尔对威廉斯将文化定义为"一种整体的生活方式"给予了高度肯定，并在此基础上从文化作用角度拓展了文化的内涵；霍尔在传统的定义中总结出，文化用来象征经典的文学、绘画、音乐及哲学作品；现代定义中文化用以指通俗音乐、出版、艺术、设计及文学，或指那些大多数人日常的休闲娱乐活动；人类学意义上，"文化"被用来指某一社区、社会集团、民族和国家"生活方式"的与众不同之处；在文化社会领域，文化涉及一个集团或社会成员间的意义生产和交换，即"共享的意义"。

联合国教科文组织为了收集各国文化统计数据，对文化及其产业也进行了界定。《文化统计框架——2009》将文化定义为"某一社会或社会群体所具有的一整套独特的精神、物质、智力和情感特征，除了艺术和文学以外，还包括生活方式、聚居方式、价值体系、传统信仰"。

可见，文化是与自然相对的概念范畴，其内涵丰富，包括了人类生活发展过程中融入人类精神的物质和非物质要素，是人类发展的结果，也是人类发展的象征和表达形式。

（二）文化结构与内容

文化是一个多重复合系统，其结构具有复杂的层次性、稳定性和等级性。文化的内涵丰富，包含社会生活的方方面面。文化结构从不同的角度有不同的划分，如二分法：将文化分为物质文化与精神文化、实体文化与观念文化、有形文化与无形文化、外显文化与内隐文化等；三分法：将文化分为物质文化、制度文化与精神文化；四分法则把文化分为物质、制度、行为习惯、思想与价值。目前，根据大多数学者意见，普遍使用文化结构三分法。英国文化人类学家马林诺夫斯基提出著名的"文化三因子"说，将文化结构分为物质、社会组织与精神生活三个层次。我国学者多采用此划分方法。根据文化结构三分法的划分，在文化整体的系统中，物质文化是文化的基础和前提，制度文化是文化的调节和保障，精神文化是文化的核心和根本。

1.物质文化

物质文化是人类为了生活、生存等需要所创造出的物质产品中表达出来的文化，是外显的、最易被感知的文化要素。既包括具体的器物以及这些器物的生产、工艺和技术，又包括器物中休现出的人们的精神、欲望、智慧、趣味爱好等。人类创造物质财富的总和、文化整体演进的基础构成了物质文化的内涵。物质文化是人类文化展示的重要载体，在服饰、饮食、居住、交通等方面表现得最为典型。

（1）服饰文化

服饰是一种典型的物质文化载体，是在不同的地理环境下人类文化的体现形式。服饰是人类精神创造和物质创造的聚合体，以一定的文化符号形式出现，服饰文化是在对服饰材料加工过程中所产生的相关的价值特性、风俗礼仪、伦理生活等，服饰及服饰所反映的文化观念共同构筑人类有关伦理及审美的生活内容。而且服饰文化具有地域文化和时代文化的双重特点，充分展现一个地区文化的物质形态，随着地域的变化和时代的变化具有明显的变迁性。

（2）饮食文化

饮食文化是指食物原料开发利用、食品制作和饮食消费过程中的技术、科学、艺术，以及以饮食为基础的习俗、传统、思想和哲学，即由人们食生产和食生活的方式、过程等结构组合而成的全部食事的总和。饮食文化同样带有地域特征，是一定地域内人类社会发展过程中形成的体现典型物质文化的表现。饮食文化具有时代传承性。饮食作为一种文化习惯，地域性的饮食特征在代与代之间传播扩散，变化相对缓慢。但是随着社会的进步，饮食对于人们来说不再是单纯地满足生活的需要，而是成为人们享受生活、寻求乐趣的一个重要方面，在这样一种推动力的作用下，饮食制作工艺不断发展，形成了花样百出的菜肴珍品、风味独到的烹饪技术；同时也形成了各自相应的饮食习惯、饮食观念以及礼仪制度，这些成为饮食文化内涵的生动写照。

（3）居住文化

在居住历史发展的过程中，人们在一定的居住环境基础上逐渐形成的居住形态，其本质上反映了特定时期的经济、政治、文化生活背景与社会的互动关系。具体包括住宅建筑倾向、环境营造以及居住的风俗习性、居住质量等，表现在居住区位的选择、居住区位的规划、住宅的造型和功能分区、室内装饰、物业管理和社区文化等诸多方面。居住文化具有明显的地域属性和时代属性，不同的地域空间居住文化差异明显，时代的变革也会导致居住文化内容的变化，但是居住文化的变化所需的时间较长，改变成本较高，变迁具有明显的时代指向。

（4）交通文化

交通文化体现在交通器物文化和交通理念文化两方面，其中交通器物文化属于物质文化的范畴，包括交通方式、工具、道路等方面的物质实体。交通文化同样是展现人类社会发展的文化要素，不同时代、不同空间地域的交通器物差异明显。同时，具有地方特色的交通器物也具有明显的文化含义。

2. 制度文化

制度文化强调文化的社会调节功能，反映个人与他人、个体与群体之间的关系。这种关系表现为各种各样的制度，如政治、经济、军事、教育、婚姻等制度以及实施这些制度的组织机构。人们在参与社会活动的过程中，为了调节人与人之间各种关系，逐渐形成规范有关行为的准则，这种准则就成为制度。制度一旦形成，便成为人们正确行为的依据，并具有强制性和权威性，而且对物质文化和精神文化有重要的制约作用和影响。制度文化包括三个层面：一是传统、习惯、经验与知识积累形成的制度文化的基本层面，反映着价值观念、道德伦理、风俗习惯等文化因素。二是由理性设计和建构的制度文化的高级层面，反映着一个社区、一个社会、一个国家的正式制度。三是包括机构、组织、设备等的实施机制层面。制度文化既是精神文化的产物，又是物质文化的工具，其特点表现为强制性和权威性。制度变迁一般表现为缓慢的、递增的和持续的变化，如社会规则、价值观等的变化。制度文化与社会经济发展具有高度相关性，也和地域、时代有关系。

3. 精神文化

精神文化是文化的核心层，是人类在社会实践和意识活动中长期培育出来的价值观念、思维方式、道德情操、审美趣味、宗教情感、民族性格、文化信念、文化情趣等。精神文化是人类在改造自然和创造社会过程中的思维活动和精神活动，是人类文化心态在观念形态上的反映，是文化整体的核心部分。精神文化是人类在文化基础上产生的各种意识观念形态的集合，对物质文化、制度文化的发展有着巨大的制约作用。

精神文化的结构可分为意识形态文化和社会心理文化。意识形态文化是指经过系统加工的社会意识，包括政治理论、法权观念等基础意识形态和哲学、宗教、文学、艺术等更具观念特征的意识形态。社会心理文化是指某一形态、某一地域、某一民族、某一社会形态下长期形成的集体文化心理结构，特别表现为思维方式、价值取向、伦理观念、宗教情感和审美情趣的不同。

精神文化是人类意识形态的反映，相对于物质文化而独立存在，因而具有相对独立性。精神文化由于内化于人的心理，长久地存在于民族文化的深层，具有固定性，所以难以发生改变。

二、文化产业的概念与特征

（一）文化产业的概念

文化产业概念的最早提出可以追溯到 20 世纪 40 年代，法兰克福学派理论家最早注意到了艺术创作在资本主义生产条件下可以转变为大量复制的文化生产。阿多诺、霍克海默把由传播媒介的技术化和商品化推动的主要面向大众消费的文化生产称为"文化工业"（Culture Industry）。文化工业可以看成文化产业发展的初级阶段。"文化工业"一词问世 30 年后，美国哈佛大学学者丹尼尔·贝尔在《后工业社会的来临》一书中提出了"文化产业"① 的概念，书中非常明确地将文化生产和消费、市场连接起来，揭示了文化与产业的相互作用规律，指出文化满足市场的趣味性、精致性需求，市场发挥了对文化发展的推动作用。文化产业的兴起

---

① 丹尼尔·贝尔. 后工业社会的来临 [M]. 高铦，译. 北京：新华出版社，1997.

与发展是当代社会经济、政治、文化融合发展在产业层面的具体表现。20 世纪 80 年代以来，文化产业在信息技术的推动下，日益呈现出规模不断扩大、内涵日趋丰富的发展趋势（荣跃明，2005），但是对于文化产业的概念界定还缺乏一致性的认识。日本学者日下公人认为，文化产业的定义应该是创造某种文化、销售这种文化和文化符号。他还指出创造文化需要 5 个基本条件，即雄厚的经济实力、国民文化水平的普遍提高、悠久的文化历史传承、提供大量的反思机会、为文化商品化服务的多种高级加工产业的存在。联合国教科文组织将文化产业界定为"按照工业标准生产、再生产、储存以及分配文化产品和服务的一系列活动"。也有学者从创意产业角度界定文化产业，认为文化产业可以被理解为向消费者提供精神产品或服务的行业。2001 年 3 月，第九届全国人大四次会议通过了《中华人民共和国国民经济和社会发展第十个五年计划纲要》将文化产业界定为文化部门所管理和指导的从事文化产品生产和提供文化服务的经营性行业。

中国国家统计局于 2004 年发布《文化及相关产业分类》，给出了文化及相关产业的界定："文化及相关产业是指为社会公众提供文化、娱乐产品和服务的活动，以及与这些活动有关联的活动的集合。"具体包括文化产品制作和销售活动、文化传播服务、文化休闲娱乐服务、文化用品生产和销售活动、文化设备生产和销售活动、相关文化产品制作和销售活动。2012 年国家统计局发布修改过的《文化及相关产业分类》，将文化及相关产业界定为社会公众提供文化产品和文化相关产品的生产活动的集合，其范围包括：①以文化为核心内容，为直接满足人们的精神需要而进行的创作、制造、传播、展示等文化产品（包括货物和服务）的生产活动。②为实现文化产品生产所必需的辅助生产活动。③作为文化产品实物载体或制作（使用、传播、展示）工具的文化用品的生产活动（包括制造和销售）。④为实现文化产品生产所需专用设备的生产活动（包括制造和销售）。2018 年，中国国家统计局颁布《文化及相关产业分类》的修订版本，提出的文化及相关产业的最新界定是为社会公众提供文化产品和文化相关产品的生产活动的集合，其范围包括：①以文化为核心内容，为直接满足人们的精神需要而进行的创作、制造、传播、展示等文化产品（包括货物和服务）的生产活动。具体包括新闻信息服务、内容创作生产、创意设计服务、文化传播渠道、文化投资运营和文化娱乐休闲服务等活动。②为实现文化产品的生产活动所需的文化辅助生产和中介服务、文化装备生产和文化消费终端生产（包括制造和销售）等活动。

可见，文化产业是为社会公众提供文化产品的生产活动，其内涵随着社会经济的发展而不断变化。

（二）文化产业的特征

文化产业具有与其他产业不同的特性，虽然其出现晚于传统的经济产业部门，但是它与人类社会的创新发展和生活水平的变化息息相关，是社会发展和经济发展的产物。文化产业是产业性的文化行为，通过企业运作和市场行为使文化价值转化为市场经济中的商业价值，文化性和商品性合二为一，同时具有创意性。虽然文化产业属于经济活动的一个类型，与物质生产产业有一致性，同时也具有特殊性。

1. 文化产业的精神属性

文化产业生产的产品具有不同于非文化产业的物质产品部门生产的使用价值属性，文化产业生产的文化产品的使用价值是用其文化内涵中的精神属性或精神要素满足消费者的需求，如听广播、看报纸、看电影电视、欣赏交响乐、演唱、绘画、摄影、读小说等。消费者在其接受和消费的文化产品中可以感觉到却不可触摸到精神要素，这是因为文化产业的产品用它的精神属性或精神要素满足消费者需求。不同于非文化的物质生产部门，生产的物质产品的一个重要的本质特征是物质属性。文化产品的核心价值是其产品所具有的精神内涵，即内容。形式各异的文化产品因其内容而有价值，因此也可以称之为内容产品。正是这种精神属性，使得文化产品的价值是可创造的。伴随着社会经济的发展，文化产业的内涵和边界都在不断演化，其产品的价值不断更新。

2. 文化产业消费的审美属性与大众化

文化产业生产的产品具有鲜明的审美属性，其产品的形式和评判与一般商品相比具有鲜明的个性。文化产品作为一种精神消费品，对于消费者最大的使用价值就是其审美价值，文化产业的商品消费实质上就是一种审美商品的消费，从根本上同文化作为审美意识形态的消费区别开来，其中的关键就是文化产品的商品属性取代了它的意识形态属性，商品消解了意识形态。对文化产业的消费来说，审美属性和商品属性结合得越巧妙，消费就越成功。例如，众多的好莱坞商业影片，带给消费者的就是审美上的愉悦。

文化产业的发展同时又具有大众属性。文化的产业化发展和整个社会的发展相关联,体现的是时代性的大众文化需求特点。文化产业是对大众文化的消费。社会大众的需求是文化产业兴起的必要前提。越是大众化的消费,越能促进文化产业的发展,文化产业的消费一定程度上要投众所好。

3. 文化产业的高度关联性和融合性

任何一个产业形态,都融入了不同的文化内涵,如饮食文化、居住文化、汽车文化等,无一不反映着不同的文化价值取向,因而文化产业与其他产业有共生性和融合性。这两种特性导致文化产业与其他产业之间存在紧密关系,这种共生和融合特征也使得综合型产业类型出现,例如,文化产业和旅游产业融合就可以形成文化旅游产业。其他众多商品也可以归类为文化产业的衍生产品,例如,与动画产业相关的玩具、文化用品、服装等。文化产业同其他产业部门的高度融合性,使得社会经济产业结构不断发展,产业的层次性不断提升。

文化是与自然相对的概念,内涵丰富,是由人类物质、制度和精神等层面构成的多重复合系统。为社会公众提供文化产品生产活动构成了文化产业,其具有精神与审美属性,同时具备高度的关联性和融合性。随着社会经济的发展,文化产业的类型和内涵表现出相应的变化。

第二节　旅游与旅游产业

一、旅游与旅游产业的概念与类型

(一)旅游与旅游业的概念

1. 旅游与游客

旅游活动在原始社会末期就开始出现,早期游学、保健、探险、经商等简单的旅游活动发展成为当代的观光、休闲度假、娱乐、购物、冒险等综合性的旅游活动。对于旅游的概念界定有一定的难度,曾被称为是"一项哥德巴赫猜想式的难题"(窦群,2001)。最早真正赋予旅游科学概念的是瑞士学者汉泽克尔(Hunziker)和克拉普夫(Krapf),他们在1942年于《普通旅游学纲要》中认为,"旅游是非定居者的旅行和暂时居留而引起的一种现象及关系的总和。这些人不会永久居留，并且主要不从事赚钱的活动"①（转引自李天元，2006）。1991 年，世界旅游组织（UNWTO）在加拿大渥太华召开了国际旅行与旅游统计大会，旅游被正式界定为"人们为了消遣、商业和其他目的离开通常环境去往他处并在那里逗留不超过一年的活动"②。1993 年，世界旅游组织再次提出旅游的定义，认为"旅游是人们出自除获取报酬以外的任何目的而向其日常环境以外的地方旅行并在该地停留不超过一年所产生的活动"。

从供给的角度看，旅游是"人们出于移民和就业任职以外的其他原因离开自己的常住地前往异国他乡的旅行和逗留活动，以及由此所引起的现象和关系的总和"（李天元，2003）。从需求的角度看，旅游是"个人以前往异地寻求愉悦为主要目的而度过的一种具有社会、休闲和消费属性的短暂经历"。旅游是在闲暇时间所从事的游憩活动的一部分，它是在对应的经济条件下产生的一种社会经济现象，是人类物质文化生活的一部分。旅游的一个显著特点是要离开居住地或工作的地方，短暂前往一个目的地从事各种娱乐活动，同时，旅游目的地要提供各种设施以满足其需要。国际统计局发布的《国家旅游及相关产业统计分类》（2018）中介绍，旅游是指游客的活动，即游客的出行、住宿、餐饮、游览、购物、娱乐等活动；游客是指以游览观光、休闲娱乐、探亲访友、文化体育、健康医疗、短期教育（培训）、宗教朝拜，或因公务、商务等为目的，前往惯常环境以外，出行持续时间不足一年的出行者。

虽然关于旅游活动的概念界定有一定的差异，但对其实质，人们有一定程度的统一认识，即旅游活动是人们在闲暇时间所从事的游憩活动，不属于人的基本生存需要，是在一定的社会经济条件下产生的一种社会经济现象，是人类物质文化生活的一个部分，旅游活动一定程度上可以使人们获得精神上的满足。旅游活动在空间上表现为特殊的区域系统，由旅游客源地、旅游目的地和旅游通道三部分构成，旅游者由客源地出发经过旅游通道到达旅游目的地，短暂停留、游览之后再通过旅游通道返回旅游客源地（见图 1–1）。旅游者由客源地出发到达目的地暂时停留，这一过程涉及若干产业部门，如交通、住宿、餐饮、景区景点、旅行社、零售业等相关行业部门。

---

① 李天元. 旅游学 [M]. 北京：高等教育出版社 ,2002.
② A.J.Burkant ,S.Medlik. Tourism: Past, Present and Future [M]. London:Heiemann,1974.

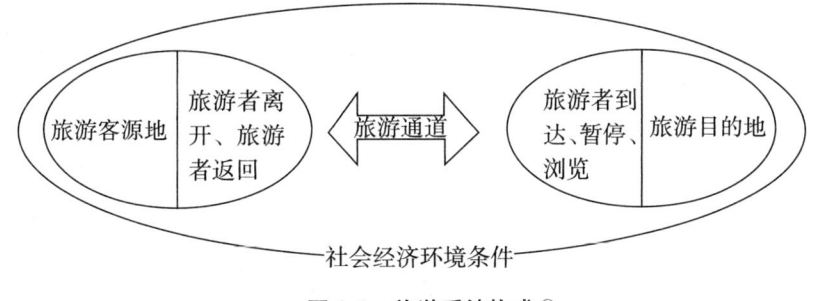

图 1-1 旅游系统构成 [①]

2. 旅游业

旅游经济活动是旅行活动采用商品交换形式所形成的游客同旅游经营者之间的需求和供给关系，以及由这种关系引起的旅游业同政府和社会经济中其他相关行业之间的经济联系和经济关系的总和。与传统的界定产业标准相比，旅游业还存在一定的特异性：第一，旅游业并非由同类企业所构成，这些企业的业务或产品自然也不尽相同，饭店、航空、旅行社等业务明显不同。第二，旅游业的投入和产出难以清晰地测算和确定，其服务对象不仅不限于旅游者，而且交通运输、住宿、餐饮等均包括对非旅游者的服务。第三，绝大多数旅游企业实际上都隶属于某一传统产业，如航空公司隶属于交通运输业。因而在旅游发展的早期阶段，很多国家和地区经济产业门类中并没有单独的旅游业。

迄今为止，人们对旅游产业有着不同的见解，学术界尚未对旅游产业形成统一的认识。从供给角度来看，旅游业是以旅游资源为凭借、以旅游设施为条件，向旅游者提供活动所需的各种产品和服务的经济部门，是现代旅游活动的一个重要组成部分。从需求角度来看，旅游业是由各个生产或销售能满足旅游者愉悦需要的核心旅游产品的旅游企业构成的集合，是"直接或间接为旅游者提供服务或生产产品企业的集合"。随着社会经济生活的发展，旅游业的经济特性日益明显，虽然产业界定困难，但是其产业属性已得到认可。一般来讲，旅游业是以旅游者为对象，为其旅游活动创造便利条件并提供所需商品和服务的综合性产业。

（二）旅游产业分类

1. 旅游产业类型概述

旅游产业构成有狭义和广义之分。从狭义来看，旅游业仅包含了一些与旅游直接相关的产业类型。如国家统计局制定的《国家统计调查制度》（1998）中，旅游业被列入社会服务业中，编号为 K，大类编号为 80，在关于旅游业的说明

---

① 李天元 . 旅游学 [M]. 北京：高等教育出版社 ,2002.

中指出："旅游业包括经营旅游业务的各类旅行社和旅游公司等的活动，不包括卡拉 OK 歌舞厅、电子游戏厅（室）、游乐园（场）、夜总会等活动。"这基本上包含了旅行社这个产业类型。《中国旅游统计年鉴》（副本）中的旅游业包括了旅游管理机构、旅行社、旅游涉外饭店、旅游车船公司、旅游商贸服务公司和其他旅游企业，这种界定范围仍较小，在旅游设施中仅统计了涉外饭店，旅游景区未被统计在内。从广义角度来看，只要和旅游业相关的产业，都应划入旅游业的范围中，其中最具有典型意义的是世界旅游及旅行理事会（WTTC）的观点，旅行理事会认为旅游产业包括直接和间接受到旅游业影响的行业。旅游业主要由三部分构成，即旅行社、旅游交通和饭店业，在我国，人们通常将其称为旅游业的"三大支柱"。英国学者维克托·米德尔顿（1988）将旅游业划分为旅行社、交通客运部门、以旅馆为代表的住宿业、游览场所经营部门和各级旅游管理组织等五大部分（见图 1-2），揭示了旅游业的内部结构，在旅游研究领域产生了较大影响。从旅游者活动来看，构成旅游业并不只是这五部分，旅游业的构成包括了旅行社、以饭店为代表的住宿业、餐馆业、交通客运业、游览娱乐行业、旅游用品和纪念品销售行业等。

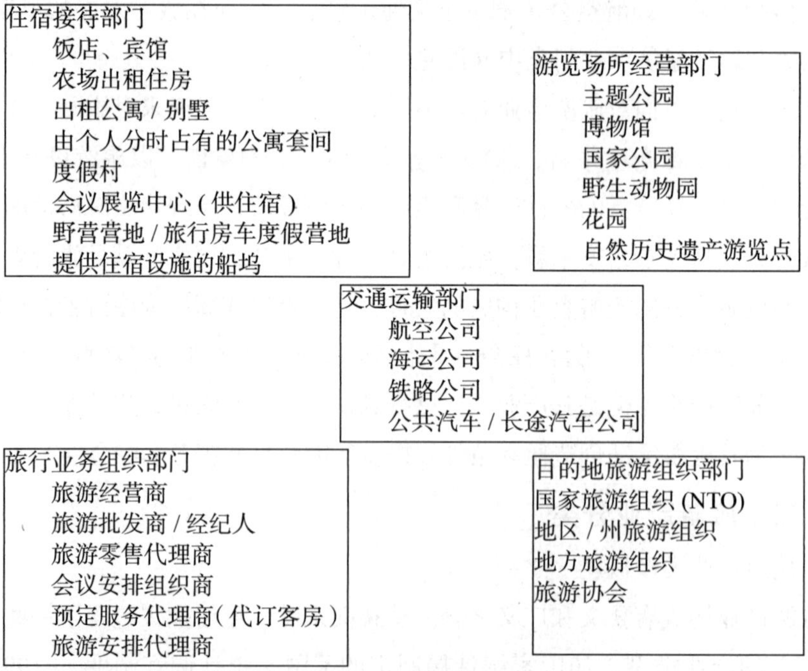

图 1-2　旅游业结构①

————————

① 李天元. 旅游学 [M]. 北京：高等教育出版社,2002.

2.《旅游及相关产业统计分类》（2018）

旅游业的划分既有国际标准，也有区域标准。我国目前实行的标准是中国国家统计局 2018 年发布的《国家旅游及相关产业统计分类》。该分类将旅游及相关产业划分为三层，分别用阿拉伯数字表示。第一层为大类，用 2 位阿拉伯数字表示，共 9 个大类；第二层为中类，用 3 位阿拉伯数字表示，共 27 个中类；第三层为小类，用 4 位阿拉伯数字表示，共 65 个小类。按照该分类标准，旅游业包括了旅游出行、旅游住宿、旅游餐饮、旅游游览、旅游购物、旅游娱乐、旅游综合服务 7 个大类，旅游相关产业包括旅游辅助服务和政府旅游管理服务两大类。旅游出行包括铁路、道路、水上、空中、其他等 5 个中类；旅游住宿分一般和休养 2 个中类；旅游餐饮分正餐、快餐、饮料、小吃、餐饮配送 5 个中类；旅游游览分公园景区及其他 2 个中类；旅游购物分为出行及旅游商品 2 个中类；旅游娱乐分为文化、健身、休闲 3 个中类；旅游综合服务分为旅行社及其他 2 个中类；旅游辅助服务分为出行、金融、教育、其他 4 个中类；政府旅游管理服务只有政府旅游事务管理 1 个中类。

二、旅游产业的特征

（一）多样性

旅游业通过提供旅游产品来满足旅游者的需要，而旅游者的需要是多种多样的，即包括从离家外出直至返回定居地这一期间在行、住、食、游、购、娱等方面的多重需要（李天元，2002）。旅游者在旅游活动过程中需求的多样性导致了旅游产业的多样性特征。在旅游消费过程中，旅游者除了对核心旅游吸引物的观光、娱乐等需求外，还包括食、住、行、购等多方面的基本需求，因此旅游产业涉及交通、餐饮、建筑、文化、卫生、宗教、邮电、通信等部门。另外，旅游者的消费也表现出多层次的特征，有基本的大众观光旅游，也有度假、娱乐、探险等专门层次的旅游，同类旅游产业内部表现出多样性的特点。

（二）关联性

旅游产品是一个总体的概念，包含了实现一次全程旅游活动可能需要的各种服务的组合。旅游产品可以分为整体旅游产品和单项旅游产品。整体旅游产品是包括食、住、行、游、购、娱等旅游要素的整合型旅游产品，由旅游活动中各个消费环节构成；单项旅游产品即饮食、购物、住宿、娱乐等环节，也可以成为旅游者一次出游的重要吸引物。无论是单项旅游产品还是整体旅游产品，旅游者在空间上均实现了由客源地到目的地的位移和消费行为，这期间除了满足旅游需要之外，还必须满足一些基本的生存需要，涉及旅游通道和旅游目的地的基本设施、服务设施等相关部门。因而，旅游活动的整个过程与社会经济的产业部门和公共事业部门都具有极高的关联性。旅游产业的运转需要各部门和各行业的配合，同时，旅游经济也对社会各部门和各行业产生重要的影响。

旅游产品的关联性还表现为旅游活动过程中任何服务环节之间都是息息相关的。旅游业各个行业联系在一起，其中任何一个行业的滞后或行为失误，都会造成旅游者对该地总体旅游产品的不良评价，从而导致其他行业客源量的减少。因而，地方旅游业的发展要以整体发展为目标。

（三）资源依赖性

旅游资源具有自在性的特征，先于旅游活动而存在。旅游产业的发展对核心旅游吸引物具有高度依赖性，旅游活动往往是在具有绝对或相对资源垄断性的地区率先发展起来的。旅游者除自身需求之外，还受到旅游目的地资源的吸引，才在地理空间上产生旅游活动，旅游经济活动存在于客源地推动和目的地拉动的作用机制之上。对旅游者产生拉力的更多为目的地既有的旅游资源，这种旅游资源可以是山、水、植物、动物等物质景观，也可以是民俗、宗教、礼仪等非物质景观。旅游业依赖于这些目的地的旅游资源，只有产生旅游吸引力的旅游目的地才具备发展旅游业的基础条件。

（四）脆弱性

与其他产业比较，旅游产业对地区经济具有带动作用，同时旅游产业也是一种无形的出口产业、一项极不稳定的出口产业。同其他产业部门相比，旅游业更脆弱。其脆弱性体现于旅游活动最容易受到自然、社会和经济环境的影响，一旦外界环境因素发生变化，旅游业的运行即会受到影响。同时，作为个体的旅游者，其收入、偏好、闲暇时间也是容易发生变化的，这就使得旅游业更容易受到外部因素的影响。

（五）交叉性

从中国国家统计局发布的《国家旅游及相关产业统计分类》（2018）中不难发现，部分旅游产业部门与居民生活需求产业部门高度交叉，旅游出行、住宿、餐饮、购物等产业部门均具有服务于地方居民和游客的双重属性。旅游产业既为旅游者提供服务，又为地区居民提供服务。旅游产业与地方经济产业部门之间存在明显的交叉性，这种属性也导致了旅游产业经济部门在早期阶段并没有被单独列出，而是分散在地区各相关部门之中。

旅游活动是人们在闲暇时间离开常住地所从事的游憩活动，为旅游活动提供产品和服务的部门构成旅游产业。旅游产业构成多样化，与国民经济各部门具有高度的交叉性和关联性，同时具有资源依赖性和脆弱性的产业特征。

第三节　文化和旅游的融合发展

一、文化和旅游的关联性

（一）文化和旅游活动的关联

文化对旅游活动的开展具有推拉的双重作用。旅游者被旅游目的地的文化所吸引而出游，旅游地通过挖掘自身的文化资源开发旅游产品。

1. 文化促进旅游活动的开展

文化和旅游活动存在高度的关联性。文化既是旅游活动的推动因素，也是旅游活动的拉动因素。旅游活动的发生在空间上的表现即为旅游者受到目的地的吸引而到访的过程，其中，文化是最重要的吸引要素，是促使旅游者出游的重要驱动力。20 世纪 80 年代，旅游研究者认识到文化本身就可以成为一种商品，从而给文化旅游发展创造了极好的机会。有一部分人是在对某一目的地的文化或遗产获得更深刻的了解后旅行的（提格，1986）。20 世纪 90 年代，当大众旅游市场开始细分时，人们对文化旅游的实质加以确认。文化旅游已成为拥有大众市场的活动（格雷格，1996；贾德兰，1999）。文化旅游地的多功能性是文化旅游地受游客欢迎的关键因素（麦克彻，2004）。文化的差异是人们外出旅游的外动力（保继刚，2013），出游的文化动机表现为人们为了认识、了解自己生活环境和知识范围以外的事物而产生的动机，其最大的特点是希望了解异国他乡的音乐、艺术、民俗、舞蹈、绘画以及宗教等情况（李天元，2002）。了解异域文化是人们出游的重要推动因素。

旅游资源的界定同样表现出了文化和旅游活动的相关性。旅游资源是那些对旅游者具有吸引力的自然存在和历史文化遗产，以及直接用于旅游目的的人工创造物（保继刚、楚义芳，1999）；也是指客观存在于一定地域空间并因其所具有的愉悦价值而使旅游者为之向往的自然存在、历史文化遗产或社会现象。旅游资源是指自然界和人类社会凡能对旅游者产生吸引力，可以为旅游业开发利用，并可产生经济效益、社会效益和环境效益的各种事物和现象。对比发现，关于文化要素对于旅游资源的界定，早期更为关注历史文化要素，进而增加社会文化要素，目前文化旅游资源的内涵则更为宽泛，只要能吸引游客到访的文化要素均被认定在文化旅游资源范畴中。这种宽泛性的文化旅游资源的界定是文化发展的必然结果。在旅游目的地的吸引物体系中，自然要素地域指向性明显且变化相对缓慢。文化要素同样具有地域指向性，但具有变化相对快速的特征，驱动了目的地文化吸引要素的内涵和范畴逐渐加大，也进一步加强了文化和旅游活动之间的关系。

2. 旅游活动开展可以促进文化恢复和传播

旅游活动和文化密不可分。文化除了可以作为旅游资源进行旅游产品开发之外，还可以增加旅游产品的内涵和增强旅游产业竞争力，旅游活动的开展也可以促进文化的传播和保护。旅游目的地在开发旅游产品的过程中深入挖掘地方文化内涵，使其成为具有吸引力的文化旅游产品。这种过程不仅表现为对旅游目的地已有文化资源的开发利用，也包括对已经消失或弱化的文化资源的恢复和修复，对旅游地文化资源的保护和利用起到积极的作用。同时，文化要素的加入，也能够促进其他旅游产品的开发利用，加深其内涵。

（二）文化产业和旅游产业的交叉

文化产业和旅游产业存在关联和交叉。文化产业和旅游产业两者虽然分属于不同的产业系统，但两者具有高度的相关性。文化产业和旅游产业从理论上可以形成一种共生关系，这种共生关系建立在两大产业的内涵和特性基础之上。在旅游业逐渐走向多元化的中国，文化将发挥越来越重要的作用，尤其是作为经营性质的文化产业与旅游业的互动发展将是旅游产业链延伸的重要途径。

从概念和类型划分来看，旅游产业和文化产业之间在产业内涵上存在高度的关联性，甚至产业内容高度重合。文化及相关产业是指为社会公众提供文化、娱乐产品和服务的活动，这些活动与旅游活动密切相关。旅游活动本质上具有经济属性、社会属性和文化属性，旅游活动也是文化传播过程。旅游业具有文化产业和经济产业的双重属性，是文化活动和经济活动的有机结合，旅游业的这种本质属性决定了其与文化产业的不可分割性。

文化产业和旅游业的相关性受到了研究人员的关注，其中被关注较多的是影视业与旅游业的关系。研究结果表明，影视产业的发展能够影响旅游目的地形象的构成，还能够直接拉动目的地游客的数量，而作为外景地的旅游地则需要适时抓住这种曝光机会才能拉动旅游业的发展。中国旅游在从观光游到深度休闲度假游转变的过程中，旅游产品和服务的供给越来越离不开对文化的挖掘。这成为旅游目的地留住游客的重要手段。丰富的文化体验尤其是所在地文化体验，成为自然风光之外旅游产品开发最重要的依托，文化成为旅游产品的灵魂，文化产品的开发也是延长旅游产业链的重要依托（叶一剑，2017）。文化产业和旅游产业交叉日益紧密，两者之间产业融合程度、范围进一步深入、拓展。

（三）文化和旅游管理体制

1. 文化和旅游管理职能交叉

由于文化和旅游之间的资源和产业关联，文化和旅游行政管理部门在职能方面存在明显的交叉。原文化部有文化事业和产业功能，管理有旅游潜力的文物保护单位和文化遗产，管理具有旅游活动性质的文化活动和艺术活动，负责与旅游产业有重要关联的动漫等文化产业的发展规划。原国家旅游局的职责主要是统筹协调旅游业的发展，涉及资源普查、规划、保护等工作任务，其资源普查、活动的组织与推广、市场质量的管理等职责与文化部存在明显的交叉（见资料1-1、1-2）。两部门职能权属的交叉在一定程度上不利于整体战略的制定和具体工作的开展。

资料 1-1　原文化部主要职责

中华人民共和国文化部是国务院组成部门之一，其主要职责是：

（1）拟订文化艺术方针政策，起草文化艺术法律法规草案。

（2）拟订文化艺术事业发展规划并组织实施，推进文化艺术领域的体制机制改革。

（3）指导、管理文学艺术事业，指导艺术创作与生产，推动各门类艺术的发展，管理全国性重大文化活动。

（4）推进文化艺术领域的公共文化服务，规划、引导公共文化产品生产，指导国家重点文化设施建设和基层文化设施建设。

（5）拟订文化艺术产业发展规划，指导、协调文化艺术产业发展，推进对外文化产业交流与合作。

（6）拟订非物质文化遗产保护规划，起草有关法规草案，组织实施非物质文化遗产保护和优秀民族文化的传承普及工作。

（7）指导、管理社会文化事业，指导图书馆、文化馆（站）事业和基层文化建设。

（8）拟订文化市场发展规划，指导文化市场综合执法工作，负责对文化艺术经营活动进行行业监管，指导对从事演艺活动民办机构的监管工作。

（9）负责文艺类产品网上传播的前置审批工作，负责对网吧等网上服务营业场所实行经营许可证管理，对网络游戏服务进行监管（不含网络游戏的网上出版前置审批）。

（10）拟订动漫、游戏产业发展规划并组织实施，指导协调动漫、游戏产业发展。

（11）拟订文化科技发展规划并监督实施，推进文化科技信息建设。

（12）指导、管理对外文化交流和对外文化宣传工作，组织拟订对外及对港澳台的文化交流政策，指导驻外使（领）馆及驻港澳文化机构的工作，代表国家签订中外文化合作协定，组织实施大型对外文化交流活动。

（13）承办国务院交办的其他事项。

资料 1-2　原国家旅游局职责

（1）统筹协调旅游业发展，制定发展政策、规划和标准，起草相关法律法规草案和规章并监督实施，指导地方旅游工作。

（2）制定国内旅游、入境旅游和出境旅游的市场开发战略并组织实施，组织国家旅游整体形象的对外宣传和重大推广活动。指导我国驻外旅游办事机构的工作。

（3）组织旅游资源的普查、规划、开发和相关保护工作。指导重点旅游区域、旅游目的地和旅游线路的规划开发，引导休闲度假。监测旅游经济运行，负责旅游统计及行业信息发布。协调和指导假日旅游和红色旅游工作。

（4）承担规范旅游市场秩序、监督管理服务质量、维护旅游消费者和经营者合法权益的责任。规范旅游企业和从业人员的经营和服务行为。组织拟订旅游区、旅游设施、旅游服务、旅游产品等方面的标准并组织实施。负责旅游安全的综合协调和监督管理，指导应急救援工作。指导旅游行业精神文明建设和诚信体系建设，指导行业组织的业务工作。

（5）推动旅游国际交流与合作，承担与国际旅游组织合作的相关事务。制定出国旅游和边境旅游政策并组织实施。依法审批外国在我国境内设立的旅游机构，审查外商投资旅行社市场准入资格，依法审批经营国际旅游业务的旅行社，审批出国（境）旅游、边境旅游。承担特种旅游的相关工作。

（6）会同有关部门制定赴港澳台旅游政策并组织实施，指导对港澳台旅游市场推广工作。按规定承担大陆居民赴港澳台旅游的有关事务，依法审批港澳台在内地设立的旅游机构，审查港澳台投资旅行社市场准入资格。

（7）制定并组织实施旅游人才规划，指导旅游培训工作。会同有关部门制定旅游从业人员的职业资格标准和等级标准并指导实施。

（8）承办国务院交办的其他事项。

2. 文化和旅游部的设立

文化和旅游管理部门的职能交叉促进了管理体制的融合。2018 年 3 月 14 日，国务院机构改革方案提请十三届全国人大一次会议审议，提议国家旅游局与文化部合并，组建文化和旅游部，不再保留原文化部、国家旅游局。3 月 17 日，会议表决通过了《第十三届全国人民代表大会第一次会议关于国务院机构改革方案的决定》，批准设立中华人民共和国文化和旅游部。2018 年 3 月，中华人民共和国文化和旅游部批准设立。文化和旅游部的设立为文化和旅游的深层次融合发展提供了体制保障。文旅管理体制的理顺，提升了文化和旅游资源的内涵，提出了文旅资源、文旅产业等关键词汇，进一步促进了文旅融合的深化发展（见资料1-3）。

资料1-3　文化和旅游部的职责与下设机构

中华人民共和国文化和旅游部主要职责是：

（1）贯彻落实党的文化工作方针政策，研究拟订文化和旅游政策措施，起草文化和旅游法律法规草案。

（2）统筹规划文化事业、文化产业和旅游业发展，拟订发展规划并组织实施，推进文化和旅游融合发展，推进文化和旅游体制机制改革。

（3）管理全国性重大文化活动，指导国家重点文化设施建设，组织国家旅游整体形象推广，促进文化产业和旅游产业对外合作和国际市场推广，制定旅游市场开发战略并组织实施，指导、推进全域旅游。

（4）指导、管理文艺事业，指导艺术创作生产，扶持体现社会主义核心价值观、具有导向性代表性示范性的文艺作品，推动各门类艺术、各艺术品种发展。

（5）负责公共文化事业发展，推进国家公共文化服务体系建设和旅游公共服务建设，深入实施文化惠民工程，统筹推进基本公共文化服务标准化、均等化。

（6）指导、推进文化和旅游科技创新发展，推进文化和旅游行业信息化、标准化建设。

（7）负责非物质文化遗产保护，推动非物质文化遗产的保护、传承、普及、弘扬和振兴。

（8）统筹规划文化产业和旅游产业，组织实施文化和旅游资源普查、挖掘、保护和利用工作，促进文化产业和旅游产业发展。

（9）指导文化和旅游市场发展，对文化和旅游市场经营进行行业监管，推进文化和旅游行业信用体系建设，依法规范文化和旅游市场。

（10）指导全国文化市场综合执法，组织查处全国性、跨区域文化、文物、出版、广播电视、电影、旅游等市场的违法行为，督查督办大案要案，维护市场秩序。

（11）指导、管理文化和旅游对外及对港澳台交流、合作和宣传、推广工作，指导驻外及驻港澳台文化和旅游机构工作，代表国家签订中外文化和旅游合作协定，组织大型文化和旅游对外及对港澳台交流活动，推动中华文化走出去。

（12）管理国家文物局。

（13）完成党中央、国务院交办的其他任务。

中华人民共和国文化和旅游部设下列内设机构：

（1）办公厅。负责机关日常运转工作。组织协调机关和直属单位业务，督促重大事项的落实。承担新闻宣传、政务公开、机要保密、信访、安全工作。

（2）政策法规司。拟订文化和旅游方针政策，组织起草有关法律法规草案，协调重要政策调研工作。组织拟订文化和旅游发展规划并组织实施。承担文化和旅游领域体制机制改革工作。开展法律法规宣传教育。承担机关行政复议和行政应诉工作。

（3）人事司。拟订人才队伍建设规划并组织实施。负责机关、有关驻外文化和旅游机构、直属单位的人事管理、机构编制及队伍建设等工作。

（4）财务司。负责部门预算和相关财政资金管理工作。负责机关、有关驻外文化和旅游机构财务、资产管理。负责全国文化和旅游统计工作。负责机关和直属单位内部审计、政府采购工作。负责有关驻外文化和旅游机构设施建设工作。指导、监督直属单位财务、资产管理。指导国家重点及基层文化和旅游设施建设。

（5）艺术司。拟订音乐、舞蹈、戏曲、戏剧、美术等文艺事业发展规划和扶持政策并组织实施。扶持体现社会主义核心价值观、具有导向性代表性示范性的文艺作品和代表国家水准及民族特色的文艺院团。推动各门类艺术、各艺术品种发展。指导、协调全国性艺术展演、展览以及重大文艺活动。

（6）公共服务司。拟订文化和旅游公共服务政策及公共文化事业发展规划并组织实施。承担全国公共文化服务和旅游公共服务的指导、协调和推动工作。拟订文化和旅游公共服务标准并监督实施。指导群众文化、少数民族文化、未成年人文化和老年文化工作。指导图书馆、文化馆事业和基层综合性文化服务中心建设。指导公共数字文化和古籍保护工作。

（7）科技教育司。拟订文化和旅游科技创新发展规划和艺术科研规划并组织实施。组织开展文化和旅游科研工作及成果推广。组织协调文化和旅游行业信息化、标准化工作。指导文化和旅游装备技术提升。指导文化和旅游高等学校共建和行业职业教育工作。

（8）非物质文化遗产司。拟订非物质文化遗产保护政策和规划并组织实施。组织开展非物质文化遗产保护工作。指导非物质文化遗产调查、记录、确认和建立名录。组织非物质文化遗产研究、宣传和传播工作。

（9）产业发展司。拟订文化产业、旅游产业政策和发展规划并组织实施。指导、促进文化产业相关门类和旅游产业及新型业态发展。推动产业投融资体系建设。促进文化、旅游与相关产业融合发展。指导文化产业园区、基地建设。

（10）资源开发司。承担文化和旅游资源普查、规划、开发和保护。指导、推进全域旅游。指导重点旅游区域、目的地、线路的规划和乡村旅游、休闲度假旅游发展。指导文化和旅游产品创新及开发体系建设。指导国家文化公园建设。承担红色旅游相关工作。

（11）市场管理司。拟订文化市场和旅游市场政策和发展规划并组织实施。对文化和旅游市场经营进行行业监管。承担文化和旅游行业信用体系建设工作。组织拟订文化和旅游市场经营场所、设施、服务、产品等标准并监督实施。监管文化和旅游市场服务质量，指导服务质量提升。承担旅游经济运行监测、假日旅游市场、旅游安全综合协调和监督管理。

（12）文化市场综合执法监督局。拟订文化市场综合执法工作标准和规范并监督实施。指导、推动整合组建文化市场综合执法队伍。指导、监督全国文化市场综合执法工作，组织查处和督办全国性、跨区域文化市场重大案件。

（13）国际交流与合作局（港澳台办公室）。拟订文化和旅游对外及对港澳台交流合作政策。指导、管理文化和旅游对外及对港澳台交流、合作及宣传推广工作。指导、管理有关驻外文化和旅游机构，承担外国政府在华、港澳台在内地（大陆）文化和旅游机构的管理工作。承办文化和旅游中外合作协定及其他合作文件的商签工作。承担政府、民间及国际组织在文化和旅游领域交流合作相关事务。组织大型文化和旅游对外及对港澳台交流推广活动。

（14）机关党委。负责机关及国家文物局、在京直属单位的党群工作。

（15）离退休干部局。负责离退休干部工作。

（四）文旅资源和文旅产业的提出

文化和旅游部的成立进一步从管理体制上推进了文化和旅游的融合发展，文旅资源、文旅产业的概念内涵随之出现并发展。

1. 文旅资源

文旅资源由文化旅游资源的概念演变而来。凡是能够对旅游者具有吸引力的自然事物、文化事物、社会事物或其他任何客观事物，皆可构成旅游资源（李天元，2003）。文化旅游资源是旅游资源的重要构成部分，其概念本身即有狭义和广义之分，且具有动态变化性。最初把具有文化价值的历史文物、遗产古迹等划分为文化旅游资源，后来由于非物质文化遗产的旅游价值逐渐增大，文化旅游资源的概念也囊括了许多活动性的文化现象（杨雪松，2015）。从狭义上看，文化旅游资源是文化与旅游有机结合为一体的一种旅游资源类型；广义上看，凡是能为旅游者提供文化体验的旅游资源，包括具有历史、艺术或科学价值的文物、建筑、遗址遗迹以及口头传统和表述、表演艺术、社会风俗、礼仪、节庆、实践经验与知识、手工艺技能等传统文化表现形式都属于文化旅游资源的范畴（徐春晓、胡婷，2017）。文旅资源具有狭义和广义之分。狭义的文旅资源即指文化旅游资源，是旅游资源的一个子集；广义的文旅资源则是指文化和旅游资源，是指具有文化和旅游双重属性的、具有文化价值和旅游价值的资源集合。广义的文旅资源和广义的文化旅游资源的含义不同，后者范围更宽，内容更丰富。

2. 文旅产业

狭义的文旅产业，即指文化旅游产业。从旅游的视角上看文化旅游产业是旅游产业的衍生品，其发展核心以旅游业为主。如魏红妮（2013）将文化旅游产业定义为以人文旅游资源为基础，以展示文化内涵为内容，以行、住、食、游、购、娱六大要素为依托，通过产业化的经营模式生产旅游产品和服务满足游客文化体验需求的产业。李茜等（2009）认为文化旅游产业是为游客提供旅游文化、旅游娱乐产品和优质服务活动，以及与其相关的活动集合。按文旅资源类型，狭义的文旅产业可分为历史文化型和社会文化型。历史文化型是指利用历史文化旅游资源而形成的产业（龚邵方，2008）；社会文化型是指通过开发社会文化相关的旅游资源而形成的产业（刘歆、刘玉梅等，2007）。

随着旅游业和文化产业的发展，文化和旅游产业的融合发展丰富了文旅产业的内涵。2009年，文化部和国家旅游局联合印发《关于促进文化与旅游结合发展的指导意见》，提出要加强文化和旅游的深度结合，促进旅游产业转型升级，满足人民群众的消费需求（范建华、李林江，2020）。随后，有关部门出台了一系列相关政策，文化产业和旅游产业的融合成为新时代旅游发展的重要路径。从产业融合视角进行界定，文旅产业就是文化产业和旅游产业的集合体。邵金萍（2011）指出，文化旅游产业是以文化为内容、以旅游为依托的综合性产业。文化产业的精神魂魄直接或间接地与旅游产业各子产业及关联产业相互渗透、综合发展，形成潜力巨大的文化旅游产业（朱佳，2012）。按文旅融合模式，文旅产业可分为延伸型、重组型和渗透型三种类型。延伸型是指由于文化和旅游的关联性使得文化产业和旅游产业之间的经济活动存在交叉和功能互补，以此实现产业间的融合。此类型保留了文化产业和旅游产业原有的价值链和特征，如文化创意产业园区、影视旅游基地等。重组型是指打破原有的旅游和文化产业的产业链，提取其中的核心价值环节，经过资源整合和产业重组构建新的旅游文化产业（张宏梅、赵忠仲，2015）。此类型典型的旅游产品包括节庆旅游、赛事旅游、会展旅游等（魏红妮，2013）。渗透型是指文化和旅游的产业链相互渗透、交融，形成"文化无处不在"的新型产业，其中典型的有主题公园、特色文化街等（熊正贤，2017）。文化和旅游管理体制上的融合进一步提升文旅产业内涵，其产业边界具有动态发展的特征。

（五）文旅融合的内涵解读

文旅融合在资源、产业、地域、政策等方面均具有深刻的含义。文旅融合是多方面因素共同驱动的结果，同时也需要对其进行高端的设计。

1. 文旅融合是体制与社会发展的双重驱动

文化和旅游部的组建促进了文旅融合这一名词的高频次出现和使用。文化和旅游部门的正式合并在管理体制上理顺了文化和旅游的关系，并进一步推进了文化和旅游的深度融合。国务委员王勇表示，调整旨在"增强和彰显文化自信，统筹文化事业、文化产业发展和旅游资源开发，提高国家文化软实力和中华文化影响力，推动文化事业、文化产业和旅游业融合发展"[①]。文旅融合体现新时代治理特色，管理体制的革新为文化和旅游的深度融合发展提供了制度保障。

文旅融合体现了社会经济发展的阶段性进步。对文化和旅游的需求是在满足基本生存需要和安全需要的基础上才产生的，对文化和旅游活动的进一步需求是

---

① 王勇, 李国惠. 旅游英语 [M]. 北京：北京工业大学出版社, 2001.

在人们社会经济生活发展到一定水平，进而转换到满足精神需求阶段背景下产生的。中国社会经济飞速发展，政治制度建设突飞猛进，取得的成就显著，人们随之产生了大量的文化和旅游需求。满足这种需求需要深入挖掘文化内涵和进一步提升旅游活动供给能力，两者共同驱动文化和旅游融合发展。

2. 文旅融合强调内生式增长

文化和旅游的融合，尤其是文旅管理部门的合并，凸显了文化和旅游的内在关联。基于文旅整体的视角重新审视文化和旅游资源的开发利用和产业的发展，能够推进文旅产业内生式增长。文化资源与旅游活动的深度融合，拓宽了文化资源的使用范围，提升了文化资源的价值，加深了旅游产品的文化内涵，实现了文旅产品的升级与产业的转型。以文促旅，以旅促文，是未来地域经济发展的创新模式，也是促进地域经济转型和发展的有力手段。

3. 文旅融合具有时空演化的规律性

文化和旅游的融合是一个时空演化的综合发展过程，文化和旅游部的设立是系统发展过程中一个里程碑式的事件，驱动着文旅融合的深入发展。文旅融合在时间上可以划分为初级、发展和提升阶段，在空间上呈现"点—面"的发展过程。文旅融合的初级阶段表现为资源融合，主要内容为典型的地方文化作为旅游资源被开发成文化旅游产品和文化旅游景区，空间上呈现"点"式旅游景区的发展形态；文旅融合的发展阶段表现为产业融合，文化产业和旅游产业形成耦合型产业系统，促使产生或创造新的文旅产业形态；文旅融合的提升阶段表现为地域融合，主要内容为以文化为主题和内涵的综合型旅游目的地的发展，空间上呈现"面"状文旅地域的发展形态（见图 1-3）。

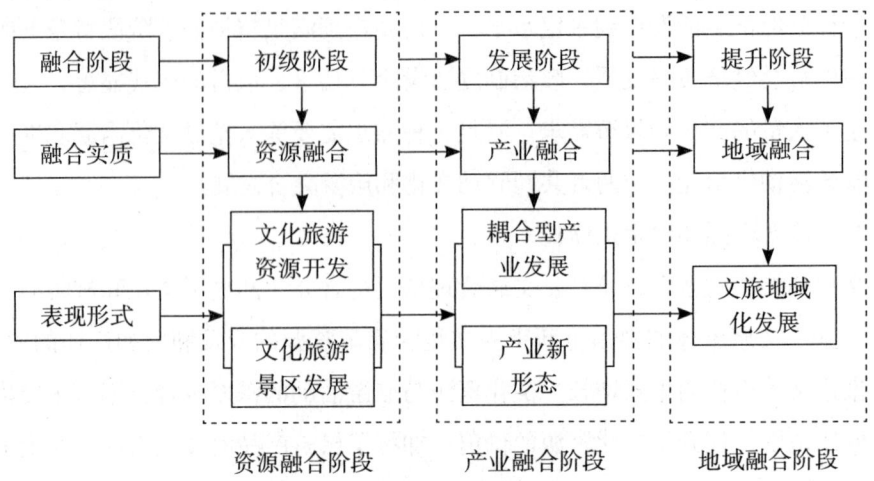

图 1-3　文旅融合的时空演化规律 ①

4. 文旅融合需要高端设计

文化的属性及文化产业的创意导向，要求文旅融合进行高端的设计。文旅融合因地而异、因时而异，受到地区文化资源、旅游发展、社会经济发展、市场需求的转化等多种因素的影响。各个地区需要根据各自的优势和劣势条件，充分评估文旅融合的发展阶段和实质，制定高端的文旅融合发展战略，用以指导本地文旅融合的实质性发展，从战略层面形成差异性的文旅融合发展产品体系和地域体系。

二、文旅融合的初级阶段：资源融合，以文促旅

文化旅游的发展是文旅融合的初级阶段，主要表现为旅游目的地以现有或挖掘的文化资源为基础开发文化旅游产品。其中，文化旅游资源开发是最主要的表达形式，进而演化成深入挖掘地区文化旅游资源或增加现有旅游产品的文化内涵。

文旅融合的初级阶段依托现有文化旅游资源开发，"点"式高吸引力的文化旅游景区成为主要的融合载体。在中国旅游发展实践中，世界文化遗产地、历史街区、民族旅游地、古镇旅游地等为这一阶段的主要产品形式，具有深厚文化底蕴的区域发展成为具有高吸引力的文化旅游景区。

---

① 潘丽丽. 文旅融合：理论探索与浙江产业发展实践 [M]. 杭州：浙江工商大学出版社，2021.

1. 世界文化遗产地

1972 年，联合国教科文组织在世界文化遗产总部巴黎通过了《保护世界文化和自然遗产公约》，成立联合国教科文组织世界遗产委员会，其宗旨在于促进各国和各国人民之间的合作，为合理保护和恢复全人类共同的遗产做出积极的贡献。截至 2019 年，联合国教科文组织世界遗产委员会会议已经举办了 43 届。1987 年 12 月至 2019 年 7 月，中国已有 55 项世界文化和自然遗产被列入《世界遗产名录》，其中世界文化遗产 37 项、世界文化与自然双重遗产 4 项、世界自然遗产 14 项。中国近四分之三的世界遗产属于文化遗产范畴，长城被列为世界新七大奇迹之一。

2. 历史街区

历史街区是指文物古迹比较集中，或能较完整地体现出某一历史时期传统风貌和民族地方特色的街区。我国正式提出"历史街区"的概念，是在 1986 年国务院公布第二批国家级历史文化名城时，"作为历史文化名城，不仅要看城市的历史及其保存的文物古迹，而且还要看其现状格局和风貌是否保留着历史特色，并具有一定的代表城市传统风貌的街区"。城乡建设环境保护部于 1985 年提出（设立）的"历史性传统街区"，旨在对文物古迹比较集中，或能较完整地体现出某一历史时期传统风貌和民族地方特色的街区等予以保护。作为受保护的历史街区，同样具有较高的旅游吸引力。在中国旅游业发展过程中形成的各具特色的历史文化旅游街区，是旅游活动的集中地，也是各地的旅游地标区域。

中国历史街区类文化主题景区数量众多，在旅游业发展过程中起到举足轻重的作用。为了进一步推进城市文化和对文化遗产保护，经原文化部、国家文物局批准，由中国文化报社联合中国文物报社分别于 2009—2013 连续五个年度举办十大中国历史文化名街的推介与评选活动，共 50 条历史街区入选。2015 年 4 月 21 日，为了更好地保护我国优秀历史文化遗产，完善历史文化遗产保护体系，进一步做好历史文化街区保护工作，住房和城乡建设部、国家文物局在各地推荐的基础上，经专家评审和主管部门审核，决定公布包括北京市皇城历史文化街区等 30 个街区成为第一批中国历史文化街区。中国历史文化名街评选活动由国家非政府机构（中国文化报社、中国文物报社和中华民族文化促进会）组织，旨在对全国各地的历史文化街区进行宣传。中国历史文化街区是由相关国家政府机构

（住房和城乡建设部和国家文物局）组织开展的一项认定工作，旨在保护城市中风貌完整、传统建筑集中、历史文化遗产丰富的历史文化街区，是我国历史文化名城、名镇、名村、名街保护管理工作的一个重要组成部分。历史名街、历史街区的评选与认定，进一步凸显了文化内涵，为旅游活动的开展提供更多的资源和设施条件，也显示了品牌效应。

3. 民族文化类主题文化旅游产品

我国是多民族国家，达 56 个之多，众多的民族具有各自鲜明的地域民族文化特征。民族分布呈现大杂居、小聚居的总体空间特征，汉族主要分布在东部地区，少数民族分布广，相对集中在西南、西北和东北地区，尤其是西南地区。位于中国西南部的云南、贵州、广西、四川、西藏等地都是多民族省区，共有 30 多个少数民族集中分布在此。西南地区也凭借少数民族淳朴的民风、独特的地域文化，诸如，农耕、游牧、节庆、服饰、饮食起居、婚丧、建筑、语言文字、宗教信仰等民族资源特色，发展成为民族文化旅游地。云南省民族旅游区最为典型，昆明海埂民族村、西山、金殿、大观楼、滇池、石林、阿庐古洞、九乡彝族回族乡、西双版纳傣族村寨等均是著名的旅游区。西北、东北等少数民族集中分布区也发展成为重要的民族文化旅游目的地。

4. 文化古城古镇古村

1982 年 2 月，为了保护那些曾经是古代政治、经济、文化中心或近代革命运动和重大历史事件发生地的重要城市及其文物古迹免受破坏，"历史文化名城"的概念被正式提出。根据《中华人民共和国文物保护法》（2017 年修订），"历史文化名城"是指保存文物特别丰富，具有重大历史文化价值和革命意义的城市。国务院于 1982 年、1986 年和 1994 年先后公布了三批国家历史文化名城，共 99 座，此后不断进行增补，截至 2018 年 5 月 2 日，总计公布了 135 座国家历史文化名城。

中国历史文化名镇名村，是由原建设部和国家文物局从 2003 年起共同组织评选的，指的是保存文物特别丰富且具有重大历史价值或纪念意义的、能较完整地反映一些历史时期传统风貌和地方民族特色的镇和村。这些村镇分布在全国 25 个省份，包括太湖流域的水乡古镇群、皖南古村落群、川黔渝交界古村镇群、晋中南古村镇群、粤中古村镇群，既有乡土民俗型、传统文化型、革命历史型，又有民族特色型、商贸交通型，基本反映了中国不同地域历史文化村镇的传统风貌。截至 2018 年年底，已经认定的名村 487 个、名镇 312 个。

三、文旅融合的发展阶段：产业融合，耦合发展

随着文化产业的发展，旅游产业和文化产业出现交叉，两者进行系统耦合，形成具有文化产业和旅游产业双重属性的耦合型产品。旅游产业与文化产业之间通过相互渗透、相互交叉而形成新产业或新产业价值链的动态发展过程（桑彬彬，2012）。这是文化产业和旅游产业发展到一定程度必然出现的阶段。从文旅融合的时空演化来看，产业融合发展是文旅融合的中级阶段，也是发展阶段。突破文化资源的开发瓶颈，伴随着文化产业的发展，文化产业和旅游产业边界交叉，形成耦合型产业，或出现兼顾文旅两大产业职能的新型业态（见图1-4）。能够衍生产业链的文化产业与旅游产业形成"文化—旅游耦合型产业"，是文旅融合中级阶段的重要标志。

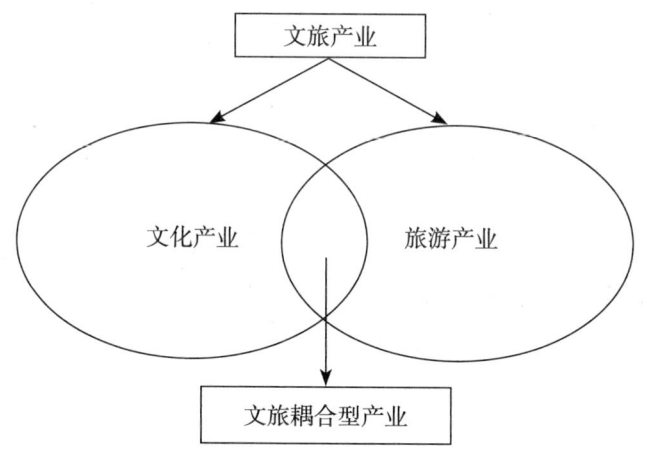

图1-4 文旅耦合型产业 ①

（一）文化—旅游耦合型产业形成基础

1. 系统耦合

耦合是一个物理学上的概念，是指两个或两个以上系统或两个运动方式之间通过各种相互作用彼此影响以至于联合起来的现象。耦合各方经过物质、能量、信息的交换而彼此约束、选择、协同和放大。在系统科学领域，耦合是系统之间及其运动方式的互动。耦合现象出现的前提是耦合各方存在相互关联或作用，耦合的结果是参与耦合的个体属性发生了变化。耦合是两个实体相互依赖于对方的

---

① 潘丽丽. 文旅融合：理论探索与浙江产业发展实践 [M]. 杭州：浙江工商大学出版社，2021.

一种形式和量度，这种相互依赖程度的结果可以产生正负双方面的作用。在需要模块进行独立运作时，要素之间复杂的、高强度的耦合，会导致系统功能减弱或失控；相反，若利用模块、要素之间的耦合作用使其演化成为一个新的复杂系统，则可能产生正向耦合作用。系统进化有耦合和内生两种模式，耦合模式是指两个或多个低层次系统相结合而形成高层次系统的进化方式，而内生模式是指低层次系统通过它本身的内在发展而转变为高层次系统的进化方式。

2. 文化—旅游耦合型系统的提出

文化产业和旅游产业均具有耦合于其他产业的特性，文化和旅游的本质关联决定了旅游产业和文化产业之间存在极强的关联性，具备了发生耦合的前提条件。文化和旅游业边界融合特征明显。在地区产业生态系统演化过程中，文化产业和旅游产业的发展趋势必然是实现良性耦合，形成超越单个产业的复合产业系统，即"文化—旅游耦合型产业系统"。文化和旅游这两大产业的良性耦合发展能够充分体现文化和旅游活动的本质属性，同时也能够协调两大产业独立发展所产生的利益冲突。

（二）文化—旅游耦合型产业系统特性

文化产业和旅游产业具有边界交叉性，文化产业和旅游产业相互促进，两者有机结合能够提升各自的生命力与竞争力；文化产业与旅游产业良性耦合是地区产业生态系统发展的必然要求；文化产业、旅游产业都是地区产业生态系统的成员，两者互动发展成为更高级别的复合产业系统，是地区产业生态系统演化的必然趋势；突破产业边界，相互嵌入式发展是实现文化产业和旅游产业互动的表现；产业基地、产业集群、社区—产业集群综合体是"文化—旅游耦合型产业系统"良性运转的主要途径；培育复合产业基地、多元产业集群、主题社区—产业集群综合体等形式的经济增长实体是"文化—旅游耦合型产业系统"的最终目标。

文化产业、旅游产业的特性及相关性决定了文化—旅游耦合型产业系统具备以下特性：

①整体性。由文化产业和旅游产业构成的耦合型产业系统具备整体的特征。在文化—旅游产业系统内部，作为子系统的文化和旅游不是独立的，而是相互作用、相互影响、相互制约、耦合形成具有特定结构和功能的有机整体，形成具有文化和旅游双重要素和功能的综合型产品。

②开放性。文化内涵的广泛性、旅游资源的可挖掘性、旅游需求的动态变化等特征使得文化—旅游产业系统是个开放的系统。新的文化要素、新的旅游活动均可不受限制地融入文化—旅游产业系统，而且随着要素内涵的增多，整个系统的活力和生命力越强，要素越单一，生命力和活力越弱。

③复杂性。文化产业、旅游产业本身具有较强的关联性，且易受到外界环境因素的影响，文化—旅游产业系统比单个的文化产业和旅游产业更为复杂，涉及的影响因素更多，因素之间的作用更为错综复杂。

④多目标性。文化产业和旅游产业有各自的行业目标、运行机制和产品内涵，两者耦合成的新系统要同时满足文化事业和文化产业发展目标、旅游产业发展目标。

⑤系统演化性。由于旅游产业最为密切的文化产业率先形成文化—旅游耦合型产业，随着时间的推移，更多的文化产业融入系统，整个系统具有由单一向综合发展的演化特性。文化产业中的影视、动漫等具备率先形成耦合产业的特性。

（三）文化—旅游耦合型产业系统良性运转影响因素

"文化—旅游耦合型产业系统"的构建和良性运转受到众多因素的影响，其中最主要的因子可以归结为需求、供给、系统性能。从需求方面来看，受众对于这种耦合型产业系统产品需求是影响系统运转的最重要的因子；从供给来看，耦合型产品的规划、管理能够影响系统功能的正常发挥；从文化—旅游耦合型系统自身来看，文化和旅游产业的耦合程度将是最重要的因子。

①受众。文化—旅游耦合型产业所生产出来的产品最终检验者将是市场受众。公众的需求心理、需求行为特征与趋势是"文化—旅游耦合型产业系统"是否能够形成和发展的关键因子。明确受众的需求特征，是文化—旅游耦合型产业发展的前提和基础，因此我们需要对受众进行充分的调查和分析，以形成具有需求基础的文化—旅游耦合型产品。

②规划。良好的规划能够引导文化产业和旅游产业向耦合方向发展，避免各自为政的局面。对文化和旅游产业互动发展的理论基础、可行性进行充分研究，在大众需求现状和趋势的引导下，制订耦合型产品发展规划，这样做能够促进文化—旅游耦合型产业系统的良性运转和升级。

③管理。文化事业、文化企业、旅游企业及活动之间存在行业、权属等方面

的分异，在发展过程中，必须采取有效的管理措施和手段才能保障系统的正常运转。同时，良好的管理也能引导大众需求向系统产出产品方面转换。

④机制。保障"文化—旅游耦合型产业系统"能够正常运转必须建立沟通两者之间利益关系的机制，使得整个系统实现"1+1 > 2"的系统输出，发挥耦合型系统各耦合方之间的协同效应，使得文化产业、旅游产业各自的属性得到增强。

四、文旅融合的提升阶段：地域融合，以文促域

文旅融合的高级阶段为地域融合，也是文旅融合发展的提升阶段。概念的无边界性及市场需求的特性化驱使文旅融合由产业融合阶段转向地域融合发展阶段，主题型文旅地域的发展是文旅融合高级阶段的重要标志。

（一）文旅地域融合的特征

1. 面状发展

文旅融合的高级阶段由早期的点状文化旅游资源开发、中期的带状文旅产业耦合演变成为文化主题区域的面状发展。以地域本地及时代导向的文化主题为内涵，围绕文化主题发展成为具有 ICON、IP 效应的文化主题旅游地域强调的是"域"的概念，各个文旅主题地域在空间上构成面状发展格局。

2. 创意导向

高级阶段文旅融合中的"文"的内涵更倾向于创意设计，集合地域文化特征和需求文化特征的双重属性。通过创意设计，使得地区具备了文化标志，并引领地域的整体发展，其基本表现为以地方或赋予的文化为主题进行地域化打造。

3. 个性化

个性化是高级阶段文旅融合的另一重要特征。寻求文化差异定位，进行个性化地域文旅发展。通过打造和运营，在旅游者感知中形成个性化、地域化的旅游形象。这种旅游形象与传统的旅游形象具有明显的差异性，传统的旅游形象往往是标志性资源引致的，文旅地域的旅游形象是由文化与地域的结合营造的整体形象。

4. 综合型发展

文旅地域融合发展也表现为综合型发展，改变传统的旅游目的地吸引物相对集中在某一核心旅游资源层面的状态。旅游者到访文旅地域的需求表现为多样

化，游览、度假、购物、学习等多样化的动机引致文旅地域在发展过程中旅游产品的设计、设施的供给、服务的提供等方面得到提升。

（二）文旅地域融合的类型

根据文旅资源及文旅产业发展的差异，文旅地域化的空间发展表现为资源内生型、产业耦合型、创意导向型三种主要类型。

1. 资源内生型文旅地域

针对文旅资源丰富的地域，其发展表现为文旅资源的深度开发。这是遵循以"资源—地域"为发展主线，以地域内的文旅资源为基础的开发模式。一般表现为文化旅游资源丰富的地区，在原来的文化旅游资源开发的基础上丰富旅游产品的内涵，延长产业链，由文化旅游资源的开发转向特色文旅地域的发展。

2. 产业耦合型文旅地域

在文化产业发展较好的地域，遵循"产业—地域"的发展主线，延长文化产业链，发展文化产业和旅游产业耦合型的旅游产品，如影视旅游、动漫主题旅游等。这种发展模式对地区经济、资金投入、技术水平、受众需求等有一定的依赖性。

3. 创意导向型文旅地域

以文化创造、创新为主要内容，从地域资源环境条件的适宜性出发，遵循"主题文化—地域"的发展主线，通过主题文化的创建发展成文旅地域，如文化创意园区等。这种发展模式需要进行高端设计。

（三）文旅地域融合的关键

文旅地域化的关键问题在于"主题"的营造和建设。可以基于地域资源内生形成地域文化主题，也可以通过引进外联文化创律和营造地域主题文化。以形成具有竞争力的主题为主要目标和出发点，进行文旅地域化产品、设施及服务的设计，包括与主题相关的核心旅游产品及配套设施。文旅地域融合的发展最为关键的步骤是差异化的定位。地域化的发展不同于垄断式资源的开发，形成全域化的主题形象需要充分考虑地域差异化发展，能够在更大的区域内形成竞争优势，以实现全域化的文旅融合发展。

文旅融合受到资源、产业、体制等多方面因素的驱动，具有典型的时空演化特性。文旅融合的早期阶段表现为文化旅游资源的开发，是文化和旅游融合的自发阶段，空间上呈现"点"状发展，形式表现为文化旅游产业和主题景区；文旅融合的中期阶段表现为产业融合，是旅游产业和文化产业的跨界融合，空间上呈现"域"的特性；文旅融合的高级阶段表现为地域融合，以挖掘文化要素促进文旅地域的空间发展，表现为"面"状特性。文旅融合也是一个复合系统，需要从体制和管理方面进行引导。

第二章　旅游管理

旅游是一种综合性社会现象，是社会经济发展到一定阶段的产物。在社会经济发展的不同阶段，旅游活动具有不同的特点。旅游活动是一个系统，包括旅游者活动系统、旅游产业活动系统、旅游支撑系统和旅游影响系统四部分。现代旅游活动已发展为大众旅游，成为人们生活的一部分。旅游业是产业边界模糊的经济产业，树立大旅游观念才能更好地发挥旅游业的经济、社会文化和环境效益。我国已成为世界旅游大国，旅游业已具有相当的产业规模。未来，我国将向旅游强国迈进。

第一节　旅游管理的基本常识

一、旅游的定义

作为一种人类活动，旅游已有数千年的历史；作为一种广泛的社会现象，旅游也有数百年的历史。20 世纪以来，伴随着世界旅游活动的不断发展，人们对旅游的认识逐渐加深，由于旅游的重要性和综合性，以及研究目的的多样性，长期以来，国内外许多学者和有关国际组织，从不同的角度对旅游进行了研究，提出了不同的旅游定义。这些定义的出发点和侧重点各不相同，主要有两方面：一种是从旅游者活动的角度出发，比较强调旅游活动的目的、时间、流动、个人审美体验特点等；另一种是从旅游活动整体出发，强调旅游者的旅游活动及其所引发的各种现象和关系。

（一）交往定义

狭义的理解是那些暂时离开自己的住地，为了满足生活和文化需求，或个人各种各样的愿望，而作为经济和文化商品的消费者逗留在异地的人的交往。

（二）目的定义

旅游是一种休闲活动，它包括旅行或在离开定居地点较远的地方逗留。其目的在于消遣、休息或为了丰富他的经历和文化教育。

（三）时间定义

旅游是人们为了休闲、商务和其他目的，离开他们惯常的环境，到某些地方去以及在那些地方停留的活动（这种在外地的暂时停留时间不超过 1 年）。

（四）体验定义

1999 年谢彦君在《基础旅游学》中对旅游的定义是："旅游是个人以前往异地寻求审美和愉悦为主要目的而度过的一种具有社会、休闲和消遣属性的短暂经历。"[①]

（五）整体定义

旅游是非定居者的旅行和暂时居留而引起的现象和关系的总和，这些人不会长期定居，并且不从事任何赚钱的活动。20 世纪 70 年代，该定义被旅游科学专家国际联合会正式采用，所以被称为"艾斯特"定义。

二、旅游的本质属性

随着经济社会的发展，旅游已从贵族阶层的享乐活动，发展成大规模的，涉及社会、经济和文化等多个领域的大众性活动，体现了多种社会现象和社会关系。因而，旅游不仅仅是个人离开居住地到异国他乡访问的现象，而且是一种社会行为，从整体上看，旅游的本质是社会经济文化活动。

（一）旅游产生于社会经济发展的一定阶段

在远古时期，人类出于生存需要，部落从一个地方迁徙到另一个地方的现象，这只是一种旅行而已。随着三次社会大分工的出现，即畜牧业、手工业和商业从农业中分离出来，以及生产技术的进步、剩余产品的增加、产品交换的数量和范围的扩大，产生了专门从事商品交换的商人阶级，从而在人类历史上出现了经商旅行。虽然最初的经商旅行是个人出外谋生性的活动，但它是一种社会的必然，是社会生产发展的需要。由于社会生产的进一步发展，人们需要到其他地区了解生产情况，在不同地区间开展产品或商品交换。所以，经商旅行的产生和发展实

① 谢彦君.基础旅游学[M].北京：中国旅游出版社，1999.

际上是不同地区间社会经济联系加强的反映。经商旅行本身也成为整个社会经济活动的组成部分。

人类经过奴隶社会、封建社会进入资本主义社会以后，特别是产业革命之后，科学技术的进步及其在生产中的应用给人类社会带来了一系列的变化。交通运输条件的改善、劳动生产率的大幅提高和社会经济的迅猛发展，不仅使从前的经商旅行、宗教旅行等有了新的发展，而且以消遣为目的的旅行游览活动也迅速发展起来，从而使旅行在许多方面开始具有现代意义上旅游的特点。旅行人数的大量增加使它开始对社会经济的发展具有较为普遍的意义，而社会也为其发展创造了较便利的条件，如专业性的商业服务设施等。虽然这种以消遣为目的的旅游在形式和内容上表现为个人的行为，却是在一定的社会经济条件下即商品生产和商品交换发展到一定水平时产生和发展起来的。只有当社会经济发展到一定阶段，人们才有能力超越生存的需要，追求较高层次的精神和文化生活。因而消遣性旅游与社会经济发展紧密相连，就其本质而言，是一种社会文化活动。

（二）社会经济的发展促进了现代旅游的发展，使旅游成为整个社会生活的组成部分

空间移动是实现旅游活动的前提，闲暇时间和可自由支配的收入是实现旅游活动的必要条件。"二战"以后，世界经济得以迅速恢复，一系列科技发明和创造推动了社会经济的迅猛发展。随着人们收入水平的提高，闲暇时间增多，旅游活动空间范围的拓展，旅游需求日益旺盛，使国际国内旅游业稳定增长，旅游发展成为大众旅游。尤其是城市化进程推进，极大地改变了人们的生活方式，使旅游活动发生了质的变化。旅游成为人们的基本生活需要，人们通过旅游短期改换一下生活环境，或欣赏山水风光，或体验异域风土人情，从而愉悦身心、陶冶情操、开阔视野、增长见识，获得精神和物质上的享受。旅游在社会生活中的地位日渐重要，并始成为具有相当意义的社会现象，成为整个社会生活的组成部分。

（三）旅游的重要性日益突出，与社会经济文化的关系密不可分

旅游的重要社会意义主要体现在旅游的经济性和文化性上。为满足旅游者的旅行和游览活动而提供食、住、行、游、购、娱等行业的服务产品，直接促进了旅游业的发展。随着旅游规模的扩大，旅游需求多元化的发展，旅游业及其相关行业面临着巨大的发展机遇。由于旅游属于高层次精神文化活动，旅游目的地的

吸引力就在于其与客源地的文化差异，旅游者的旅游动机在于对目的地文化的期望。因而目的地所有的旅游服务都应有自己的服务文化特色，文化设施既要满足旅游者的需求，又要充满文化性。目的地要深入挖掘文化旅游资源的内涵，开展文化旅游活动，展示传播当地的旅游文化。所有这些还包括当地的风土人情构成了目的地的文化氛围，成为旅游者评价和选择目的地形象的重要依据。

三、旅游的特点

从个体的旅游行为来看，旅游还具有以下特点。

（一）旅游是一种精神享受型的消费活动

从人类需要发展的角度看，人类的需要会经历由单一向多元化发展、由低级向高级发展的过程，人们对物质需要和精神需要的层次也会不断提高。旅游消费活动主要是满足人们的精神需求，旅游产品的无形性使旅游消费成为精神享受。美丽的风景、难忘的经历、让人魂牵梦绕的民俗风情等，都能给人们留下美好的回忆，即使是在目的地购买的旅游纪念品，因为它的纪念意义，带给旅游者的也是具有象征意义的非同寻常的感受，或是旅游者向亲朋好友"炫耀"旅游经历的载体，或是旅游者传递亲情和友情的特别方式。无论怎样，旅游都会带给旅游者极大的精神享受。

从整个社会发展看，旅游需要作为人总体需要的一个组成部分，是人们基本物质需要如衣、食、住、行等满足之后，开始向寻求享受、寻求发展迈进时才会进行的非基本需要性的消费。所以，旅游是一种高级的精神享受型的消费活动。

（二）旅游是一种独特而积极的交往活动

交往活动是人类社会固有的现象，也是人类社会生活中一种最基本的社会活动交往。在现代社会，科技发展不仅提高了人们的生活水平，也变革了人们的生活方式，社会交往的意义也愈加重要。交往的方式有很多，如工作交往、日常生活交往等。旅游的异地性决定了旅游交往是不同于其他交往方式的独特交往活动。交往对象的文化多样性、陌生的社会关系、异域背景等这些不同的交往因素，使旅游者可以达到"自我"的境界，从而对旅游活动中的交往产生积极的影响。淳朴、友好、平等的交往方式能够增进彼此的理解和宽容。通过旅游轻松了解各地的社会风貌和风俗民情，感受和体验更多地域精神和文化现象，增长见识。丰富的旅游活动内容，使旅游活动更加愉悦，令旅游者彻底放松身心，为工作和生活注入新的活力。

（三）旅游是一种以审美愉悦为特征的休闲活动

旅游活动总是由一系列休闲娱乐活动组成的，如购物、娱乐表演、观光、户外娱乐（划船、露营、徒步旅行、滑雪运动等）。旅游目的地的休闲活动是旅游者进行出行选择和决定时的中心概念，这些活动的娱乐程度和旅游目的地的基础资源条件，往往是旅游者能否获得满意体验的决定因素。

由于工业化和城市化水平的提高，工作节奏加快，居住环境拥挤，加上都市的喧嚣与污染，人们迫切需要每年有一段时间放松一下身心，呼吸一下新鲜空气，以消除工作的紧张与疲劳。正是鉴于这种情况，世界许多国家都通过法律赋予人们休息的权利。早在 20 世纪 30 年代中期，国际劳工组织的一次年会正式承认了劳动者享有带薪假期。第二次世界大战后，西方一些国家先后实行一年 2~3 周带薪假期的制度，加上每周工作时间缩短为 40 小时，使劳动者享受休息的权利有了切实的保障。收入水平的提高，使他们利用这些休息时间外出旅游和度假成为可能。

在旅游中，人们摆脱了日常事务的羁绊，走向大自然，追新猎奇，领略秀丽的风光和名胜古迹，参加体育娱乐活动，享受工作之余的乐趣，不仅实现了全身心的放松，有益于消除疲劳和紧张，增强体质，而且通过旅游了解和学习新的知识，增长了见识，结交了新朋友，建立了新友谊，使精神更加充实、饱满和愉悦。所以，旅游作为一种积极、健康的休闲活动，迎合了现代社会发展和个人发展的需要，因而会不断地发展壮大。

四、旅游管理的必要性

管理是管理者为了实现既定的任务，运用管理的各种职能对相关的人、事、财、物进行的一系列活动的总称。

旅游业，是向旅游者的旅游活动提供服务的行业，主要由旅馆业、饮食业、交通客运业、旅行与游览娱乐单位组成。

旅游管理，是旅游业管理者为了向旅游者的旅游活动提供有质量的服务，运用管理的各种职能,对旅游业的人、财、物、部门、地区所进行的计划、组织、指挥、调节和监督的活动。

旅游业是国民经济中有关部门或行业的边缘组合。它不仅同国民经济有关的其他部门或行业有着分工和协作的关系,而且旅游业内部各个业务部门和各个旅游地区以及各个旅游企业之间也有着各种各样的分工和协作的关系。所有这些,需要指挥,需要管理。旅游管理的必要性,具体来说,有以下几方面。

(一)旅游管理是协调旅游部门与其他部门、国内旅游业与国外旅游机构和旅游市场的关系的需要

旅游业是一项综合性的事业,与国民经济许多部门有着密切的联系。另外,旅游业又是一个国际性行业,与国际旅游业的发展有着密切的联系。随着国际旅游业的发展,我国将逐渐成为旅游接待国,出境旅游人数也逐年提高,我国旅游机构与国外旅游机构的往来也日益密切。为了发展旅游业,必须加强旅游管理,在全社会范围内进行统一的计划、组织、指挥、监督和调节,协调好旅游业与其他行业或部门的关系、国内旅游业与国际旅游业的关系、国内旅游市场与国际旅游市场的关系。

(二)旅游管理是协调旅游业内部各有关部门和企业之间关系的需要

旅游业内部各部门各企业是从事旅游经济活动的经济组织,是旅游经济活动的基本单位。旅游业是综合性服务行业,需要对旅游者的餐饮、住宿、交通、游览、购物加以组合设计,制成整体的服务路线向旅游者出售并保证供应。因此,对构成旅游业的交通旅馆、饮食、文化娱乐、零售商业等各个部门或单位之间的关系,必须加强管理和协调,形成分工和协作,使旅游者在吃、住、行、游、购等各方面都得到满足。

(三)旅游管理是发展旅游业的需要

在我国,旅游业是一个新兴产业,是第三产业中的支柱产业。旅游业的发展,不仅能带来经济效益,更有不可忽视的社会效益,它从侧面带动了交通、民航、饭店、餐饮、保险、娱乐业的发展,同时也提供相当数量的劳动就业机会,更重要的是,旅游业具有对外开放的窗口和先导、服务、桥梁的功能。人民生活水平的提高和对外开放的进展,将推动旅游业加速发展。为了不断满足国内人民和国

外游客对旅游活动的需要，就必须从国民经济的全局出发，按照客观规律的要求，对旅游经济活动加强管理。

五、旅游管理的职能

旅游管理包括对旅游经济活动的决策、计划、组织、指挥、监督、协调六方面的职能。这六方面的具体职能各不相同，但又是相互联系相互制约的有机整体，共同发挥作用，保证旅游经济活动正常顺利运转。

（一）决策

决策是对经济发展和经济目标及其实现手段的最优选择。科学的决策以科学的预测为依据。科学的预测是在深入调查研究，掌握大量信息的基础上，进行分析判断旅游管理的决策，是旅游部门和旅游企业正确制定长期的和近期的奋斗目标，并对实现这一目标的手段所做的决定和选择。旅游管理的决策分为宏观决策和微观决策。宏观决策也称为战略决策，是旅游业最高领导层解决旅游经济活动长远的总体发展的决策，包括旅游部门和其他部门的同步发展、旅游投资的方向和规模、旅游饭店的建设、旅游点的规模、旅游业经济体制及旅游业发展的重大方针和政策等。微观决策也称战术决策，是旅游业中层或基层解决近期具体问题的决策，包括旅游服务项目的确定、旅游设施的增添和更新、企业基本建设的规模等。

（二）计划

正确的决策是制订旅游经济计划的前提。旅游管理的决策，要通过旅游部门和旅游企业的计划来实现。

计划是人们对未来事业发展的部署和安排，是人们未来行动的准则和目标。旅游管理计划是根据旅游管理的决策所确定的奋斗目标，确定旅游业在一定时期内经营活动的目标和方针，制定出实现这一目标和决策的纲领、步骤和具体措施。旅游管理计划的目的，是根据旅游经济的发展目标，合理地有效地调配和组织现有的人、财、物等资源，以取得最佳经济效益和社会效益。计划按时间来划分，可分为长期计划、中期计划和短期计划；按范围来划分，可分为旅游部门的整体计划、地区旅游计划和旅游企业的计划。

旅游管理的计划职能贯穿于确定旅游经济活动的目标和实现目标的手段的全

部管理活动中，关系到旅游业发展的方向方针和政策，是旅游业管理的中心环节和首要职能。

（三）组织

管理中的组织职能是实现计划目标的根本保证。组织职能是依照发展计划目标的要求，确定管理体制，建立组织机构，制定规章制度条例，选配所需人员，明确其职责权利以保证经济活动协调、有秩序地进行。旅游业包括食宿行游购各方面，涉及旅行社、饭店、交通、旅游点、旅游商店等各个部门。旅游业的组织管理就是通过建立旅游业管理体制和相应的管理机构，制定旅游管理规章制度，明确各个部门、各个企业、各个岗位的权利和责任，在时间上和空间上合理地配备工作人员，把旅游经济活动的各种要素、各个环节以及旅游业同外部的各种联系合理地组织起来，使旅游管理计划得以有效地贯彻执行。

（四）指挥

一个统一、有效的指挥系统，是旅游经营活动正常进行不可缺少的条件。指挥职能是指管理在借助指示、命令等手段对下属的工作任务进行分工安排，以实现计划目标。在现代旅游经营活动中，各部门、各企业之间的分工协作关系一环扣一环，旅游者的需要既复杂多样，又变化迅速，需要建立一个强有力的行政指挥系统，使上下相通、左右配合、动作快捷，以做好旅游服务工作。指挥要具有高度的权威性，确保管理者的意图准确无误地贯彻执行，克服各单位自行其是、无组织无纪律的状态。同时，要充分发扬民主，管理者要虚心听取下级和群众的意见和建议，使管理者的意图符合客观实际，要给下级管理部门和被领导者在一定范围内以自主权，发挥他们的主观能动性，这样有利于维护指挥的权威，有利于提高工作效率。

（五）监督

旅游管理的监督职能，是为了保证旅游计划目标和方案的顺利实现，对旅游活动过程及其结果进行监督、检查、调整和评价的一系列活动过程。

（六）协调

旅游管理的协调职能是指连接、联合、调和所有与旅游相关的活动及力量。

第二节 我国旅游业的发展及趋势

一、我国旅游业的发展历程

中国的现代旅游是指中华人民共和国成立以来的旅游历史。新中国旅游事业的发展大体经过了初创、开拓和发展三个阶段。

（一）初创时期（1949—1955）

这一时期，我国旅游业发展的主要任务是增进我国与各国人民的相互了解和友谊，宣传我国的社会主义。新中国旅游业首先经营的是国际旅游业务。

1949 年 12 月，厦门成立华侨服务社，创立了新中国第一家旅行社。此后，广东省的深圳、珠海、广州、汕头等十几个城市都建立了华侨服务社。1957 年 4 月 22 日，华侨旅行服务总社在北京成立。从此，中华人民共和国旅游业从早期的公费接待少量观光团，发展到组织华侨、港澳同胞自费观光、旅游、探亲。侨乡探亲旅游是初创阶段的主要形式。

1954 年 4 月 15 日，中华人民共和国第一家面向外国人的旅行社——中国国际旅行社（以下简称"国旅"）在北京诞生。国旅是为适应日益繁重的外宾接待工作而设立的。1954 年"日内瓦会议"后，特别是 1955 年"万隆会议"的召开，使中国的国际地位得到空前提高，国际影响日益扩大，与中国建立外交关系的国家数量明显增加。到 1957 年，国旅已和 11 个社会主义国家的旅行社有业务往来，另外还与西方国家 113 个旅游机构建立了联系。据不完全统计，自 1956 年年初到 1957 年 10 月，国旅总社共接待各国自费旅游者 3885 人。

（二）开拓时期（1956—1966）

从 1956 年开始到 1966 年，是中国旅游事业的开拓阶段，它的标志是"中国旅行游览事业管理局"的成立。这一时期，我国国际旅游市场发生了根本变化。东欧一些国家来华自费旅游者逐年下降，而西方国家旅行者人数却大幅度上升。1964 年 7 月 22 日经由全国人大常委会正式批准，成立中国旅行游览事业管理局（以下简称"旅游局"），旅游局作为国务院的直属机构，负责全国旅游事业的管理。

国务院明确规定了发展我国旅游事业的方针和目的，即首先是为了学习各国人民的长处，宣传我国社会主义建设的成就，加强和促进与各国人民之间的友好往来和相互了解。其次才是通过旅游收入，在经济上为国家建设积累资金。

旅游局成立后，国旅总社以接待为主，旅游局则负责管理全国的旅游事业，制订发展规划统筹安排。从此，我国旅游事业进入正常发展轨道。同第一阶段相比，它具有如下特点。

第一，以中国旅行游览事业管理局的成立为标志，我国旅游事业已进入一个新的时期。

第二，与西方世界的旅游机构发生了联系，我国国际旅游市场开始出现重大转移，客源国市场更为广泛。

第三，旅游者的组成也发生了较大变化，多是民间团体组成的旅行团，零散客人增多且阶层较为广泛。

第四，来华旅游者的数量和经济收益均有较大增加。

（三）发展时期（1978 年以后）

改革开放以后，我国旅游事业进入一个全面大发展的时期，在短短的十多年中，我国旅游业取得了巨大成就，具体表现在以下几方面。

1. 从中央到地方建立起了一套旅游管理体制

为了加强对旅游工作的领导，1978 年，经国务院批准，中国旅行游览事业管理局改为"管理总局"，各省、市、自治区也相应成立了国务院旅游工作领导小组，负责全国旅游业的发展规划，统筹协调与旅游业有关的部门工作。

2. 旅行社迅猛发展

这一时期，旅游者大量增加，使得旅行社如雨后春笋般发展起来。国际旅行社增加了地方分支社，新成立了一些派生机构。1988 年，全国旅行社达到 1573 家，10 年间增长了约 20 倍。从结构看，在原来以入境接待为主的外联旅行社和接待旅行社分工的基础上，产生了专门组织接待国内旅游者的三类旅行社。

3. 旅游资源得到进一步开发

改革开放以后，国家每年拨出专款，对风景名胜区进行开发建设、整修和保护。国家还投资新建了一批旅游区、旅游景点。旅游商品销售点已遍布全国各旅游城市和风景旅游点。

4. 旅游人才的培养方面成绩显著

为了适应当代旅游业的迅速发展，我国开始培养旅游人才。1978 年 6 月，我国成立了第一所旅游学校——江苏旅游学校。截至 1992 年年底，全国共有高等旅游院校及开设旅游系（专业）的普通高等院校 116 所、中等旅游专业学校 42 所、旅游职业高中 637 所。[①]

二、我国旅游业的发展状况

我国旅游业的真正起步是在 20 世纪 70 年代末。经过 20 世纪 80 年代 10 年时间的快速发展，可以说旅游业在我国已初具规模，但仍然存在基础薄弱、管理落后、结构不合理等问题。20 世纪 90 年代以来，随着经济体制改革的深入，市场经济体制开始占主导地位，旅游业发展成绩斐然。

（一）入境旅游

1990 年，全国入境旅游总人数是 2746.18 万人次。到 2007 年，入境旅游总人数达到 1.32 亿人次，入境总人数增加 4.80 倍，其中接待外国游客人数增加 14.94 倍，接待港澳同胞人数增加 4.10 倍，接待台胞人数增加 4.88 倍。这既表明我国的开放程度增强，又表明我国旅游资源对国内外游客有极大的吸引力。[②]

2006 年，我国接待的来华旅游者中外国人为 2221.03 万人次（除港、澳、台同胞的总数）。外国游客数量前十位的国家分别是：韩国、日本、俄罗斯、美国、马来西亚、新加坡、菲律宾、蒙古国、泰国和英国。

目前，中国已跻身世界旅游大国行列。1978 年中国接待国际旅游人数世界排名第 51 位，2007 年，中国已跃升为全球第四大入境旅游目的地国。

（二）国内旅游

随着人民生活水平的提高、闲暇时间的增加以及交通条件的改善，我国国内旅游从 20 世纪 90 年代开始迅猛发展，特别是 1998 年提出把旅游业作为国民经济新的增长点后，以假日旅游为重要支撑，国内旅游需求全面释放，进入大众化的消费阶段。2007 年，我国国内旅游总人数达到 16.1 亿人次。

国内旅游在近年之所以形成高潮，除了与我国改革开放的背景直接呼应外，

① 罗佳明 . 旅游管理导论 [M]. 上海：复旦大学出版社，2010.
② 罗佳明 . 旅游管理导论 [M]. 上海：复旦大学出版社，2010.

更在于近年我国居民可自由支配收入的增多和闲暇时间的增多，这些为居民选择旅游提供了可能。它表现出以下两个明显特征。

1. "黄金周"制度的实施带动了国内旅游消费热潮

自 1999 年 9 月国务院出台新的法定休假制度，每年国庆节、春节和"五一"各放假 7 天。从此，"黄金周"掀起的旅游消费热成为我国经济生活的新亮点。1999 年国庆，第一个"黄金周"到来时，一股猛烈的假日旅游消费"井喷式"爆发，让各界人士始料未及。在接下来的几年中也保持了持续旺盛的增长。"黄金周"长假对释放潜在的消费需求、拉动内需的作用有目共睹。由于休假日高度集中，旅游景点和相关公共设施的"超负荷"以及随之衍生的一连串问题也开始凸显，社会上改革"黄金周"的呼声日高。2007 年 12 月 16 日，国务院公布了全国年节及纪念日休假办法和职工带薪休假条例，新休假办法特别是年假制度，能否被企业有效实施，对新旅游时代的来临起到决定性作用。

2. 国内人均 GDP 超过 1000 美元，旅游消费进入启动时期

根据旅游发展规律，人均 GDP1000 美元是旅游的临界点，1000 美元以下，居民消费主要考虑温饱，旅游消费相对较少；人均 GDP 超过 1000 美元时，旅游消费进入启动期；人均 GDP 达到 3000~5000 美元时，出境游启动。我国人均 GDP 在 2003 年首次突破 1000 美元大关，接近 1080 美元，国内旅游需求急剧膨胀。国内人民收入逐年上升，拉动了旅游收入的快速增长。旅游消费需求大幅度提升，将是未来中国旅游业持续兴旺的重要动力。

（三）出境旅游

与大多数旅游发达国家不同，中国旅游业的发展模式是先发展入境旅游，后发展国内旅游，再发展出境旅游。中华人民共和国成立不久，开始了入境旅游接待业务。改革开放后，加快经济发展成为重要目标。为了赚取外汇支持现代化建设，开始大力发展入境旅游；为了刺激消费开始鼓励国内旅游；为了满足公民日益增长的物质文化和精神需求，开始逐渐放开公民出境旅游。1988 年，作为我国旅游业加快对外开放的重要标志，泰国成为对中国公民开放的第一个旅游目的地国家。此后，中国公民出境旅游目的地国家和地区迅速增加。中国公民出境游以周边国家或地区为主要目的地，远程出境市场增长也较迅速。其中，非洲作为新兴的目的地，增长速度最快；欧洲仍然是最主要的远程目的地。

（四）旅行社

国务院于 1985 年 5 月颁布的《旅行社管理暂行条例》中，规定了开办各类旅行社的条件。1996 年，国务院在对条例进行修订后正式发布《旅行社管理条例》。按照《旅行社管理条例》，对全国的旅行社进行转类，即把原来的一、二、三类旅行社转为国际和国内两大类旅行社。到 1997 年年底，转类工作全面结束。国际旅行社的增加反映了我国国际旅游市场的结构发生了变化，从垄断走向开放，竞争的激烈程度大大增加。同样，国内旅行社的增加反映了国内旅游市场的急剧扩张。

我国旅行社的最大弱点是弱小散乱。小规模旅行社占到总数量的 80% 以上，具有较强核心竞争力的大型旅游集团还很少。此外，我国旅行社业的国际竞争力也较弱。首先，旅行社业的专门要素还比较缺乏，主要表现在高层次旅行社管理、旅游产品开发人才的缺乏和对先进技术应用的滞后两方面。其次，我国旅游虽需求总量较大，但需求水平远远低于国际水平。旅游者人均消费低，对旅游活动质量的追求不强烈，持"到此一游"心态者甚众，从而未能对旅行社形成强大的创新压力。再次，相关的支持产业，如教育、信息、通信技术、旅游资源开发、旅游救援等还不够发达，制约了旅行社经营水平的提高和新产品的推出。最后，许多旅行社战略目标不清，缺乏架构完善、阶段目标明确的发展规划，导致经营中的短期行为严重。旅行社之间的竞争以无序竞争、不当竞争为主要表现形式。这些明显不利于我国旅行社业国际竞争力的提高。

旅行社的发展壮大需要内外界因素的支撑，除去国家政策和经济形势等外围资源之外，更重要的在于旅行社品牌塑造、信息化建设和个性化服务等内部资源的构建，这都需要在以后的改革中加以完善。

（五）旅游饭店

旅游饭店的规模和档次是一个国家或地区接待能力强弱的标志。20 世纪 90 年代以来，我国旅游饭店的发展速度较快，旅游星级饭店不仅数量增加，而且质量和结构也发生明显变化。这说明我国旅游业已具备一定规模，饭店接待能力已接近一些旅游发达国家水平。

三、未来旅游业的发展趋势

据未来学家赫尔曼·卡恩预测，未来旅游业将成为世界上最大的产业，就业人口中将有很大一部分人从事旅游业。笔者认为，未来旅游业有如下发展趋势。

（一）旅游的多样化趋势

随着旅游者旅游经验的丰富，特别是快速交通工具如自驾车、高速列车、超音速飞机以及太空航行器的发展，到达旅游目的地时间缩短。信息网络技术的运用，使旅游者在出发前可直接安排自己在目的地的行程，团体旅游转变为个体旅游和个性化自主旅游，改变了目前旅行社的服务功能（组团、包车、票务、订房等服务功能将基本消失）。同时，旅游的需求也呈现多样化发展，如休闲娱乐型、运动探险型。旅游者多样化、个性化需求对旅游设施和服务提出了更高要求，如进入老龄化社会后针对老年人出游增多进行的特色旅游服务等。

（二）旅游的大众化趋势

旅游不再是高消费活动，而是作为日常生活进入千家万户。旅游有广泛的群众基础，人们的工作、生活都可能是远距离的长途旅行方式，形成空前广泛而庞大的人群交流和迁移，传统的地域观念、民族观念被进一步打破，旅游国际化趋势进一步增强，旅游的淡旺季将不再明显。

（三）旅游空间扩展的趋势

科技进步使旅游的空间活动范围更加广阔，不但可以轻易地进行环球旅行，而且可以向深海、月球或更远的宇宙空间发展，出现革命性的新旅游方式。

由此可见，未来旅游的市场将是规模异常广阔、活动异常频繁、科技含量异常高的极其繁荣的市场，它对旅游经营管理提出了新的要求。我们要充分研究未来旅游的发展趋势，制定我国旅游业发展的战略目标，规划旅游事业发展的蓝图，进一步发展好我国的旅游产业。

第三节 我国旅游管理体制的改革

一、我国旅游管理体制及发展历程

（一）旅游管理体制的概念、结构与功能

1. 旅游管理体制

旅游管理体制是指旅游经济运行中所产生经济关系的有效协调和管理及其形成的组织形式和管理制度等。其主要内容包括：多种经济形式和多种经营方式问题；中央和地方的关系问题；国家、旅游企业和旅游从业人员之间的关系；对旅游企业的管理方式与手段等。具体来说，它包括旅游业的组织机构、组织形式、调节形式、调节机制、监督方式，各种组织机构或组织的责任、权利问题等。

2. 旅游管理体制的基本结构

旅游管理体制是以国家的旅游发展策略和规划为依据，以计划、税收、信贷等经济政策为调控手段，以旅游经济信息为媒介，以旅游相关法律法规为监督保证体系的一个完整的管理系统。该系统与市场机制相互配合，才能实现旅游资源的有效配置。根据旅游管理体制的运行规律，我们不难发现，旅游经济管理的运行系统是由以下五个子系统组成，它们互相作用、相互影响。

（1）旅游经济决策系统

这是旅游经济管理体制的中枢。旅游经济决策就是对旅游经济发展目标、旅游经济政策和重大措施做出抉择。旅游决策是进行旅游经济管理的基本依据。旅游经济决策系统的内在结构问题，主要是指正确划分决策权限和保证决策系统的科学性。在市场经济条件下，旅游经济决策结构是多层次的，中央、部门、地方、企业都有相应的决策权，国家旅游经济决策要集中在真正涉及宏观旅游经济全局性的问题上，对微观经济活动的决策则要体现在微观主体的自主权方面。另外，旅游经济决策应经过正确的程序，进行充分论证，以保证其决策的科学性。

（2）旅游经济调控系统

这是旅游经济管理体制中连接宏观经济决策和微观经济决策的中介，只有发挥调控系统的作用，才能把宏观旅游经济决策所确定的目标和方案变为微观经

济主体的行动方向，从而实现宏观经济发展目标。与社会主义市场经济要求相适应，旅游经济调控主要采取间接调控的方式，如通过财政金融、价格等经济政策，调节企业的经济利益，从而引导旅游企业做出符合宏观旅游经济发展总目标的决策。要使旅游经济调控系统发挥有效的调控作用，首先要协调各宏观调控部门之间的关系，使计划、财政价格、劳动等部门合理分工，互相配合。其次要健全各种调控手段，如合理的价格体系、严密而科学的税收制度、完备的经济法规等，并根据各种调控手段的特点，发挥各自的特长，对旅游经济活动起到综合协调的作用。

（3）旅游经济信息系统

这是旅游经济管理体制中沟通各管理环节、各经济主体之间联系的媒介。旅游经济决策与调控都离不开旅游经济信息的作用。旅游经济信息最初来源于市场，尤其在市场发育水平较高的各类旅游中心，旅游经济信息比较集中，国家宏观管理部门各自的专业经济统计机构，如旅游统计、商业统计、财政统计、金融统计等部门收集、加工有关经济信息，然后再进行汇总、提炼，形成了供宏观决策的旅游信息。宏观决策结果的信息及调控的信息又通过纵横交错的渠道传递到各旅游经济主体，成为他们决策的指导和参考。因此，旅游经济管理信息系统是一个由多层次、多环节的信息收集处理、传输工作所构成的互相关联的整体。

（4）旅游经济监督系统

这是旅游经济管理体制中正确决策产生和实施的保证。旅游经济监督系统由各级党组织、政府和人民的全面监督，专业和综合的旅游经济行政管理机构的业务监督和职能监督，审计和工商行政部门的专门监督，司法机构的经济法律监督以及人民群众团体的社会监督与舆论监督组成。通过监督系统的作用，一方面为旅游经济决策系统反馈信息，提高决策科学性。另一方面保证正确旅游决策系统的实施，维护正常的旅游经济运行秩序。尤其在社会主义市场经济条件下，旅游经济管理不再主要依靠行政命令，而主要依靠经济政策、经济手段起调节作用，这就更加需要一个强有力的监督系统的辅佐。

（5）旅游经济组织系统

它规定着旅游经济管理体制各子系统的职能和相应机构，并使这些子系统相互衔接、紧密配合，形成旅游经济管理系统整体。

　　具体地讲，旅游经济组织系统不是独立存在的，而是融于旅游经济的决策、调控、信息、监督各子系统中，它一方面使各子系统有自身相应的组织机构，充分发挥各自的管理职能，保证旅游决策的科学性、调控的有效性、监督的严格性、信息的及时准确性。另一方面，各子系统能互相沟通，围绕着统一的宏观旅游经济管理目标而运行，共同完成旅游经济管理的任务。因此，旅游经济组织系统构成了旅游经济管理的基本框架，没有健全的组织系统，旅游经济就无从谈起。

　　3. 旅游管理体制的主要功能

　　旅游管理体制要在市场经济条件下，实现宏观旅游经济管理的目标就需要在具备上述基本结构的同时，在整体上发挥以下几方面的功能。

　　（1）决策功能

　　旅游经济决策系统要根据特定时期的经济条件，对未来一定时期的旅游经济发展目标和实施方案做出正确选择。旅游经济决策包括宏观决策和计划决策这两个层次，计划决策通常是战略决策的具体化。旅游经济宏观决策从全局、总体的角度出发，对旅游业的发展方向、规模、结构、效益等重大战略进行部署、指导和协调部门、地区企业的发展；同时，旅游经济宏观决策把长远利益和近期利益相结合，弥补了市场机制作用的局限性，是旅游经济长期稳定发展的重要导向。因此，旅游经济决策是旅游经济管理的核心，它贯穿于旅游经济管理的全过程，是旅游经济管理系统发挥其他功能的基本依据。

　　（2）调节功能

　　也称协调功能，就是要依据旅游经济宏观决策的目标，自觉运用经济、法律、行政手段，间接或直接地调节旅游经济各层次、各环节、各部门、各地区之间的经济关系，引导微观旅游经济的发展方向大体一致。调节功能的正常发挥是实施旅游经济决策的保证。由于旅游经济关系的各组成部分之间的经济关系是复杂而微妙的，对这些经济关系进行协调，使其符合一定的总体目标，是一项艰巨的工程。调节功能的实现不仅有赖于健全的调节系统，而且需要灵敏的信息系统、高效精悍的组织系统、强有力的监督系统的紧密配合。

　　（3）控制功能

　　就是针对旅游经济运行过程中出现的与决策目标和调控方向不一致的偏差随时采取措施，纠正偏差。决策实施和调节功能是相辅相成的，没有控制功能，监督功能也无法实现，而控制功能的实现还要依靠监督系统的作用。因此，控制功能实际上隐含了监督功能的作用。

（4）组织功能

就是通过建立合理分工、密切协作的旅游经济管理组织机构，有效地配置人力、财力、物力资源，并使各种组织机构发挥相应的职能，保证旅游经济运行的有序性。旅游经济管理的组织功能也是贯穿于旅游经济管理全过程的，它是实现其他功能的组织保障。

二、旅游经济管理体制的特征与实现的前提

（一）旅游经济管理体制的基本特征

我国经济体制改革的目标是建立社会主义市场经济体制。新型的经济管理体制的根本出发点，是首先让市场发挥基础性配置资源的作用。由于旅游经济管理体制同样也是以社会化大生产为基础的商品经济的表现形态，根据我国 40 多年来改革开放的经历，未来的新型旅游经济管理体制具有如下基本特征。

1. 旅游宏观调控的间接性

就国家总体而言，旅游经济管理的性质是间接性的，政府部门原则上不干涉旅游企业的内部事务。旅游企业被推向市场，通过市场竞争决定企业的命运。

2. 旅游决策权限的分散性

首先在文化和旅游部和地方旅游管理部门之间做出合理的权限划分，文化和旅游部的权限可进一步下放，地方旅游管理部门权限在增大的同时要做出新的调整，由此建立起两级调控体系，以国家为一级的调控中心和以中心城市建立二级调控中心，要逐步完善旅游企业自主权，同时还需建立必要的监督机构以保障正当权利的使用。

3. 旅游管理手段的多样性

旅游管理手段主要包括旅游计划管理和旅游政策管理两方面。旅游计划管理着重对旅游经济管理工作进行长期性的、战略性的指导；而旅游政策管理则主要是加强财政、货币、贸易、人力等政策的调节幅度，形成必要的管理条件，如法律制度等。旅游政策管理以计划管理为依据，对短期宏观经济活动加强影响力，同时，必要的行政管理手段仍然要保留。

4.旅游管理组织的合理性

应改变过去按旅游行政隶属关系划分的组织管理结构，按照符合商品经济的原则重组部门。适当加强旅游综合部门的调控能力，如加强旅游行业管理，也就是说，无论是哪个部门举办的旅游企业，从行业管理角度均应统归各级旅游管理部门管理。这种管理采取的是宏观调控、间接管理的办法，削弱的是各部门的条块分割管理。随着改革的深化和旅游事业的迅速发展，旅游经营企业也日益增多并扩大规模，行业管理将是我国经济体制改革发展的必然趋势。

（二）实现的前提

一般而言，构成旅游经济管理的前提条件有：旅游经济管理的微观基础（企业和消费者主权）、旅游经济管理的环境（市场体系）、旅游经济管理的主体（政府及其职能）。为实现我国旅游经济管理体制的转型，首先需要使这三个前提发生转变。

1.旅游经济管理体制的微观基础——企业主权和消费者主权

旅游企业是商品经济的基本元素之一，是活跃于旅游市场中的主体。旅游经济管理体制在市场经济条件下，一方面要通过市场中介来影响旅游企业的行为，另一方面又不能破坏其赖以存在的这个基础，其根本任务在于尊重和维护旅游企业作为商品生产者的主权。企业的主权涉及许多方面，但归结起来有两个，即资产占有权和资产使用权。我国旅游经济改革中出现的承包制、租赁制、股份制等多种企业主权制度，都是对如何实现合理的两权分离所做的积极探索。根据这个实践，旅游经济管理首先要维护公有制企业资产占有权，使公有制资产在经济发展中保值并不断增值。除此以外，还应对旅游企业的资产使用权给予重视，主要包括以下几种。

（1）企业拥有经营决策权

旅游企业在生产经营中，有权决策其生产要素在国民经济各部门、各行业和各地区之间的投放。除少数关系到国民经济命脉的骨干企业外，在生产规模、扩大再生产、横向经济联合及旅游企业发展、发展速度、更新改造等方面，均应由企业独立自主地做出决策。

（2）企业拥有资金支配权

旅游企业在对经营资金、发展资金的分配使用上拥有独立的决定权。为此，旅游企业应拥有独立的财务核算体系，实行自负盈亏，对银行贷款以及由此带来的投资风险承担独立的责任；对企业从市场上获取资金的来源形式及使用方式拥有自决权。

（3）企业拥有人事用工权

旅游企业根据自身发展的需要，决定职工人数、干部任免以及工资和奖金的发放比例及标准。旅游行政部门主要应为企业拥有此项主权并行使主权创造必要的条件，如建立失业社会保障体系、从宏观上控制工资基金的过度增长等。

（4）企业拥有产品定价权

价格是旅游企业开展竞争、参与竞争的关键因素。虽然市场价格的形成是一个竞争的过程，但参与竞争的企业应当根据自身的劳动耗费及条件拥有定价的自由。

消费者作为旅游市场主体的另一方，也应当拥有必不可少的权利。一般来说，消费者主权包括：对旅游消费品自由选择的权利（这种权利应受到法律保护）；消费者支配自己货币和消费的权利。其中关键是对消费品的自由选择权。旅游经济管理体制首先应在充分尊重消费者主权的前提下行使职能，制定消费者权利保护法，设立旅游投诉管理机构等。

2. 旅游经济管理体制的运行环境——市场体系

市场体系的形成和完善，是实行市场经济条件下旅游经济管理的又一重要前提。旅游市场体系是指由一系列具体的市场形成的整体，主要包括以下几方面。

（1）商品市场

包括以实物形态表现的旅游消费品市场和生产资料市场（后者往往又和劳动力、技术统称为要素市场）。两者的功能不一样：消费品市场以满足消费者需要，实现消费者主权为目的；生产资料市场以满足消费品生产企业需要，实现旅游企业主权为目的。

（2）技术市场

其市场交易的对象是知识商品，因此具有特殊性，需要有一系列特殊的制度予以保障，如技术专利制度、技术有偿转让制度等，技术市场较多表现为无形资产在旅游业的发展与竞争中发挥着日益显著的作用。

（3）劳动力市场

劳动力市场是社会劳动力流动的必要条件，是实现旅游企业选择劳动力、劳动力选择旅游企业的市场转化过程。如果没有劳动力市场或其残缺不全，市场经济均无法正常运行，尤其旅游业是劳动力密集型行业，所需的劳动力多，且季节性需求变化大，更需要有充足的劳动力市场做保证。

（4）资金市场

它分为货币市场、资本市场和外汇市场。货币市场是一种短期资金市场，主要通过银行之间的同业拆放、商业票据的贴现、短期国库债券的出售，以及中央银行的货币发行等形式，融通短期资金，调剂资金余缺，加快资金周转，提高资金利用率。资本市场又称投资市场，是将储蓄和社会闲散资金转化为中期的实际投资。通过吸收存款，发行股票、债券等创造虚拟资本，加速资金积累与集中，为社会扩大再生产创造条件。外汇市场是一个特殊的领域，主要沟通国际国内资金的交易，但受到的制约因素也错综复杂。

3. 旅游经济管理的主体——政府及其职能

旅游经济管理需要有实行者，即管理主体。从这个意义上说，任何社会组织、团体或集团都可能成为旅游经济管理的主体。但经过商品经济的自然发展，旅游经济管理的主体最终归于政府名下，这是市场选择的必然结果。

政府主持旅游经济管理，是由政府组织本身的职能决定的。政府职能是政府的实质、活动内容与方向。政府作为上层建筑，其根本职能是为经济基础服务，为保护和发展这个经济基础服务。因此，政府的职能说到底是服务性的，但具体而言，政府的服务性职能又分为三方面：政治职能、社会职能和经济职能。

（1）政治职能

其根本目的是维护国家制度，对外反抗侵略和对内实行统治。维护稳定的政治环境是发展旅游业的必要条件。

（2）社会职能

政府职能还表现在国家担负提高人民的物质文化生活水平，发展系列社会事业方面。如发展旅游文化，提高人们的旅游意识，促进旅游业进一步发展等。

（3）经济职能

在市场经济条件下，政府经济职能占有特殊地位。政府职能的根本特点是服务性的，因而经济职能也不例外，在旅游经济发展过程中，政府经济职能的服务性曾一度没有给予充分的重视和发挥，而是夸大和强化政府经济职能的非服务性，这是旅游经济管理僵化成行政性的一个重要因素。社会主义市场经济的建立与发展，要求首先转变被扭曲的政府经济职能，使政府成为旅游规划、咨询、协调和监督的服务性机构。

三、我国旅游管理体制经历的三个阶段

（一）第一阶段

从 1978 年至 1985 年，主要进行了由政治接待型向经济事业型转变的改革。

1. 强调政企分开，企业化经营

国家旅游管理部门与国旅总社正式局、社分开，为各地带好头。之后，各地也陆续政企分开，并向企业化过渡。

2. 逐步下放外联权

从 1982 年 9 月起，为适应旅游业发展，开始将外联权下放到各省、自治区、直辖市，调动了各地的积极性。

3. 逐步推广了各种形式的经济责任制，取得了良好的经济效益和社会效益，由此可见，第一阶段的改革，只是通过改革完成了从政治接待型向经济事业型的转变。

这些初步改革，对向社会主义市场经济过渡，是必不可少的基础性改革工作，今天看来，这些改革为建立社会主义市场经济旅游管理体制开了个好头。

（二）第二阶段

从 1986 年到 1992 年中共十四大召开前，主要是按照国际惯例把旅游业正式纳入国民经济和社会发展计划，标志着我国旅游业开始从政治接待型转入了经济事业型。早在 1984 年 10 月，中共十二届三中全会所制定的《关于经济体制改革的决定》提出，社会主义经济是建立在公有制基础上的有计划的商品经济。这一论断与今天关于社会主义市场经济的提法还有一段距离，但对于刚刚转到经济事业型的我国旅游业来说，不仅为其提出了新的要求，也为进一步深化改革指明了方向。当时，我国旅游业作为一项经济事业刚刚起步，要想在激烈的世界旅游市场竞争中占有一席之地，并逐步发展壮大，必须瞄准世界旅游发展的水准，向国际惯例靠拢。因此，从 1986 年开始，我国旅游部门在按照国际惯例改革旅游管理体制和管理制度方面陆续出台了一些新的举措。

1. 在管理体制方面

支持和鼓励成立旅游企业集团和成立我国自己的饭店管理公司。这些旅游企业集团和旅游饭店管理公司对于加强我国旅游业的行业管理、增强国际旅游高层竞争能力，发挥了骨干企业的作用。

2. 在管理制度方面

建立了星级饭店评定和管理制度。1988 年 8 月 22 日，经国务院批准，颁布了《中华人民共和国评定旅游涉外饭店星级的规定》。通过对旅游涉外饭店的星级评定和管理，促进了我国旅游涉外饭店服务质量和服务水平的显著提高。此外，我国还按照国际惯例，规定对导游人员实行合同管理，对旅游涉外饭店加收服务费，汇率调整后实施外汇保值，旅行社接待海外旅游者来华旅游期间统一实行意外保险，涉外旅游业务必须签订经济合同，以及建立了旅游者投诉制度和规定。这些按照国际惯例建立起来的规章制度，促进了我国旅游接待和服务水平向国际标准前进了一大步。

3. 在管理技术手段方面

广泛采用了电子计算机信息系统。到目前，旅游统计、旅游财务管理等计算机系统已建立起来并运转良好，在每个大的旅行社、旅游涉外饭店，计算机信息技术已广泛应用起来，但这个阶段我国旅游业仍属起步阶段，旅游业各个行业还处于规模形成阶段，许多业务环节仍受传统经济模式的束缚，许多旅游部门的主要精力多用在建设开发上，用在管理方面的还比较少，这期间就是作为计划的商品经济也并未充分展开。

（三）第三阶段

1992 年以来，按照社会主义市场经济的要求，推进旅游业的各项改革。按照建设具有中国特色社会主义理论，提出了新的更为明确的要求。国家和各地旅游部门在贯彻落实中共十四大精神和贯彻落实国务院《全民所有制企业转换经营机制条例》（1992 年）中，都不同程度地加快了改革步伐。

1. 认真贯彻落实《全民所有制企业转换经营机制条例》，进一步简政放权

在旅行社审批方面，经营各类旅游业务的旅行社，不再由省、自治区、直辖

市级审批，可由省、自治区、直辖市确定两级审批制度。在旅游价格方面，不再制定全国统一标准，而是由旅游企业之间协商议定。在旅游考试方面，不再实施统评卷，考证评卷工作下放到各省、自治区、直辖市旅游局。

2. 取消旅行社按一、二类划分的标准

按照市场经济的原则办事，按国际旅游市场通行做法，只划分经营国际旅游和国内旅游两种旅行社，这是旅行社体制改革的一大突破。

3. 建立旅行社营业保证金制度

旅行社营业保证金是旅行社开办前除注册资金之外拥有的专项资金，主要用于旅行社质量的保证和风险的保证。保证金的所有权属于交纳的旅行社所有，由旅游行政管理部门在指定的银行设专户储存和管理。

4. 在旅游行业内建立旅游服务质量标准体系

为适应社会主义市场经济的要求，在培育旅游市场体系的同时，必须运用法律、法规来规范旅游企业的行为。旅游管理部门将在旅游行业内建立起一套包括国家标准、行业标准、地方标准、企业标准在内的完整的旅游管理和旅游服务的标准体系，以规范旅游产品、旅游管理、旅游服务水平的质量，推进我国旅游企业经营管理水平向国际旅游市场水准迈进。

5. 支持和鼓励各类旅游企业建立现代企业制度

在转换企业经营机制过程中，坚持以公有制为主体，鼓励个体、私营、外资旅游企业的发展，支持国有企业承包经营、租赁经营和股份制、股份公司等现代企业制度的试点。

6. 按照国务院的部署，进一步精简政府机构，转变政府职能

文化和旅游部已按照国务院关于精简政府机构人员的精神，进行"三定"（定职能、定编制、定人员），为逐步实行政府机构的公务员制度做准备。

四、我国现行旅游管理体制模式

（一）传统模式

传统的旅游管理模式是与我国长期实行的计划体制相一致的，即按照行政区域和行政系统设置各级旅游局，各级旅游局直属各级人民政府，除直接管理所属

旅游企业外，对隶属于其他区域或系统的旅游企业只有一定的业务指导责任，没有统一的管理约束职能。20世纪80年代末，为适应旅游业的改革步伐，国家旅游管理部门颁布实施了一系列的条例、规定，旅游主管部门的管理职能有所加强，但囿于我国整个经济管理体制的滞后，改进后的传统模式仍未克服条块分割、职能弱化等弊端。面对这种状况，我国许多地区先后开始了改革旅游管理体制的尝试。

（二）上海模式

1997年年初，上海市政府做出决定，对上海市原有的旅游管理体制进行改革，新组建了中共上海市旅游事业工作委员会和上海市旅游事业管理委员会（简称"旅管会"），统筹协调和全面领导上海市旅游业。上海市旅管会作为市政府的派出部门，对全市旅游行业行使管理职能，市政府下辖的旅游局、商业局、交通办、园林局和新亚集团等单位为旅管会的成员，锦江、华亭、衡山三大旅游集团公司和佘山国家旅游度假区也由旅管会领导，上海市副市长兼任旅管会主任，旅游局和各相关部门的负责人任副主任或委员。由此，形成了旅游、商业、交通、园林等部门共同组成的旅游管理机构。上海模式体现了政府部门的管理权威，两个委员会具有明确的职责和权利，确定了旅游与商业、交通、园林等部门的行政及业务关系，使旅游管理由单一变为综合，由部分转向全局，为上海市大力发展都市旅游产品提供了制度保障。进一步深入分析，可以发现"上海模式"的成功，在于上海市确定的"以大集团为骨干，以区县为主体，以产业规模和经济效益为目标，协调各行业部门"的方针符合上海市旅游产业基础较好、区位优势明显、都市旅游的产业形象定位明确等特点。

（三）北京模式

1998年2月，北京市政府决定改革原有的旅游管理体制，按照小政府、大社会的思路，实行政企分开，将北京市旅游局的直属企业全部划出，组建北京旅游集团，直接隶属北京市政府领导。改制后的北京市旅游事业管理局作为市政府的职能部门，对全市旅游业实施统一的行业管理，研究、制定北京市旅游发展规划及有关政策，会同有关部门审批旅游开发和建设项目，指导、协调各区县旅游业的发展。北京旅游集团作为大型国有旅游集团公司，集合下属众多企业，开发更新旅游产品，积极开展资本运营，实施整体发展战略，充分发挥了系统化、网络化的优势。

（四）广东模式

广东旅游业的规模和效益在全国均列首位，这骄人的成绩除了地区优势和经济因素外，与其灵活的旅游管理体制也有关系。广东省旅游局及其各地市旅游局采取的是一种与旅游开发总公司合二为一的混合体制，省旅游局与旅游总公司实行一套机构两块牌子，局领导兼任总公司及下属企业的负责人，既承担政府管理职能，又从事企业经营活动。这种融管理、经营、发展为一体的管理模式虽然违背了政企分开的原则，也不符合市场经济的本质要求，但却适应广东省由计划经济向市场经济转变的实际状况。

（五）陕西模式

1998 年 12 月，陕西省对原有的旅游管理体制进行了重大改革。第一，成立了陕西省旅游工作领导小组，负责制定陕西省旅游法规、发展战略和区域规划，对陕西旅游业发展的重大问题进行决策，协调旅游经济活动中各部门、各地区之间的相互关系。陕西省省长兼任领导小组组长，旅游局、文物局、园林局、交通局、城建局、文化局、商业局和市容委的负责人任小组成员，下设办公室等职能机构，具体贯彻执行领导小组的各项决定。第二，成立陕西省旅游集团公司，将陕西省主要的国有旅游企业、主要的旅游景区和部分文博事业单位集合在一起，共同组建了陕西省政府直接领导下的大型旅游企业集团，该集团冲破了条块分割的樊篱，将旅游与文物结合在一起，融吃、住、行、游、购、娱为一体，极大地提高了陕西旅游业的整体规模和综合实力。

（六）香港特区模式

香港特区的旅游业由香港旅游协会按照市场经济的原则进行管理。香港旅游协会成立于 1957 年，是推动香港特区旅游业发展的法定社会机构。旅游协会实行会员制，一类是旅游业会员，另一类是普通会员，会员包括国际客运商、酒店和旅行社代理商，以及饮食和娱乐等与旅游业有关的企业。旅游协会有六大工作目标：增加来港旅客数目，进一步发展香港为旅游胜地，提倡改善旅游设施，在海外宣传香港的各种旅游特色，统筹旅游业各种活动，就有关旅游业事项向政府提出建议。旅游协会理事会委员一半由政府委任，一半由会员推选，既有行业自律，又有政府权威。香港旅游协会的使命包括：和政府有关部门及旅游业紧密合作；协调航空公司、酒店、旅行社、商店、安保、休闲娱乐场所及其他旅游服务机构的各种活动；确保旅客可以享受完善齐备的设施和殷勤周到的服务；为香港树立明媚优美的形象，向要求不同、文化迥异的各国人士宣传香港的魅力，令他们对香港产生向往，选择香港作为旅游目的地。香港旅游协会因其卓有成效的管理被誉为全球最成功的旅游业主管机构之一，对内地也有一定的参考价值和启示作用。

旅游产业的市场化进程，要求突破传统管理模式的种种限制，选择与之相适应的旅游管理体制。由于经济发展水平、旅游资源的特色以及旅游产业的功能形象定位不同，从而适应其特点的旅游管理体制也各不相同。我国不同省市和地区在发展旅游产业的过程中，应注意旅游管理体制创新上的渐进性特点和不同的约束条件，选择适合本地区旅游业发展的管理体制模式。

五、深化我国旅游管理体制改革的思考

（一）我国旅游管理体制传统模式评价

我国在旅游行业管理体系建设方面基本上还是延续传统的部门管理模式，即各级旅游管理部门作为行业主管部门负责不同级别的旅游行政管理工作。在旅游基本法尚未出台的情况下，主要通过各种条例、管理办法、政府规章等规范旅游市场，管理旅游企业。但是这种体制的建设仍不完善，致使许多地方的旅游管理出现空白和缺位。

旅游产业具有综合性、广泛性、高关联性的特性，旅游行业管理必定成为跨行业、跨部门、协调性的管理。但是我国旅游行业管理的主体主要是各级旅游管理部门，由于旅游管理部门管理职能的局限性，使得旅游行业管理多年来缺乏全面性、权威性，致使旅游产业发展所依赖的许多资源和旅游产业内部的许多要素都游离于旅游行业管理之外，形成了"大行业，小管理"的局面，导致了旅游管理的范围和权限出现了明显的"有限性"特征，在管理行为上则表现为"被动性缺位"——旅游管理部门对许多相关领域无法实施有效的管理与监督，如对旅游

度假区审批权、管理权、规划权的丧失。旅游度假区是旅游业的核心要素之一，本应是旅游管理部门最直接的管理范围，但在许多省份，旅游度假区的审批、管理和规划权等却属于城建部门；对旅游娱乐设施建设、城市夜生活管理等无权过问，但这些领域对搞活地方旅游业关系重大。目前，在旅游产业体系中，只有对旅行社这个旅游行业的"直属"领域的管理相对规范、管理到位，而其他一些领域旅游管理部门实际上很难实施有效的管理与监督。

作为综合性产业，旅游业发展依托的是大量的社会资源。这些资源分布在许多领域，旅游业也因此涉及国民经济体系中的几十个部门，这种强关联性势必要求旅游管理具有较广的覆盖面，但在传统的部门管理模式下，旅游资源的管理权被强制性地归属到多达 12 个不同的政府部门，包括建筑、林业、水利、环保、文化、文物、宗教、海洋、地质、旅游等。多部门管理造成了资源分散管理、条块分割、政出多门，使资源管理极为混乱，管理空白、管理缺位、管理越位的现象都不同程度地存在，加上利益关系、部门和地方保护主义的影响，使许多资源被人为分割，妨碍了对资源的保护、合理开发和整合利用，大大降低了旅游资源的使用价值，使得地方旅游业的整体竞争力下降，行业宏观管理失衡。

（二）旅游管理体制改革的总体目标

我国旅游管理体制改革的总体目标是从国家和地方旅游事业全行业发展需要出发，贯彻国家旅游事业发展的方针政策，协调各方面的关系，整顿市场秩序，维护旅游行业整体利益和旅游行业形象，提高旅游业全行业管理水平。具体表现在以下方面。

1. 完善法律法规

根据旅游战略规划和实际需要，借鉴经济发达国家旅游管理组织的先进经验和成功做法，制定行业管理方针政策、法规条例，以此作为行业管理的依据，并组织贯彻实施。

2. 建立健全行业管理领导机构

根据地方旅游发展实际需要，明确行业管理职责范围，在分工合作的原则下明确任务。行业管理机构要加强与各级各类旅游企业的联系，协调好各方面的关系，采取各种具体措施，做好行业管理的组织工作。

3.严格落实监管制度

直接或会同有关部门，处理违反行业管理规定、破坏旅游秩序、敲诈旅游者或其他违法乱纪的有关单位或人员，维护旅游业整体形象。

（三）我国旅游管理体制改革的趋势

建立有效的旅游管理体制，必须要从旅游业的产业特征去考虑。现代旅游已是一种"大旅游""大产业"的概念。旅游管理体制的建立与改革作为一种制度的变迁，必须与旅游业这一基本特征相对应，建立一套能够全方位协调、统筹旅游供给体系的管理机制。我国现行旅游行业管理制度是适应我国特殊的旅游发展道路，在经济转型背景下建立起来的。随着市场经济体制的不断建立和完善及经济体制改革不断深化，特别是在被誉为"世界行政法典"的WTO规则约束下，我国各级旅游行业管理部门必须从管理旅游经济微观环节中抽身出来，发挥市场在资源配置中的基础作用，把行政管理的职能集中指向宏观调控、社会服务和公共管理，真正实现"小政府，大市场"。

1.旅游管理体制改革的宏观方面

（1）提高认识，理顺管理体制

作为一级政府管理旅游业的主管部门，要充分发挥其政府职能机构的作用，必须理顺管理体制，按照统一领导、分级管理的原则，建立、健全各级政府旅游机构，提高其地位，加强其权威性。

①各省、自治区、直辖市、计划单列市和重点旅游城市，都应该设立或健全旅游委员会，发挥规划、协调、组织作用。

②作为一级政府的旅游主管部门，应列入政府单列，单独建制，在政治经济待遇上享受同级政府其他职能主管部门的待遇（经费、权限等）。

③至于市、县旅游管理部门是否要单设，鉴于各地旅游业发展水平不尽相同，应视当地国际国内旅游发展的状况而定，有的单设，有的可与当地政府其他部门合署办公，但同时应具有一级政府职能部门的地位和管理旅游全行业的权威。

（2）转变管理职能是当务之急

行业化管理是针对部门管理而言的，作为政府旅游主管部门，行使的是政府职能，代表各级政府管理全国及本地区的旅游业，要解决行业管理问题，则必须转变旅游管理部门的管理职能。

①政企分开是根本。国家旅游管理部门是 1983 年开始实行政企分开的；1987 年把面向全行业管理作为经济体制改革的方向，工作重点转移到研究发展规划、研究制定方针政策、加强宏观管理上来；1988 年经国务院批准的"三定"方案确定了政企分开和精简、统一、效能的原则，转变职能，加强对旅游全行业的政策指导和宏观控制的指导方针，并相应调整了机构，加强了宏观协调、控制职能。省一级旅游局经济体制改革也相应地加强了机构建设，以适应宏观管理和行业管理的需要。

②加速管理职能转变进程。在两种职能并存的过渡时期，既要发挥政府职能的权威性，又要加强对旅游全行业的管理，只有采用积极稳妥的步骤和切实的措施解决好两个关系，才能起到相辅相成的作用。

第一，旅游局对旅游经营单位应实施宏观管理、微观调控，而不是企业经营活动组织者，更不能直接干预经营活动。应逐渐实现所有权和经营权分离，放权给企业，让它们以企业法人身份，走自主经营、自负盈亏之路，充分发挥企业在市场竞争中的活力。

第二，处理好与非本部门系统企业的关系。旅游经营单位要按照历史关系和行业归口关系，建立双重计划统计和考核管理制度。也就是说，各级各类旅游企业的人、财、物由企业归属部门负责领导、管理和协调。因此，这既解决了旅游主管部门所属经营单位的领导和管理问题，又解决了非隶属部门所属经营单位的领导和管理问题，只有如此才可能真正实现政府旅游主管部门管理职能的彻底转变，由更多的微观管理转到宏观管理上来，由运用直接管理手段转到用经济、行政及法律手段进行宏观调控和间接管理，由管理本系统部门彻底转到管理旅游全行业上来，这才能真正发挥职能管理部门的权威性，也才能真正加强对全行业的管理。

③充分发挥行业组织的作用。行业协会是由同业经营者基于共同利益的需要实行联合的非营利性民间组织。在市场经济条件下，旅游行业协会这一非官方的民间组织是管理体制中极为重要的辅助成分，旅游业发达国家的成功经验之一，便是很好地利用和充分发挥了行业协会的作用。旅游行业协会没有经济利益诉求，相对超脱和公正，可以起到公平公开地协调买卖双方利益的作用。虽然我国旅游行业协会的"官方"色彩比较浓重，但有效发挥行业协会的职能，实施全行

业的间接管理是体制改革的必然趋势。政府部门要为旅游行业协会提供更大的发展空间，扶持其健康发展，使旅游行业协会中介组织的作用在旅游市场发展中得到充分发挥。

旅游协会的主要职能包括：作为政府和企业之间沟通的桥梁；协调会员间的相互关系，发挥行业自律作用，制定行业自律公约；向会员提供国内外本行业的有关信息和咨询服务；开展业务培训，加强对外交流与合作。一些涉及行业标准的事宜，如饭店星级评定、导游资格认定等，应由行业协会来负责，而不是旅游管理部门的职能。

④旅游管理的制度化、法制化因素逐步增强。依法行政是社会发展的大趋势，对于像旅游产业这样的综合性产业而言，法制化和制度化管理是理想的手段和途径。我国旅游法已酝酿讨论了多年，出台只是时间问题，旅游管理走向法制化、制度化是历史的必然。

2. 旅游管理体制改革的微观方面

旅游管理体制改革的微观方面主要是旅游企业制度的改革。这主要需要解决两个问题：一是旅游企业所有制形式问题。二是旅游企业的经营形式问题。前者是后者的基础，只有旅游企业的所有制问题解决好了，企业的经营形式才有可能得到根本解决，但是，企业所有制形式问题解决了，并不意味着企业经营形式问题一定能够得到解决。如果一部分旅游企业明确为私人所有，私营企业主自然会选择自认为最佳的经营形式，政府不会深入参与，当然，旅游行政部门给予信息、政策咨询等方面的服务支持仍然是必要的。因此，旅游企业经营形式问题又主要是国有旅游企业经营形式的选择问题，这是目前旅游行政管理部门关注的焦点。因为国家是投资的主体，旅游行政管理部门作为国有资产的代理人必须关心国有资产的保值增值。只有旅游企业的经营形式选择得当，才可能使企业的经营业绩良好，从而实现国有资产保值增值的目的。对于集体所有制企业，也应当解决历史遗留问题，努力做到产权清晰。

根据我国经济改革的目标和旅游业的特点，旅游企业经营管理体制的理想模式可概括为：现代企业制度和企业集团化。

旅游企业要建立现代企业制度并实行集团化经营，这是由旅游产业的特点决定的。由于单项旅游产品以一定地域内的自然景观和人文景观为依托，既难以移动，也不能替代，若按某条线路或某种方式将各单项旅游产品组合起来，必然要跨越地域障碍。旅游活动是一项综合性的消费活动，集吃、住、行、游、购、娱为一体，若要满足旅游者的各种需求，众多行业或部门必须联合起来，冲破行业或部门的界限。以上两点决定了旅游业必然是一个社会化、市场化程度较高的综合性产业，也决定了旅游企业必须建立现代企业制度并实行集团化。

现代企业制度主要指产权明晰、责权利相统一、自主经营、自负盈亏，充满生机和活力，运行科学规范的股份制企业或股份公司。它们是现代企业制度的基本模式。旅游企业特别是大中型国有旅游企业，应积极实行股份制改造，逐步建立股份公司式的现代企业制度。

组建大型旅游企业集团具有以下三方面的意义：第一，确定了旅游业的支柱地位。大型旅游企业集团规模巨大、资产雄厚、产业链完备、综合实力强，它的运行必将带动旅游业乃至整个国民经济的发展。第二，奠定了大产业的基础。中小型企业大多分属各地区、各部门，产品开发和市场竞争的能力普遍不强，经营管理水平也比较低。大型旅游企业集团冲破了条块分割的樊篱，在大范围内重组旅游业资产，把众多中小型旅游企业联合起来，从根本上改变了我国旅游企业地区所有、部门所有的状况。第三，促成了大旅游的格局。大型旅游企业集团改变了旅游业以旅行社、饭店为主的狭隘模式，把各相关行业或部门紧密结合在一起，融吃、住、行、游、购、娱为一体，极大地优化了旅游产业结构，增强了旅游业的吸引力和竞力力。我们相信，随着社会主义市场经济体制的建立和完善，我国旅游企业的股份制和集团化进程一定能够顺利完成。

第三章　旅游服务管理

旅游服务是服务的一种特殊类型，对旅游服务的理解首先应以大服务的理论为基础进行指导，并结合旅游学特有的属性进行全面的分析，这是研究旅游服务的一种基本方法。与其他服务相比较，旅游服务是一个综合的体系，而不是一个单一的概念。本章介绍旅游服务的内涵、文化建设、战略分析与质量管理等，是旅游服务理论的基础性内容，也是理解旅游服务管理的前提和基础。

第一节　旅游服务的内涵

旅游服务是在一定经济发展阶段的综合性服务现象，是发生在旅游服务提供者和接受者之间的一种无形性的互动作用，旅游服务的供需双方在交换中实现了各自利益的满足，但互动过程不涉及所有权的转移。这是在服务理论基础上对旅游服务所做的最基本定义。对旅游服务更为详细的定义可以表述如下。

一、从旅游者角度看

旅游服务是指旅游者在旅游准备阶段、旅游过程中、旅游结束延续过程中与相关旅游企业或非旅游企业所发生的互动关系，这种互动作用使旅游者获得了经历和感受，但旅游者并没有得到实体结果。旅游者在旅游服务过程中，一般更注重心理和精神感受。

二、从旅游服务供给角度看

旅游服务是指旅游企业或非旅游企业向旅游者提供的具有一定品质的无形产品，互动过程需要一定的支持设施，服务可能或不可能与物质产品相连，但服务的结果却不可以储存。而且在服务互动中不会引起实体要素的转移，发生互动作用的目的是实现旅游企业既定的价值目标。

三、对旅游服务认识的误区

旅游服务的综合性和复杂性，使我们在认识旅游服务时，经常带有偏见性。首先认为旅游服务只是一种单纯的接触，但在实际旅游服务过程中，更多地表现为接触与不接触的相互交叉。例如，在餐厅中就餐的旅游者，虽然可以品味美食佳肴，但并不需要和厨师接触，与旅游者发生互动关系的是服务人员。同样在客房服务中，一些维修服务或者保养服务也一般不会与旅游者发生接触。其次，从旅游企业方面认识旅游服务，就会犯主观性的错误，处处以旅游企业的利益为重，在旅游服务系统设计时单纯考虑成本问题，而不是以顾客满意度为核心设计旅游服务系统，从而忽略旅游者的参与和感受，最终导致服务互动的失败。最后，对旅游服务的简单化理解。对旅游服务的简单化理解，直接的后果是对旅游服务的内在属性和内在要素相互之间的关系难以准确地把握。例如，对说明旅游服务内涵有重要作用的旅游服务特性和旅游服务包。另外旅游服务不仅涉及经济学的内容，还涉及心理学、社会学等多方面的内容。

第二节　旅游服务文化建设

一、旅游服务文化的内涵

（一）旅游服务文化的含义

旅游服务文化是在旅游企业文化的基础上，以旅游服务为核心思想，在企业长期经营过程中形成的对服务理念、服务标准、服务规范、服务态度等的共同认识，并以此培育形成全体员工共同遵循的最高目标、价值标准、基本信念以及行为规范，它不仅是一种经济文化、管理文化、组织文化，更是一种关系文化。这种关系文化包括以下内容。

1.内部关系的调适

旅游服务文化对内调节功能主要是在企业内部形成一种团结和谐的气氛，使员工之间能相互尊重、相互信任、相互帮助、相互配合，来共同完成企业的服务工作，从而使服务质量不断提高并超出顾客的期望。旅游服务文化对内部关系的调节作用相对其他企业而言显得十分重要，这是由服务质量的整体性决定的，它要求在企业中塑造团结、合作、互助的气氛，各部门、各层级之间为了共同的目标相互协作，从而全面提高旅游服务运营的效率。旅游服务文化通过调适员工之间的关系，为旅游企业创造了一种凝聚力，使员工在服务中有了统一的目标作为导航。另外，健康向上的服务文化对股东也会产生积极的影响，不管企业在顺境时还是在逆境时，他们都会全力支持企业，与企业荣辱与共。

2.外部关系的调适

旅游企业的外部关系包括：顾客、供应商、代理商、政府、地方商业设施、各种机关团体等。优秀的服务文化归根到底就是提倡一种真诚的服务精神——"我为人人服务，人人为我服务"。在这一精神的指导下，旅游企业在处理外部关系时，应尽可能为他们提供力所能及的服务，以形成双赢或者多赢的局面。只有这样，外部关系才能更好地为企业服务，使企业在良好的环境下经营。同时，企业要发挥服务文化的辐射功能，向外部关系和其他有关群体展示良好的企业形象。

3.巩固企业与员工的关系

旅游企业的员工流失率一直较高，这给企业经营、管理带来了很大的困难，导致企业服务质量波动、服务效率下降、客源流失、商业机密泄露、员工培训成本上升。虽然员工流失的原因多种多样，但旅游企业难以形成向心力，不能为员工创造发展的空间则是主要原因，而解决问题的出路就是塑造良好的服务文化。旅游服务文化通过塑造新型的服务观、价值观，来调节员工的精神世界，以期在企业最高目标的指导下，形成对企业的认同感并通过创造良好、宽松的气氛，为员工个人的发展提供便利，使企业目标和个人目标统一和谐。这种精神上的享受，会产生极大的吸引力和凝聚力，巩固员工与企业的关系，从而有效地降低员工的流失率。

（二）旅游服务文化的定义

旅游服务文化很难有一个确切的定义，这是由服务文化的复杂性和抽象性决定的，它无处不在，潜移默化地影响着员工的思维逻辑和行为方式，是服务质量的暗中操纵者。归根结底，它是旅游企业的生存方式以及自身特有的个性，打个形象的比喻，它极像一个人的个性习惯，与生俱来。旅游服务文化的定义可以从四方面来理解。

1. 旅游服务文化的外在表现形式

旅游服务文化包含了员工对服务所持有的共同观念、价值取向以及服务行为等外在表现形式。这些外在表现形式与政治、经济或社会习俗有关，他们是围绕着员工与顾客的关系、社会地位、职业道德、个人与集体的关系以及工作方法而定的。例如，社会风俗鄙视服务工作，则员工在潜意识中会轻视自己的工作，进而影响服务质量。另外，这种表现形式还体现在仪表仪容、互相称呼、回答问题的方式等方面。

2. 旅游服务文化的管理风格和管理观念

管理观念渗透在每一个管理者的思想深处，从而形成整体的管理风格，进而构成旅游服务文化的管理氛围，它涉及决策过程、战略的制定与实施、激励方式、信息的传递、服务创新、解决问题的方式以及责任意识等方面。不管是等级森严的集权管理环境，还是人人参与的民主管理环境，都与服务文化倡导的管理理念有关，不同管理氛围适应不同的旅游企业，但服务文化最终起到的效果最为重要。管理作风最能体现管理者的处事方式、管理方法等，当管理作风表现的意义与管理者在企业环境中的行动相一致时，对下属的示范作用将起到正面的激励作用。

3. 旅游服务文化的管理制度和管理方法

旅游企业的管理制度和管理方法会创造一种展现服务文化的管理气氛，服务文化中关注的事项将在制度和方法中得到体现，有的还会用文字的形式表现出来。例如，旅游服务文化中倡导员工对顾客服务的礼貌、礼节，这在员工守则和岗位职责中有明确的规定。一些细小的制度和方法中往往蕴含着服务文化的影子，例如，当顾客遇到困难时，员工想帮助客人，但又超出了自己的岗位职责或是自己的能力范围时，有的旅游企业有硬性的规定提醒员工不能做超出自己岗位责任的事情，而有的旅游企业则有灵活的规定引导员工为顾客服务，哪怕超出了自己的工作范围，只要能让顾客满意，甚至其他部门的员工有责任无条件配合当事人为客人解决困难。

4. 旅游服务文化书面和非书面形式的标准和程序

旅游服务文化中存在着许多书面的标准和程序，各种服务标准、服务程序反映了旅游企业对服务的追求，字里行间充满着服务文化的思想和精髓。另外一些标准和程序存在于员工的思想行为中，没有以书面的形式强制执行，但在实际工作中却发挥着巨大的作用，例如，旅游企业的会议是畅所欲言，还是一把手的"一言堂"，这对服务文化具有潜在影响。

（三）旅游服务文化的特性与功能分析

旅游服务文化具有一般企业文化的特性和功能，但又有其特性。对旅游服务文化而言，其特性和功能主要强调以下几点。

1. 时代特性

旅游业的发展与时代同步，因此旅游服务文化带有浓厚的时代性。首先要在企业中创造和谐完美的时代气氛，现代化的设施设备、富有人情味的消费气氛、真切关怀的服务构成了时代性的外在表现形式。其次要在员工中传播有时代特色的思想、观念和意识，例如，顾客至上、个性化服务、顾客满意度、员工满意度、绿色消费、内部营销等，在服务过程中以这些富有时代气息的思想、观念和意识指导员工为顾客服务，会产生出人意料的效果。最后，时代性还体现在对未来趋势的把握上，旅游服务文化应当包括许多超前的内容，反映社会发展的趋势，例如，旅游业的可持续发展、绿色服务、个性化旅游等。

2. 人文特性

旅游服务企业是需要创造人文环境的地方，它不仅具备劳动密集型特点，而且具备感情密集型特点。感情密集型的人文关怀具有传递性的特点，旅游企业对员工的关心、爱护会转化成员工对顾客的真挚服务，顾客的满意又会形成对企业的忠诚回报。旅游服务文化从整合内部员工的关系出发，在外在表现形式上为员工创造人文关怀的空间；在内在精神上塑造和谐、关怀、友善、信任的气氛，使员工可以得到心灵的尊重。人文性的服务空间和气氛还会激发员工的积极性和创造性，直到将企业的最高目标与自己的精神奉献融为一体，达到自我实现的忘我境界。

3. 旅游服务文化的内在功能与外在功能的平衡

企业文化主要注重内在功能的发挥，而旅游服务文化则强调内在功能与外在功能的统一。旅游服务文化通过引导功能、整合功能、激励功能、约束功能等将员工的思想和行为进行了统一和规范，使组织的凝聚力大大加强，这对于提高并不断地改进整体服务质量将大有帮助，同时，将有效促进内部营销战略的实施。

旅游服务文化的外在功能主要是辐射功能，即通过强势服务文化的渗透作用，向有关顾客、企业、部门、单位、社区、组织等传递优秀的文化精华，调适与他们的关系、赢得他们的信任，同时也起到服务营销的作用。外在功能以内在功能为基础，通过服务文化的积累和修炼，首先在企业内部形成优秀的服务文化氛围，然后才能向外部扩展。外在功能形成的积极效应，会进一步巩固和强化服务文化。

二、旅游服务文化的结构

旅游服务文化的结构大体可以分为三个层次，即物质文化层、制度文化层和精神文化层。

（一）物质文化层

物质文化层是旅游服务文化的表层，是形成制度文化层和精神文化层的前提条件。这些物质的表象往往能折射出旅游企业的经营思想、管理哲学、工作作风和审美意识等，是向顾客传递服务文化的有效途径，主要包括以下三方面的内容：旅游服务现场的物质实体、技术设备、管理物质文化。

1. 旅游服务现场的物质实体

产品文化是企业文化物质层的主要方面，旅游企业以出售无形服务为主，但包含产品文化的内容，例如，酒店餐厅向客人提供的餐饮产品就包含实体产品的文化。其以服务现场的物质实体来展现服务产品的文化内涵，例如，装饰装潢、色彩格调、采光照明、温度湿度以及环境气氛等；员工的仪表仪容、语言声调、行为方式、态度等方面。这些物质实体是服务文化的外在表现形式，是旅游企业经营理念、管理思想、服务哲学、工作作风以及审美意识的直接反映，是旅游企业服务文化个性特色的展现。

2. 技术设备

技术设备不仅可以提高劳动生产率，为顾客提供富有现代化气息的良好的人文主义空间，而且可以为员工创造良好的工作环境，降低员工的体力消耗，辅助他们做好服务工作。从表层认识技术设备，只能看到它的生产功能，而忽略其组合后所反映的文化内涵。旅游企业采用高新技术，使用现代化的设施设备，是为了给顾客、员工、管理者创造一种可积极调适相互之间关系的空间，顾客可以享受到身体的安适、心理的尊重，自然会拉近与旅游之间的距离。员工和管理者也会为企业对他们的尊重而努力工作，同样增强了企业的凝聚力和向心力。

3. 管理物质文化

旅游企业管理物质文化是服务文化的重要组成部分，它通过管理系统所散发出的文化底蕴，反映了服务文化的基本精神和倾向。旅游企业管理物质文化主要包括以下几方面的内容：（1）旅游企业管理物质文化的特质，如采用什么样的控制、核算、监测、沟通方法。（2）旅游企业管理物质手段结构与整合。（3）旅游企业管理物质手段体系系统组合和空间分布。（4）服务生产过程、现场监控、控制手段体系。（5）核算账户物质手段体系。（6）服务质量测评、检查手段体系。（7）办公系统。（8）信息处理、存储、传递系统。（9）职业培训系统。（10）公共关系和外联物质系统。从近几年的发展情况来看，旅游企业信息系统的功能地位逐渐上升，信息系统的发展状况将决定旅游企业以顾客为导向的战略是否能有效实施。另外，服务的生产过程、现场监控、控制体系以及服务质量的测评、检查也是旅游企业面临的重要课题。在这些管理内涵的背后有更加丰富的内容，这就是旅游服务文化在其中的渗透和影响。管理的目的是实现企业既定的目标，而人的因素将发挥重大的作用，服务文化的功能作用将正确引导员工，从而提高管理的最终效果。

（二）制度文化层

制度文化层是旅游服务文化的中间层，因此在文化结构上呈现出双重性，一方面，作为服务文化精神体系、核心理念、经营思想、经营哲学的体现和外化，不属于深层文化范畴。另一方面，它对服务文化体系的形成、存在和运转具有极大的约束力，从这个意义上讲，它也不属于文化的浅层。制度文化层主要对旅游企业的员工和组织行为进行规范、约束，规定了旅游企业成员在生产经营活动中应当遵循的基本行动规则。主要包括以下三方面的内容。

1. 工作制度

工作制度规定了旅游企业成员最基本的要求，即成员在企业中应当做什么、不应当做什么，是企业核心精神、价值观的最基本体现，相当于企业中的宪法。例如，酒店中的员工守则会对员工在酒店中的基本行为进行约束，哪些行为是合理的，哪些行为是不合理的。透过工作制度本身，会发现一些值得品味的地方，例如，国内外的旅游企业一般都要求员工上岗时要穿工作服，而国外有些旅游企业反其道而行之，要求员工工作时，在一定的条件下可以穿自己的服装，以便拉近与顾客的距离。这实际是经营理念、经营哲学的差异。

2. 责任制度

责任制度规定在企业最高目标的指导下，按照分工的原则，员工在具体的工作岗位上应当按照怎样的工作程序进行工作，可以获得哪些权利，并相应承担哪些责任、义务，是企业经营理念、管理哲学的具体外化，相当于企业中的具体法律。例如，酒店中的岗位责任制规定客房服务员在清扫房间时，应按照怎样的程序，自己可以处理哪些事情，同时承担哪些责任。责任制度除了具有分工上的意义外，还包含权力分配的问题，即是分权还是集权，这是企业服务文化在制度层上的具体反映。

3. 其他制度

其他制度主要是指旅游企业中的非程序化制度，这是在工作制度和责任制度基础上，对维系组织、加强组织内部之间的联系所设定的制度，例如，民主评议管理层工作绩效的制度、员工与决策层对话制度、庆功会制度、员工满意度调查制度等。这些制度一般与工作本身无关，却可能影响服务工作的效果，它是旅游服务文化反映较典型的方面，例如，员工对管理层工作绩效的评议，有的旅游企业只是做做表面文章，真正对管理层的评议权还是掌握在决策层手里；而有的旅游企业则以民主评议为主，决策层评议为辅。

（三）精神文化层

它是企业领导和员工共同信守的基本信念、价值观、职业道德和精神风貌，是物质文化层和制度文化层的基础、原则和抽象，是旅游服务文化的内在灵魂。它看似无形，却可以影响到企业成员的精神深处，是判断旅游服务文化是否形成的标志和准则。旅游服务文化可以分解为以下几方面。

1. 企业精神

企业精神是指旅游企业在长期的生产经营实践过程中，继承优良传统、适应时代精神，并由企业家积极倡导，为全体成员所认同的理想、价值观和基本信念，一般隐于企业的经营思想和管理哲学之后，是构成企业信仰体系的坚强基石。它能激发企业的活力，推动企业生产经营活动中的团体精神，激发员工为企业尽职尽责、尽心尽力的群体意识，形成与企业同甘共苦的命运统一体。企业的一些基本选择、行为规范也是以此为轴心进行调节的，企业的存续和发展也要以此为核心维系。

2. 经营哲学

经营哲学是指管理者从事管理活动的基本信条，对旅游企业的经营方针、发展战略的哲学思考以及处理问题的基本依据等。经营哲学反映了企业创办的主要目的，企业经营应当追求什么样的目标，企业内提倡什么、反对什么，企业应当以何种思想指导经营管理等。经营哲学形成于一定的社会环境下，也会受企业领导人知识水平、实践经验、个人性格、工作作风的影响。例如，香格里拉饭店集团的经营哲学是"殷勤好客亚洲情"。

3. 企业目标

企业目标通常有两层含义：一是功利性的目标，即企业作为微观的经济实体追求利润最大化的目标。这是企业存在、发展的内动力，是企业无法回避的根本性目标。二是企业的社会目标，即企业作为社会中的一员，应当承担的社会责任和义务。两者之间并不是相互冲突的，而是相互和谐统一的。那些片面追求经济目标、忽视社会责任的企业，必然会遭到社会的抛弃，最终失去经济利益。

4. 企业风气

企业风气是指旅游企业在实际经营管理活动中逐渐形成的一种精神状态和精神风貌。其包括两层含义：一是指企业带有普遍性、重复出现的和相对稳定的行为心理状态，即企业的一般风气。二是指企业区别于其他企业的特有风气，是企业在长期生产经营过程中形成的最具特色、最突出和最典型的一些作风，体现在企业活动的各方面，构成企业的个性特点。企业风气是企业精神的外在表现，顾客通过企业风气可以较为全面地了解企业成员共同遵循的价值观。

5. 企业道德

企业道德是指旅游企业内部调整人与人、部门与部门、个人与集体、个人与社会、企业与社会之间关系的准则和规范，包括企业道德意识、企业道德关系和企业道德行为三个部分。道德意识是企业道德体系的基础和前提，包括道德观念、道德情感、道德意志。道德关系是企业员工在道德意识支配下所形成的特殊社会关系。道德行为是员工在道德实践中处理矛盾冲突时所选择的某种行为。

总之，对旅游服务文化的理解，要由表及里，逐渐发觉其内在的规律，这样许多表面的现象和制度体系就不难理解了。

三、旅游服务文化建设的特点

（一）柔性与刚性的结合

旅游服务文化具有层次性的特征，这使它既有刚硬制度的约束，又有软性精神力的限制。因此旅游服务文化战略在不同的发展阶段，柔性和刚性会有不同的表现形式，在旅游服务文化的初创阶段，由于需要对服务文化进行捏合，所以强制性的制度将发挥主要作用，而精神压迫感将发挥次要作用。但随着旅游服务文化的发育成熟，刚性的束缚力将逐渐减弱，取而代之的是精神和心理的控制作用。

（二）外化与内化的结合

旅游服务文化在形成的过程中，通过各种表现形式，如各种仪式、劳模英雄人物、传奇故事等，传递到组织成员的思想中，形成企业共有的价值观和思想意识。旅游服务文化的精神内容较难理解，因此必须深入浅出，通过各种能为组织成员所接受的形式展现出来，逐渐灌输到他们的思想中，以达到精神上的共识。另外，内化的精神约束力也需要外化为制度体系，通过文字的叙述为员工所理解并严格遵守。

（三）继承性与变革性的结合

旅游服务文化的形成是一个渐进的过程，表现为精神文化因素逐渐地渗透。旅游服务文化一旦形成，便有较强的稳定性，这是精神要素难以短期退化的缘故，也是服务文化精髓支持的结果，从而导致旅游服务文化的延续性或是继承性。优秀的服务文化有很强的生命力，会绵延发展，一脉相传。但在具体的实践过程中，由于环境因素的干扰，旅游服务文化中必然会有过时、消极的内容，这就要坚持继承过程中的变革性，对其中陈旧、落后的东西要坚决摒弃，并不断充实新鲜的成分。

四、旅游服务文化建设的目标设定

旅游服务文化战略的目标必须围绕旅游企业的总目标，以旅游服务战略为指导，结合社会传统、风俗习惯、时代特色进行通盘考虑。

（一）形成共有的价值观

价值观是旅游服务文化的内核，是旅游企业的灵魂，也是全体员工的精神支柱，共同的价值观会形成共同的信念，达成精神上的认同，形成行为方式上的共鸣，以致决定企业的存在方式和状态。价值观是旅游服务文化高层次的精神现象，是在企业运行过程中逐渐培养的，是企业领导人有目的教化的结果，是旅游服务文化是否形成的重要标志。

（二）富有特色的文化氛围

文化氛围的感召力是巨大的，既可能是积极的，也可能是消极的。在特定的文化氛围下，员工的思想和行为极度放松，注意力集中，服务热情高涨，服务效率会极大地提高。塑造富有特色的文化氛围需结合企业的传统、时代的特征，并对企业的整体思想和行为有较深刻的把握，然后融战略目标为一体，力图最大限度地发挥企业个性的优势，避免消极因素的影响。富有个性化的文化氛围，不仅有利于企业潜能的发挥，还可以在社会上树立良好的企业形象。

（三）提高员工的主体意识

不管是何种企业文化，员工永远是其中的主角。旅游服务特有的属性决定了员工工作的强度大，因此体力和心理很容易疲劳，更因为面对面的服务需要感情的投入，所以给员工心灵上和精神上的安慰就显得格外重要，这可以唤醒他们的主体意识，在服务工作之余还愿意踊跃参与企业的管理，为企业的发展规划献计献策。企业员工主体意识提高，就会把企业当成自己的家，企业就会充满活力，兴旺发达。

（四）奉献社会的精神

任何企业的发展都不能脱离特定的社会，社会的发展造就了企业的成长、壮大，因此企业取得成功以后，回报社会、奉献社会是基本的道义，对旅游企业而言，宣传环保意识、绿色消费，解决一些力所能及的社会问题，关注公益事业、福利事业，促进旅游业的可持续发展，都是旅游企业奉献社会的有效途径。在旅游企业奉献社会的同时，员工也会有一种成就感，认为自己对社会也做出了贡献，使他们的社会价值得以实现。

第三节 旅游服务的战略分析

一、旅游服务环境分析

环境是旅游服务战略生存的土壤。旅游服务战略的制定必须扎根于环境的分析，不仅要掌握当前的环境状况，更要分析未来环境的变化趋势，以便使服务战略的制定具有针对性和前瞻性。同时根据环境的变化，调整战略计划中不适宜的地方。旅游服务环境包括宏观环境和微观环境两部分。

（一）宏观环境分析

宏观环境是指与宏观条件相关的因素或力量，这些因素对旅游企业短期的经营活动影响不大，但对长期的战略计划和经营决策有深刻的影响。包括政治法律环境、经济环境、社会文化环境、技术环境、自然环境等。

1. 政治法律环境

政治法律环境是指特定社会中的政治体制、政治形势、方针政策、法律法规等方面。对旅游企业而言，不仅要考虑国内的政治法律环境，也要关注国外的政治法律环境的变化。每个国家都会对企业的经营活动做出一定的规定，政府可以通过在财政、金融、工资、物价、就业、操作安全、环境保护等方面的政策和立法，限制企业的经营活动，影响服务战略的制定。例如，消费者权益保护法、公司法、合同法、旅行社管理条例、旅行社管理条例实施细则、中外合资旅行社试点暂行办法等，都会直接或间接地影响旅游企业的服务战略和经营行为。

2. 经济环境

经济环境是指旅游企业经营过程中所面临的各种经济条件、经济特征、经济关系等客观因素，是影响服务战略最基本、最重要的因素。这些因素包括：（1）国民经济发展状况。宏观经济周期性的变化，会影响服务战略的制定和实施。国民生产总值（GNP）是常用的衡量宏观经济状况的一个指标，它反映了一个国家的综合经济实力。一般来说，人均国民生产总值高的国家，国际旅游和国内旅游也较为发达。（2）收入状况。收入状况是影响旅游行业的主要因素，与旅游消费相关的收入指标有国民收入、人均国民收入、家庭收入、个人可支配收入等。

（3）产业结构状况。企业的发展不可避免地会受到产业构成的影响，产业结构合理，企业发展的潜力大；产业结构不合理，企业发展的规模将受到限制。目前我国旅游业取得了举世瞩目的成绩，但产业内在的结构问题也不容回避。旅游业必须在知识经济的背景下，进行大规模的产业调整，以资源的优化配置为目标，为旅游企业创造良好的发展环境。（4）金融、资本运转状况。旅游消费具有脆弱性的特点，金融、资本运转的状况会影响旅游消费。价格的变化、通货膨胀、汇率的变化、利率的改变以及消费信贷的状况都会影响旅游者的消费行为，从而对服务战略施加作用。（5）经济基础。经济基础包括一个国家或地区的运输条件、能源状况、原材料供应、通信设施、各种商业基础设施（金融机构广告代理商、分销渠道、法律咨询等）以及旅游资源的状况等。经济基础反映了一个国家或地区基本的经营环境，旅游业对经济基础设施的依赖性较大，旅游服务战略中必须对此有所反映。

3. 社会文化环境

社会文化环境是指一个国家或地区的民族特征、文化传统、价值观、宗教信仰、教育水平、社会结构、风俗习惯等。旅游业是文化经济产业，社会文化环境会影响旅游者的需求、期望、消费决策、消费方式、对服务质量的判断等。例如，不同国家的旅游者有不同的消费方式，对旅游服务会有不同的期望、需求，对服务质量的评价也会有差别。另外，社会文化环境对旅游企业的服务文化、经营方式等也会起到潜移默化的影响。

4. 技术环境

技术环境是指一个国家或地区的技术政策、技术水平、新产品开发能力以及技术发展的动向等。旅游业与新技术之间有着天然的联系，高档商务酒店中的计算机结账系统、电子门锁系统、安全监控系统、高保真音响系统等；航空公司或酒店连锁集团使用的全球预定系统（GDS）或中央预定系统（CRS），特别是信息技术发展引起的网络营销使旅游企业的服务效率大幅度提高。不管怎样，技术条件是旅游企业服务质量的重要体现，也是制定服务战略无法回避的环境要素。

5. 自然环境

自然环境是指一个国家包括气候、地形、地貌和能源等在内的自然条件、自然资源的状况。自然环境是旅游业存在发展的基本条件，是旅游服务依靠的物质实体。近二十年来，环境问题已经成为人们关注的焦点，环保热潮已成为不可逆转的世界性潮流。而旅游业对环境和生态的依赖性，使旅游企业不得不更加关注这一问题，一些旅游企业也顺应这一潮流，在经营活动中提出了以环保为主题的"绿色概念"，如"绿色酒店""绿色客房"等。

（二）微观环境分析

微观环境是指与旅游企业的经营管理活动直接相关的环境因素，同时企业的经营管理活动又对环境因素有反作用。主要包括行业环境、竞争环境、顾客、政府与社会公众等。

1. 行业环境

旅游业是公认的朝阳产业，我国旅游业经过多年的发展，已经具备了相当的规模。与发达国家相比，我国旅游业蕴含着相当大的发展潜力，对旅游企业而言，良好的行业环境为其提供了巨大的发展空间。不仅如此，旅游业对刺激消费、扩大内需、增加就业机会、优化经济结构、培育新的利润增长点也有重要的现实意义。

2. 竞争环境

竞争是市场经济的产物，是旅游企业发展必须面对的现实问题。目前企业分析竞争环境普遍采用哈佛大学教授迈克·波特的结构化分析法。竞争环境是超越产业范围，反映产业竞争力和吸引力的重要评价指标。五种作用力的合力决定了行业的竞争强度和平均利润率，其中强度最大的作用力将决定企业战略的形成。对旅游企业而言，以服务为核心的竞争，不仅出现在产业的内部，潜在竞争者和替代者的服务质量也会直接影响竞争的结果。因此，要制定切实可行的旅游服务战略，不仅要全面掌握行业内部的状况，还要对潜在竞争者、替代服务的状况、供应商的实力、购买者的状况做全面的了解。

3. 顾客

旅游企业自身的特点决定了顾客是一个广义的概念，既包括外部顾客——旅游者，也包括内部顾客——员工。对顾客的关注是一个永恒的话题，重要的是要把它落在实处，从最基本的市场调查做起，掌握外部顾客的需求特性、消费习惯、变化趋势；了解内部顾客的个性特点、文化背景、个人发展安排等，为他们提供有针对性的个人发展计划，最大限度地满足他们的需求，在员工满意度、外部顾客满意度、企业发展满意度之间形成最佳平衡体系。

4. 政府和社会公众

政府通过制定相关政策引导企业的发展，因此企业只有理解政府的各项政策，才能制定有针对性的旅游服务战略。例如，财政政策、货币政策、投资计划、法律法规等。尤其要关注产业政策的倾向，这是影响企业长远发展的基础环节。另外，与企业发生相互作用和影响的社会公众也会通过各种渠道影响企业的发展，这些社会公众既包括竞争者、中间商、顾客等，也包括宗教团体、工会、消费者协会、金融资本市场、卫生防疫、保险、新闻等团体、部门。由于他们有共同的利益和要求，因此可以通过各种途径支持或抵制旅游企业。旅游企业应主动运用各种有效的公关手段，与政府和社会公众形成"双赢"的发展局面。

二、旅游服务内线发展战略

内线发展战略是指旅游企业通过内部服务资源的配置，积极开拓服务市场，以更好地满足顾客需求的战略。巴特森在 1995 年提出了三个方向的发展模型，即以更多的服务、更多的进入地点、更多的细分市场的组合来构建服务战略模型。模型的基础是按照服务数量的时间扩张、服务数量的地点扩张以及服务市场的多元化三个变量来分析旅游服务未来的发展方向的。

（一）更多的地方 / 更多的服务

旅游服务的发展一般是从一个地方，只有一种服务开始的，然后逐渐向多种服务、多个地点扩张。以此为基础进行的分析，将使我们对此战略有更清晰的了解。

（二）更多细分市场 / 更多服务

提供同一种服务，面向一个细分市场，是一些旅游企业发展初级阶段的经营方式，经过积累会逐渐向更多服务面、更多细分市场发展。

（三）更多地方 / 更多细分市场

旅游企业可以在一个地方面对一个或多个细分市场，在逐渐增强实力之后，通过地区的扩张而形成规模效益，即在几个地方面向一个或多个细分市场。

三、旅游服务外线发展战略

旅游服务外线发展战略是指旅游企业通过外部资源的调动、组合、配置，使企业内部的服务资源产生更大的运营效率的战略，包括兼并、收购、控股、参股、租赁和托管、特许经营、战略联盟等多种形式。在这里我们重点介绍并购（兼并和收购）、战略联盟和特许经营。

（一）企业并购

"并购"一词在英文中是指"M&A"，有合并、兼并、收购等意思，是企业通过购买另一个企业全部或部分的资产或产权，从而控制、影响被并购的企业，以增强竞争优势，实现企业经营目标的行为。企业并购的主要目的是实现规模经济、减少交易费用等。通过并购企业可以获得的正面利益有:（1）经营的协同效应。主要是指企业并购带来了经营规模的扩大、服务生产效率的提高以及由此所产生的高效益。经营的协同效应不是简单的"1+1=2"，而是要产生规模经济所带来的更高价值，即"1+1 > 2"。（2）财务的协同效应。是指企业之间在合并之后，在税收、会计处理和证券交易等方面获得的额外财务收益。（3）快速发展效应。是指企业通过收购、兼并的方式突破行业壁垒，成功地进入高收益的领域，大幅度降低了进入新领域的风险成本，从而实现自身的快速增长。（4）市场份额效应。并购成功后的企业，由于互补效能的增强，通常能在服务市场上获得更大的市场份额，甚至形成一定的垄断。但是并购同样蕴含着极大的风险，并购后企业文化之间的融合，管理能力是否能有效发挥，管理效率是否能提高等方面的问题，对企业并购后的发展将产生极大的影响。

并购作为促进经济发展的一种有效手段，已经成为市场机制的一个重要组成部分。最近几年，西方社会企业的并购浪潮盛行，而且涉及的并购金额和规模呈逐渐扩大之势。旅游业的并购也日趋白热化。英国格拉纳达集团以 58 亿美金并购了总部设在伦敦、排名世界第 16 位的福特酒店联号。拥有喜来登联号、赌场、娱乐等产业的新 ITT（国际电话电报公司）先后以 17 亿美金购入恺撒世界，以 5.5 亿美金与合伙人购入纽约麦迪逊广场公园物业群，以 5.15 亿美金购入意大利希戈酒店联号。旅游业并购行为的活跃化使旅游业呈现出蓬勃发展之势，促进了资源的合理配置。

（二）战略联盟

战略联盟是指两家或两家以上公司为了达到共同的战略目的而结成的暂时性联盟组织，联盟成员既存在合作的关系，又相互竞争。随着经济的飞速发展，竞争与合作的界限正变得越来越模糊，企业作为组织社会资源的基本单位，其边界也越来越模糊，战略联盟顺应了这一发展趋势，具备网络组织边界模糊、关系松散、机动灵活、运作高效的特点。战略联盟存在多种选择形式：（1）建立合资企业。是指两家或两家以上企业共同投资组建一个新公司所结成的战略伙伴关系。目前我国许多饭店都采用这种经营形式。（2）功能协议联盟。是指两个或两个以上的企业在一个或几个具体领域里进行合作，如研究开发、营销、技术共享、技术许可、分销等。但双方没有股权参与。（3）股权参与联盟。股权参与同直接证券投资的不同之处在于，合伙双方需要制定一些具体的协议，以利用双方在特定领域的互补优势。另外，我们也应看到战略联盟是不稳定的，影响战略联盟稳定性的因素很多，其中最主要的是双方收益的对称问题、竞争地位的平衡问题以及战略目标的兼容问题。目前，我国旅游企业间的竞争还停留在价格竞争等初级手段上，战略联盟的形式有利于我们重新认识竞争与合作的内在含义，对提升旅游企业竞争战略的层次有巨大的借鉴意义。

（三）特许经营

对旅游企业而言，特许经营可以使公司在较短的时间内通过特许权的转让获得低成本的扩张，以达到规模效益，假日集团从汽车旅馆做起，在短短40年的时间里，成为世界数一数二的饭店连锁集团。特许经营是特许公司将自己拥有的商标、商号、产品、专利和专有技术、经营模式等以合同的形式授予成员公司，成员公司按合同规定在统一的模式下从事经营活动，并向特许公司支付相应的费用。旅游企业的特许经营具有以下优点：（1）通过很少的投资达到扩张的目的。（2）使集团的收入多元化。（3）开发了新的业务。（4）以最小的成本保护了未来的市场。（5）知识产权如商标专利得到了保护。（6）可以有效抵御外来的竞争。（7）有利于缓冲国内业务的季节性波动。（8）克服外国所有权的各种贸易壁垒。（9）为国内过时与过剩的产品或服务提供销路。（10）最大限度地利用积累的经验与知识。（11）在广告促销、计算机预定、人员培训等方面形成规模经济。但是特许经营也存在一些劣势：（1）对特许企业的日常工作无法监控。（2）潜在的负债风险。(3)服务质量的不一致会引起顾客的不满。(4)无法控制成员企业的定价、服务质量、卫生等。(5)与企业所有者打交道比较困难。(6)与声誉差的成员企业脱钩较为困难。

总之,旅游服务的战略选择是以企业的战略为依托,对内外部的因素进行综合分析,并运用科学的手段建立备选方案,最终立足企业的长远发展,打破传统条件的束缚,从创新的角度去选取必要的旅游服务战略。

第四节　旅游服务质量管理

一、旅游服务质量的预防控制

在旅游服务实现之前,需要对服务系统进行必要的规划,以保证服务质量能基本满足市场的需求。旅游服务的预防控制一般从三方面进行,即服务质量标准的制定、企业人员的素质保障、灵活的组织设计。

(一)服务质量标准的制定

服务质量标准是员工的行动指南,它既具有指导作用又具有现实的可操作性,为有效降低服务质量的波动性奠定了基础。服务质量标准应当反映目标市场的要求,同时又要符合企业内部实际工作的需要,即资源的配置要反映管理效率和经营效率的平衡。

(二)企业人员的素质保障

旅游服务系统是一个有机的体系,其输出的服务质量与企业人员的素质有极大的关系,因此服务质量的控制必须关注企业人员的素质,这也是整体服务质量管理的要求。不管是决策人员、管理人员还是服务人员,都会通过不同的途径影响服务质量,但他们关注服务质量的方向却有很大的不同。

(三)灵活的组织设计

任何服务活动都是在一定的组织中产生的,要提高服务质量,组织设计必须与服务资源的配置相适应。服务系统有了良好的组织保障,才能真正发挥最佳的作用。

二、旅游服务过程质量的控制

旅游服务传递过程是一个复杂的系统，对旅游者感知的服务质量有很大的影响，对它进行有效的控制，可以全面地改善服务质量，提高旅游者的满意度。服务质量的过程控制可看成是一种反馈系统，在该系统中，把输出的服务结果与服务标准相比较，发现偏差，找出问题的症结所在，以便及时地改进。旅游服务生产与消费的同时性，使服务过程的监控变得非常困难，管理者很难介入服务的过程，对服务质量进行控制，这也自然会产生服务质量的波动。对服务过程的控制可以从以下三方面进行。

（一）标准化服务

旅游企业是以提供服务进行盈利的经济实体，其中存在大量重复性的劳动，对他们进行标准化的设计可以保证服务质量的稳定。科学化、规范化、制度化、程序化是标准化服务的核心。例如，酒店客房的清扫过程可以通过一定的标准化程序设定，使每一间客房的品质保持一致。标准化服务不仅可以有效降低企业的运营成本，而且使消费者的权益得到保证。下面介绍几种标准化的范例。

1.ISO9000 质量标准

服务质量和对顾客的尊重是旅游企业生存、发展的生命线，旅游企业要树立自己的质量形象，必须以国际上普遍认可的质量认证体系为标准，不断强化质量观念，促进企业各方面对质量活动的关心。ISO9000 质量认证体系是国际普遍适用的质量衡量标准，其中与旅游业直接相关的是 ISO9004-2，该系列标准认为，如果不能实现质量目标，将导致对顾客、组织和社会的不利影响。ISO9004 这一部分可适用于对一项新服务的开发或是改进服务开发质量体系，也可直接用于现有服务质量体系的实施。质量体系包括为提供有效服务所必需的全过程，从市场营销到服务传递，并包括对顾客所提供服务的分析。通过对服务传递系统的控制，把质量管理渗透到全部管理职能中去。通过对质量体系的分解使组织机构对服务过程、程序、职责、资源有更深刻的认识，从而可以有效提高服务生产率，降低运作成本，促进顾客的满意。

2. 田口式模型

这个模型是以田口的名字命名的，田口认为，"通过对产品的超强设计，可以保证在不利的条件下产品具有适当的功能。对一个客户而言，产品质量最有利的证明是当它非正常使用时，产品的功能仍然能够正常"[①]。对旅游企业而言，服务质量可以通过不断提高服务过程的质量标准，使它能超过旅游者的正常期望。也可以在服务的过程中使用标准化的作业程序（SOP），来保证服务的一致性。持续地改进才会有高质量的服务，才会有高频率的满意度。例如，酒店可以使用在线计算机自动提醒服务人员在房间没有人的时候去清扫，让服务人员清楚哪一间客房可以清扫，使得这一工作在全天任何时候都可进行，从而避免了突然闯入客房所引起的服务质量下降。

3.Poke-yoke 法

新乡重夫（Shigeo Shingo）认为，"通过低成本的过程质量控制机制和员工在工作中采用的日常工作程序，可以在不需要昂贵的检查的情况下达到高质量。员工在工作中发生错误不是由于他们不合格，而是因为他们注意力不集中或工作被打断。Poke-yoke 方法的使用可避免工作出错"[②]。Poke-yoke 方法可以直译为"傻瓜也会做"的方法。通过对服务过程的巧妙设计，在没有丝毫强迫的暗示下规范服务行动，可以最大限度地减少员工犯错的概率，从而在无形中提高顾客感知的服务质量。例如，麦当劳使用的炸薯条的勺，这种勺按标准量分配薯条，既保证了卫生，又增加了美感，而且不易出差错。由于管理者很难干涉服务过程，同时对服务过程的检查、考核需要承担大量的成本，因此通过有形的设计或是标准化的程序来限制员工发生错误的行为就成为一种重要的策略。

（二）统计过程控制

服务过程的质量可以通过服务绩效来衡量，服务绩效用关键指标来判断。例如，酒店客房服务员的工作绩效可以通过每天客房清扫的合格率来判断。前台服务员的服务绩效可以用办理住宿登记的时间来衡量。若服务过程的绩效不能达到预期的目标，通常的办法是运用科学的方法进行调研，探明问题的真正原因，并采取适当的方案进行纠正。但是一些随机事件或是没有明确的原因可能会干扰对绩效变化的正常判断，因此在质量控制过程中存在两种风险，一是认为良好服务

① 田口.男性隐私——生理科学释疑 [M].关志忱,译.长春:吉林科学技术出版社,1992.
② 新乡重夫.新乡重夫谈丰田生产方式[M].李兆华,周健,罗伟,王劭禹,译.北京:机械工业出版社,2018.

系统发生失控，即生产者的风险。二是对服务过程失控缺乏认识，即消费者的风险。

统计过程的控制是用较为精确的统计方法对服务过程进行间接的控制，由于管理人员很难介入服务过程进行监控，因此统计过程控制就成为有效的管理手段。统计过程的控制一般采用控制图的方法，即根据历史资料确定系统绩效的总体平均值和标准差以计算置信区间，在此基础上，管理人员有目的地选择样本大小，计算样本的总体平均值，若落在控制范围之内，则服务过程良好；若落在控制范围之外，则服务过程失控，需要分析原因，并采取纠正措施。例如，酒店在旅游旺季实行超额预定，可根据酒店的历史资料确定超额预定的范围，管理人员若想了解超额预定的质量状况，可以有针对性地选择样本大小（选择观察的天数），算出观察天数的总体超额预定数量的平均值，若落在控制范围之内，则该过程运行良好；若落在控制范围之外，则说明该过程的运行失控。管理人员需要分析具体的原因，选择一定的解决方案。根据绩效测量的方式可将控制图分为两类：一是变量控制图，可记录出现小数的测量值（长度、宽度和时间），例如，酒店前台服务员结账的时间。二是特性控制图，主要记录离散的数据，例如，客房清扫不合格的百分数。

第四章　旅游信息管理

对于旅游企业来说，旅游信息化就是将信息与通信技术应用于旅游企业的经营管理中，通过发挥新技术的优势，开展企业业务流程重组，并形成一种新的经营管理模式。而这种模式将为旅游企业带来更大的商机、更低的成本和更多的利润。

第一节　旅游信息化

一、旅游信息化的必然性

（一）旅游业是对信息高度依赖的产业

作为直接面对消费者的服务性行业，旅游业是一个开放性的大系统，信息是其得以生存和运转的根本基础。信息贯穿了旅游活动的全过程，是决定旅游企业生存发展的关键所在。旅游产品具有无形性、不可转移性、生产与消费同时性和不可储存性等特点，旅游业的生产和消费特点决定了旅游业能够体现电子信息网络的优越性，是最适合开展电子商务的产业之一。旅游业是信息密集型产业，从旅游活动的方式看，在旅游市场流通领域活动的不是商品，而是有关旅游商品的信息传递引起的旅游者流动。从这个意义上讲，旅游业的核心是信息，因此，对旅游企业来讲，收集、整理、加工、传递信息是重中之重，这是旅游商品的无形性、不可移动性和非贮藏性所决定的。无形的旅游产品在销售时是无法展示的，而且通常是远离消费地点被预先销售，因此，信息传播对旅游业而言至关重要。信息是旅游行业内部各个环节联系的纽带，不管是对旅游管理部门、对旅游企业，或是对旅游者而言，有效地获取旅游信息，以辅助做出科学合理的决策，都显得特别重要。信息已经成为旅游业发展的重要生产力，旅游信息化成为保证旅游业持续发展的重要支持力量。

旅游者在旅游决策形成之前要广泛地收集关于旅游目的地和旅游产品的信息，以便做出比较和选择。旅游中还需要更多的交通、位置等信息，旅游后还要分享个人的旅游经历和体验等信息。随着大众游和散客游时代的到来，自助游游客更倾向于个性化的旅游方式，需要的信息量更多，对信息的要求也更高。

另外，无论旅游景点开发、规划、设计，还是客源市场目标确定、市场竞争战略制定和进行旅游统计，都对迅速获取、加工、利用信息提出了较高要求。旅游电子商务的发展，信息平台、交易平台、支付平台的建构，改善了过去旅游业中信息流的多层分流及断裂状况，在更大程度上实现了信息畅达，运行效率得到提高。

（二）我国旅游业转型升级的迫切需要

国务院 2009 年 41 号文件《关于加快发展旅游业的意见》明确提出，要把旅游业培育成国民经济的战略性支柱产业和人民群众更加满意的现代服务业。信息技术对全世界经济社会发展产生了广泛而深刻的影响，充分运用现代信息技术是当前和今后一个时期把旅游业培育成现代服务业的必然选择。我国旅游业正处在转型升级的关键时期：①由传统服务业向现代服务业转型。现代服务业较之传统服务业，更突出现代化的新技术、新业态和新服务方式。信息化是提升产业竞争力、推动产业升级的核心要素。②由粗放服务业向集约服务业转型。重点在于打造区域中心城市的功能集聚能力，由大规模开发建设观光景区向建设目的地转型。信息化是打破区域界限、实现资源整合、塑造统一品牌形象的有效手段。③由本土服务业向国际服务业转型。高速发展的出入境旅游，需要我国旅游业尽快塑造国际形象，提高国际市场竞争力。信息化是统筹营销资源，建立具备国际水平的产品分销系统的重要保障。

（三）服务水平提升需要信息化的有效支撑

旅游者由过去的求量型方式转向求质型方式，在资讯获取、产品选择、产品购买、在途服务、经历分享等领域产生了更多个性化、多样性的服务需求，通过信息技术获取、加工和利用服务信息，推动产品和服务的多样化发展，实现全过程的电子化是满足消费者需求、提高服务水平、提升服务效率的重要手段。

（四）信息技术的不断演进为旅游业的创新发展提供了动力

现代信息技术的发展和广泛运用对管理、营销和服务等方面都产生了革命性的影响，以互联网、物联网、移动通信、云计算技术、增强现实技术等为代表的新技术，为目的地营销模式、文化传播、资源保护、各环节的信息综合服务等领域的发展创新提供了支撑和动力。

二、旅游信息化的内容

从旅游业的主体来看，主要包括旅游管理部门、旅游企业和旅游者，因此，旅游信息化的内容亦主要包括两方面。

（一）旅游管理部门的信息化

旅游管理部门的信息化主要是指国家及地方旅游管理部门通过信息技术的应用，一是提高自身的办公、管理效率，建立高效的服务型政府机制。二是加强对旅游企业监管与质量监控的信息化系统实施。三是开展目的地营销，帮助目的地企业建立统一的营销平台。四是通过信息化手段的实施，加强对游客的管理，做好安全防范工作。

（二）旅游企业的信息化

主要是指旅游企业在其办公流程、业务开发、市场营销、产品销售、经营管理、决策分析等各方面全面应用信息技术，通过对信息和知识资源的有效开发利用，调整和重组企业组织结构与业务模式，服务企业发展目标，提高企业综合竞争力。其主要内容可以分为两大部分，一是各类旅游管理信息系统，如企业资源计划（ERP）、办公 OA 系统、业务管理信息系统、客户关系管理系统、供应链系统等。二是旅游电子商务，是旅游信息化最重要的应用之一，是企业通过现代网络信息技术手段实现旅游商务活动各环节的电子化。其包括通过网络发布、交换旅游基本信息和旅游商务信息，以电子技术手段进行旅游宣传促销、开展旅游售前售后服务以及进行旅游产品电子交易等。

三、旅游信息化的作用

（一）提升旅游业发展的可持续性

粗放式的旅游开发模式，特别是重开发、轻保护等掠夺式的旅游资源开发模式已经不能适应经济发展的需要。信息技术在旅游业中的应用，可以增加旅游经济中的知识含量、科技含量，实现旅游业从依赖大量投入物质资源的粗放式发展，到提高要素投入使用效率的集约式发展方式的转变，更好地实现产业的可持续发展。

（二）优化旅游产业结构

一方面，信息化扩展了旅游消费传播渠道，改变了旅游者的旅游交易方式，促进了潜在旅游者数量的增加，促使旅游市场交易成本的变化。不同交易渠道成本的对比和各种力量在此消彼长中演化和发展；信息化创造了虚拟的市场空间，为旅游业开拓了发展空间，有利于形成规模适度、竞争有序的旅游市场。另一方面，旅游业社会化程度高、关联性强、依托和带动作用明显，信息技术的应用可以优化旅游产品生产过程，提高旅游产业链中不同主体之间信息沟通的质量和效率，促进优胜劣汰，继而促使旅游产业的业态结构发生变化以适应新的技术与用户需求，最终实现旅游产业的转型升级。

（三）增强旅游业竞争力

信息化将极大地提高旅游业的服务水平、经营水平和管理水平，增强旅游业的竞争力。旅游信息化弥补了传统价值链中灵活性差、效率低下的不足，使价值链上的各环节联系更加通畅，促进了价值链向动态的、虚拟的、全球化的、网络化的方向发展，并能够使相关企业更好地了解客户，为客户提供个性化的产品和服务，提高整个产业竞争力，为旅游价值链注入新的活力。

第二节　旅游信息管理

一、政府旅游部门信息化管理

（一）政府旅游部门信息化内涵

政府旅游部门信息化就是政府旅游机关所进行的信息化建设，是指各级政府旅游机关通过建设处理各类旅游信息的计算机网络以及各种应用系统，提供统一、权威的旅游数据，促进各种旅游信息资源的广泛使用，由此提升政府旅游机关的工作效率，加速政府旅游部门电子化、智能化、信息化的发展，促使其快速成为开放型、扁平型、服务型的公共管理机构，同时还可以通过数字化推动旅游产业的发展，提高市场业务运作水平，积极发展旅游电子商务，提供个性化旅游，推动旅游经济发展。

（二）旅游部门对信息化建设的主导

1.发挥政府对旅游信息化的主导功能

我国旅游业实行的是政府主导下的发展战略模式，涉及整个目的地旅游发展、营销宣传与信息服务的旅游信息化工作，一般由目的地政府旅游管理部门牵头进行组织建设，集中提供旅游信息，提升目的地形象和旅游业的整体服务水平。其次，旅游信息化在很多方面是为了方便游客产生的是一种公众利益，并不带来直接盈利，例如，黄金周各地旅游信息预报、旅游行业动态发布、出境游的出行提示，都需要政府旅游部门来提供。这些旅游公共信息虽然难以由旅游企业提供，但可以在企业的网站主页中链接或转载，以扩大信息的受众面。政府旅游部门主导信息化发展战略具有一定的必然性，其依据主要有以下几方面。

（1）旅游产业的综合性

旅游业具有综合性。因为旅游产品是一种综合性产品，由众多行业提供的产品组成，涉及饭店业、交通运输业、娱乐业、商业等行业，它们都是旅游产业的主要组成部分。因此，作为一种综合性产业，旅游业要进行信息化建设，应当有一个统一的发展规划，以确定发展的主要方向和实现目标，并防止重复建设。实践表明，不管是国家还是地区的旅游信息化发展规划，都应当由旅游主管部门来组织实施。

（2）旅游企业分散，中小企业居多

很多目的地的旅游业都以中小企业居多，缺乏资金和实力开展网络营销，不利于旅游目的地整合资源塑造形象，不利于潜在游客了解目的地旅游信息。政府部门对目的地旅游信息化进行统一规划和运营可保证目的地营销的整体性，同时带动本地旅游企业的发展。目的地的旅游信息化是以整个地区的综合性资源为基础的，单一经营者无论从主观愿望还是客观实力上都很难综合目的地的这些资源来完成此项工程。

（3）政府在统筹协调方面的优势

目的地旅游信息化使区域内多方受益，只有政府部门才能发挥统筹作用，协调产业内各方面（包括企业、行业协会及各级旅游部门等）参与其中。以假日旅游预报系统为例，涉及众多重点旅游景区和旅游城市，包括交通、饭店、旅行社等多方面的资讯，数据的收集量是很大的，只有在全国假日旅游领导小组的统一主导下，才能有效地收集汇总各方面的信息，并通过网络平台迅速发布。

（4）规模经济效应

旅游企业参与政府规划、统筹的信息化工程，不仅可以依托目的地整体形象的优势来宣传自己，而且比自己单独制订信息化计划并投资实施更节约成本，这一点特别有利于中小企业脱颖而出。

政府主管部门应成为全国旅游信息化应用方面的组织者，从多方面对其发展予以支持，完善旅游信息化的宏观环境。针对我国旅游信息化发展中表现出来的分散、无序等问题，政府应从多个角度发挥主导功能，为整个旅游行业的信息化建设提供基础资源，搭建发展平台，加强建设的总体规划。在旅游业的信息化发展过程中，有些问题单靠旅游企业的力量很难妥善解决，这时就需要政府出面进行协调。例如，电子支付的安全涉及旅游业以外的领域和部门，就必然需要政府的协调。另外，要加快制定、完善和修正旅游电子商务的相关政策和法律，消除制约旅游电子商务发展的政策和制度瓶颈。

2. 旅游信息化的集成趋势

公共产品是现代经济学中一个具有特殊重要性的概念。公共产品是指集体拥有、共同消费或使用的物品（广义的物品，包括服务等），具有非竞争性和非排他性。个人对这类物品的消费既不影响他人的消费利益，也不增加消费成本。旅游信息化中除网上预订以外的非营利部分实质上属于公共产品，不能寄希望于企业来负责提供，而应当主要由政府等公共部门来提供。一是因为市场是由理性的个体通过交易行为形成的，交易的动机在于逐利，对于无利可图的产品，企业一般不愿负担。二是由于公共产品的正外部性和"搭便车"现象的存在。一个企业假如提供公共产品，同时会给其他企业带来好处，但成本并不分担，这样的结果就是大家都不提供。旅游目的地的营销正是如此，旅游企业搞目的地营销的效果可用"一人敲锣，四邻听音"来形容。在这种情况下，旅游信息化的集成趋势渐趋明显。旅游信息化集成可解决以下信息化过程的重要问题。

（1）解决旅游信息化推广中存在的资源分割问题

以往同一旅游目的地的旅游网站状态分散，难以包容外部网络和外部信息，使相当一部分资源难以共享、业务不能协同，营销效率降低。为此，政府旅游部门可以建立一个集成的旅游网站，作为整合区域内各类软硬件旅游信息资源的目的地营销平台。按照"统一规划，分级建设"的原则，营销平台提供的是框架和数据标准，具体的内容建设则由企业来完成。

（2）解决旅游在线供需对接中信息流动无序的问题

就供给而言，集成的旅游网站形成了一个多方供给的流动平台（包括资金、技术、人力、设施等），克服了旅游网站由旅游主管部门、旅游企业自筹资金建设、运作模式单一的状况；就需求而言，能及时反映客源市场信息，集中一站式服务加强了纵深协作。近年来我国旅游网站发展的一个特征便是旅游网站在旅游服务中的整合进程加快，旅游网站服务的综合集成加强。旅游信息化规划的集成化趋势已经成为发展潮流。

旅游信息化的这种集成趋势，一方面促进了在现实空间难以聚集的各旅游机构、企业在网络空间内的集群整合，实现了网络空间的协同效应。另一方面为游客提供了尽量大的旅游产品及信息服务的使用价值，降低了信息比较及预订选择的成本，在旅游信息化建设方面，政府部门应加强宏观规划和指导，改进业务流程、重组行业资源，为提高我国旅游业在世界的竞争力服务，实现信息化和旅游业的有机结合。

（三）我国旅游行业"金旅工程"简介

"金旅工程"是我国政府主导参与国际市场竞争的重要手段，是国家信息化工作在旅游部门的具体体现，是国家信息网络系统的一个组成部分，是旅游部门参与国家旅游业信息化建设的重要基石，是各级旅游行政主管部门利用信息技术推动21世纪旅游业发展的一个重大举措。国家旅游管理部门从2001年开始启动"金旅工程"，目标为建立覆盖全国旅游部门的国家—省—市—企业四级计算机网络系统，达到提高管理水平、运行效率，改进业务流程，重组行业资源的目的；同时，建立一个目的地营销系统，为世界各地企业从事旅游电子商务提供服务。

"金旅工程"建成后，成为覆盖全国旅游部门的国家、省、地市、企业四级计算机网络系统，为提高旅游行业整体管理水平、运行效率及改进业务流程、重组行业资源等方面提供有力的技术支持；同时，利用金旅雅途网络平台构建的中国旅游电子商厦，极大地开拓世界旅游电子商务市场，中国旅游业从此接通信息高速轨道，迅速腾飞。

"金旅工程"可概括为"三网一库"，即内部办公网、管理业务网、公共商务网和公共数据库。

1. 内部办公网

将国家旅游管理部门与国务院办公网相连，为国家旅游管理部门提供一个与国务院办公网和各部门进行安全保密内部文件交换的网络，主要处理政府机关的内部业务，包括信息发布、公文处理、文件文献的管理、人事管理。

2. 管理业务网

基于互联网的各级旅游部门间的内部信息交换网络。目标是建立一个旅游系统内部信息上传下达的渠道和功能完善的业务管理平台，实现各项业务处理的自动化，提高工作效率，使旅游业的行业管理跨上一个新台阶。其业务功能包括全国旅游行业统计系统、旅游行业管理系统、旅游信息管理系统、投资项目管理系统、中国旅游网的建设运营。

3. 公共商务网

一个可供各旅游企业进行供求信息交换、电子商务运作的旅游电子商厦，旅游企业在内可从事网上同业交易，为全球互联网用户提供旅游产品在线订购等电子商务活动。公共商务网由北京金旅雅途信息科技有限公司承建和运营，因此被命名为"金旅雅途网"。公共商务网主要处理为公众和旅游企业服务的业务,包括:综合信息发布、宣传促销、电子商务、投诉处理。

4.公共数据库——三网共同引用的国家级数据库

数据库系统作为系统平台的一个重要组成部分,是上层应用系统的基础,也是业务处理系统的核心,基本上所有业务数据的加工最后都依赖数据库系统支持。目前,全国各级旅游行政管理机构纷纷将"三网一库"的建设架构作为本级政府旅游机关信息化建设的首要任务,严格按照国家旅游管理部门的统一规划和规定的任务及相关技术规范、技术方案,分步实施,分期建设。全国旅游信息化建设以金旅工程为主干,快速推进。

将资金、技术、资源、市场相互结合,国内与国外结合,传统优势与新技术结合,政府与企业相结合,建设好金旅工程,达成将中国旅游推向全世界的目标,是中国旅游业高速发展的关键条件。利用科学高效的信息网络技术组建的金旅工程,对提高全国各级旅游管理部门的管理水平、决策水平和工作效率,实现旅游管理现代化,将起到重大的作用。金旅工程将加快我国旅游企业向新型旅游企业发展,与国际接轨,提高国际市场竞争力,为开拓新的旅游市场打下坚实的基础。

二、旅游企业信息管理

(一)旅游企业信息管理系统构成

旅游信息管理系统是以电子计算机为基本信息处理手段,以现代通信设备为基本传输工具,且能为旅游管理决策提供信息服务的人机系统。

旅游信息管理系统在结构上由三个部分组成:第一,数据处理系统部分,主要完成各项旅游管理数据的采集、输入,数据库的管理、查询,基本运算,日常报表输出等。第二,分析部分,在数据处理系统基础上,对各种数据进行深加工,如利用各种管理模型定量及定性分析方法、程序化方法等,对旅游企业的经营情况进行分析。第三,决策部分,管理信息系统的决策模型多限于以解决结构化的管理决策问题为主,其结果是要为高层管理者提供一个最佳的决策方案。

一个完整的旅游信息管理系统应该具有数据处理、事务处理、预测、计划、控制、辅助决策等功能。

一家旅游企业要建立管理信息系统，除了需要分析其功能组成外，还要做好许多基础性工作，包括组织制度建设、信息存储组织、硬件平台搭建和软件系统安装等。

（二）旅行社信息化建设

旅行社企业信息化是在旅行作业、管理、经营、决策等各个层次和各个环节，采用现代信息技术特别是网络技术，充分开发和广泛利用旅行社和企业内外信息资源，伴随现代企业制度的形成，建成与国际接轨的现代化旅行社的过程。在我国旅行社行业中，除了大型综合性的旅游集团，纯粹的旅行社企业，尤其是中小旅行社，由于行业的特点，受经营规模和经营利润的局限，发展信息化有着诸多障碍。国内许多旅行社目前还沿用传统的手工作业，内外联系的方式仍采用电话、传真甚至人工传递等方式，长此以往，会造成旅行社内部信息不畅，资源无法共享；单兵作战，规模效应不突出；人工成本高，办公效率低；客户流失，财务出现漏洞；手段落后，控制滞后等问题。

为改变传统落后的手工方式，旅行社应逐步采用现代信息手段来取代传统的手工作业方式，以提高工作效率和监管力度。旅行社信息化工作的方向是，通过低成本的投入，建立有效的内部管理信息系统，优化内部经营流程；利用互联网技术的特点，结合旅行社自身的产品特性，建立高效的网络营销渠道，搭建适合自身的平台，并实施有效的评估。旅行社行业信息化工作的目标是，提高内部管理水平，优化运作流程。合理的信息化建设可以有效强化数据采集、分析，是规范内部管理流程、科学分析市场走向、实施正确决策的基础，也可以拓展目标市场，提升销售业绩，塑造自身品牌，提高企业的影响力。旅行社在实现信息化管理过程中，应当遵循"总体规划、分步实施"的原则：总体规划，即对旅行社内部做出长远规划，结合集约管理理念和现代信息技术的发展对旅行社进行整体设计，从方便管理者的角度来建设管理体系，而不是以 IT 技术完全代替人力管理；分步实施，即旅行社信息化建设应采取分模块、分步骤的方法，逐步改进，逐步完善，而不是一次性地建立一套大而全的完整系统，这样不仅会降低经营风险，而且易于达到目标。

旅行社信息化工作的措施应注重管理者的认知，团队的培训；选择合适的管理系统，或在部分关键流程（环节）建立管理系统；充分利用互联网的特点，搭建自己的推广平台；选择合适的网络销售推广渠道；适时评估效果，并根据结果及时调整信息化工作。

在旅行社筹建自己内部局域网时，项目实施当中应注意以下要点。

1. 管理层的强力支持

旅行社的管理者应清楚认识实施信息化建设的目的及风险，并给予足够的支持与重视，而且要投入足够的人力与财力，作为领导也应投入足够的精力参与到信息化的建设过程中。另外，企业的 IT 战略不是孤立的战略，而应融入旅行社的整体战略之中，并建立完善的配套制度。

2. 业务部门参与

信息化建设涉及方方面面，需要各方面人员参与，不能仅视为某个部门的事。如果缺少其他业务部门人员的参与和配合，会使项目实施走很多弯路，造成工期拖延及资金浪费。

3. 旅行社与开发商之间密切合作

采用一套实用的软件，需要开发商对该旅行社有较全面的了解，他们的责任在于向旅行社提供管理改进的建议及技术支持，而旅行社本身要密切配合开发商，并在实施过程中始终处于主动及主导地位，使建立的信息系统能适合企业目前的需要和日后发展的需要。

4. 明确目标，设计合理的期望值

许多旅行社在建立自己的信息系统之前，通常对该系统能产生的效果寄予很高的期望，充满了幻想。作为一个企业，应该意识到达到目标是渐进的，如果开始对此寄予的希望过高，而实际结果会因许多因素而不能完全达到起初所设想的效果，则会对投入的人力、资金与实际效果产生评估错位，挫伤积极性。旅行社建立信息系统不是给别人看的，而是为了将企业资源加以整合，从而提高整体管理水平及运作效率。

第三节　旅游信息系统

一、旅游信息系统概述

旅游信息系统（Tourism Information System，TIS）是一种决策支持系统，它具有信息系统的各种特点。

旅游信息系统的定义是由两部分组成的。一方面，旅游信息系统是一门学科，是描述、存储、分析和输出旅游信息理论和方法的一门新兴的交叉学科。另一方面，旅游信息系统是一个技术系统，是以旅游数据为基础，采用地理模型分析方法，适时提供多种空间的和动态的旅游信息，为旅游管理部门提供决策和向社会提供服务的计算机技术系统。

旅游信息系统具有以下三方面的特征。

第一，具有采集、存储、管理、统计分析和输出多种旅游信息的能力，具有空间性和动态性。

第二，由计算机系统支持进行旅游数据管理，并由计算机程序模拟常规的或专门的旅游信息分析方法，作用于旅游数据，产生有用信息，完成人们手工难以完成的任务。

第三，计算机系统的支持是旅游信息系统的重要特征，因而使得旅游信息系统能快速、精确、综合地对复杂的旅游信息进行动态分析。

旅游信息系统的外观表现为计算机软硬件系统，其内涵却是由计算机程序和旅游数据组织而成的旅游信息模型。当具有一定旅游知识的用户使用旅游信息系统时，他所面对的数据不再是毫无意义的，而是把客观旅游世界抽象为模型化的旅游数据，用户可以按应用目的观测这个现实世界模型各方面的内容，取得分析和预测的信息，用于管理和决策，这就是建设旅游信息系统的意义。一个逻辑缩小的、高度信息化的旅游系统，从视觉、计量和逻辑上对旅游系统在功能方面进行模拟，信息的流动以及信息流动的结果，完全由计算机程序的运行和数据的变换来模拟。旅游工作者或管理部门可以在旅游信息系统支持下提取旅游系统各个不同侧面、不同层次的空间和时间特征，也可以快速地模拟旅游自然过程的演变或思维过程的结果，进行预测或实验，选择优化方案，用于管理与决策。

二、旅游信息系统的研究现状

随着数字化技术的快速发展，社会经济的各种业务处理、信息收集和汇总分析都广泛使用了计算机，网络经济正深刻地改变着人类的生活模式和经济运作模式。旅游业正在日益广泛地利用电子数字化技术手段，电子商务和现代化信息系统代表着未来旅游业发展的一个主要方向。

计算机、通信、互联网电子交易与传统旅游业务的进一步结合，对我国旅游业的发展提出了新的机遇与挑战。以电子商务为代表的网络经济极大地扩张了旅游产品消费的需求，改变了旅游业的运作方式，提供了旅游者和服务产品提供商直接交易的经济模式；以办公自动化为标志的现代化管理手段，对旅游部门提高行政管理效率、提高信息化水平有着直接的作用。在信息经济时代，旅游业的经营、服务、消费、管理和教育科研活动都直接受到信息技术、网络经济的深刻影响。

在我国国民经济实现持续增长，经济全球化和全球新经济初露端倪的历史时刻，旅游业发展信息化和网络化具有现实的紧迫性和重要性。旅游业提供的是无形产品，最能够体现电子信息网络的优越性，电子商务是我国旅游业参与国际市场竞争的重要手段。旅游业和信息技术的结合，将极大地提高旅游业的服务水平、经营水平和管理水平，加快旅游业发展的步伐，扩大产业规模和发展质量，增强中国旅游业在国际市场的整体竞争力，进一步促进中国从世界旅游大国向世界旅游强国的宏伟目标迈进。

目前国内旅游信息系统的研究建设尚处于初始阶段，对整个旅游信息系统的模型研究还不是很成熟。

罗平、陈同庆等人在地理信息系统和多媒体技术基础上研究开发了佛山市旅游信息系统的单机版，该系统主要由旅游 GIS 模块和旅游多媒体模块两部分构成，其中旅游 GIS 模块由文件管理、地图空间查询、属性查询和旅游专家咨询（游客分析）4 个部分组成，多媒体模块主要包括景点、交通、餐饮、住宿、购物、娱乐、旅行社和投诉等模块。该系统能基本满足游客查询和触摸屏导游的功能，但若要满足用户更高的需求，旅游要素数据类型、属性字段、多媒体数据等有必要进一步得到扩充与完善，数据质量也需进一步提高。①

陈颖彪、钟耳顺、千庆兰等人将 GIS 技术和专家系统应用于旅游信息系统建设过程中，利用 ComGIS 开发工具开发了北京昌平区旅游信息系统。该系统不但具有传统的 GIS 显示、查询、检索和分析功能，而且还具有最佳路线分析、旅游景观三维显示等功能，加上专家评价系统，可实现对旅游资源的评价、预测、规划与决策功能。②

陈菁等以 GIS 技术为平台，采用计算机网络和数据库管理技术，对福建省旅游活动的信息进行采集、存储、管理、分析、计算和图形处理，以图文、声像形式综合展示系统处理信息结果，该系统具有对旅游信息进行输入、输出、空间分析以及决策支持等功能。③

罗怡结合 GIS 和网络技术，利用 C/S 结构设计昆明市旅游信息系统，实现了如下几方面的目的：（1）可查询昆明市所有的名胜古迹、自然风光所在地及附近的旅馆、旅游社团、涉外机关、交通、邮电、银行、医疗等配套设施和气候特点。（2）可查询昆明至云南其他地区著名旅游风景区的航班和列车班次，乃至全国主要城市的航班及往返列车班次。（3）帮助用户设计最佳旅游线路，使旅客花费最低、收获最大。（4）与电子商务系统集成，可直接预订机票、车票、旅馆房间或事先联系好旅游团。（5）与遥感技术结合，利用 GIS 特有的空间叠加分析功能，为旅客展现旅游景区近时的二维和三维透视景观以及三维场景飞行浏览。（6）通过 WEB 技术以及 GIS 特有的地图信息技术发布旅游信息，即可宣传昆明乃至云南全省的旅游资源，又可简化操作，使旅客得到全方位、多视角的旅游信息。（7）利用 GIS 和多媒体技术，结合网络技术，为社会和公众提供集文本、图形、图像、动画和声音于一体的旅游资源在线服务。④

严寒冰、刘迎春等研制了基于 GIS 的杭州市旅游导游系统，该系统主要包括

①　罗平，陈同庆，黄耀丽，等.佛山市旅游信息系统开发 [J].热带地理,2002(2)：181-184+191.

②　陈颖彪，钟耳顺，千庆兰.基于 ComGIS 旅游专家信息系统的研制——以北京市昌平区为例 [J].地球信息科学,2002(3)：79-84.

③　陈菁，陈哲彦.红色旅游赋能红色文献推广与利用的实现路径 [J].图书馆研究,2022(2)：46-53.

④　黄华，罗怡."全域旅游"视角下城镇群旅游规划策略探析——以江西信江河谷城镇群为例 [J].低碳世界,2017(36)：326-327.

信息查询模块、地图浏览模块、专题地图模块、路径分析模块、新建地图模块、系统工具和系统帮助模块，具有以下主要功能：（1）查询主要景点、住宿、购物、交通等信息，并有图示。（2）实现地图中任意两地或两个地名间的最短路径分析。（3）能够展示宾馆级别图、车站分布图、售票点信息图等专题信息。（4）可以较方便地连接其他城市的旅游导游服务系统。①

王永燕等用 MapInfo 作为二次开发工具，研制开发了旅游景区信息系统，该系统包括旅游目的地信息、旅游咨询系统和旅游管理系统三个功能模块：旅游目的地信息包括景区（景点）、历史文化的背景介绍；旅游咨询系统主要是为咨询者提供任意景点问路查询及景区图中多个景点的最佳访问路线查询（可同时提供车行和步行路线查询），咨询者可得到最佳旅游线路，交通、食宿状况的介绍（景区内交通及附近主要景点的交通状况）；旅游管理系统主要提供专业分析工具，如空气质量分析、游客需要分析等为景区规划管理人员提供决策依据。②

李君轶、马耀峰等人应用 GIS 研究区域旅游规划和多层次管理的方法并利用 MapInfo 的多重功能，建立了区域旅游规划和管理信息系统，在此基础上分析了系统的结构设计和数据查询、数据集成与更新、缓冲区分析及旅游专家咨询系统等功能的实现。该系统主要由数据录入与编辑、属性查询、图形显示分析和专题图制作等功能模块组成。③

曲建华、王化雨等提出一种基于 Internet 的旅游散客管理 C/S 结构并给出了实现此旅游散客管理系统的方法。所采用的关键技术是面向对象的网络编程工具 Java、数据库连接技术 JDBC 和 Java 提供的使用 TCP/IP 协议的 Socket 类。该系统具有跨越异构平台、易扩展等特点，并运用此结构和实现方法成功地开发了山东唐辉国际旅行社的散客中心管理系统。④

刘琴、沙润、孙斐等人以江苏海洋旅游规划为例，探讨了江苏海洋规划信息系统的组成和结构，并进行了该系统的设计研究。该系统主要包括基础资料子系

① 严寒冰,刘迎春.基于 GIS 的旅游导游服务系统设计 [J].浙江工程学院学报,2000(3)：29-33.

② 王永燕,孙雪松,康健,蒋桂霞.基于 GIS 的旅游景区信息系统研究 [J].济南大学学报（自然科学版）,2002(3)：271-273.

③ 李君轶,马耀峰.基于 GIS 的区域旅游规划与管理信息系统设计 [J].陕西师范大学学报（自然科学版）,2002(2)：115-120.

④ 曲建华,王化雨,孟强.基于 Internet 的旅游散客管理系统 [J].计算机应用研究,2002(4)：122-124.

统、现状分析子系统、旅游产品设计子系统和环境建设子系统等。其中基础资料子系统的核心是建立规划信息数据库，也是实现数字旅游规划战略的基础；现状分析子系统是在掌握了大量基础资料的前提下，分析旅游区的旅游发展现状，重点进行旅游资源的评价、市场分析与预测；旅游产品设计子系统是根据现状分析得出的数据，进行旅游产品的设计，主要是进行景区功能分区、决定在各功能区实施的旅游项目、旅游路线布局以及旅游服务设施的配置等；环境建设支持子系统主要突出考虑旅游区的生态环境效益，运用生态指标，结合景观生态学的有关理论，对景区的发展做出综合评价。①

专家咨询系统可以为旅游者以及旅行社、其他有关部门提供全面、丰富、形象、生动的旅游信息，并在此基础上提供旅游专家咨询，使旅游者和其他需要者能够依此制定科学合理的旅游线路和旅游日程安排，使他们能够以较少的时间和经济支出获得较大的旅游收益；充分调配旅游设施资源，合理疏导游客，有效地促进我国旅游业的发展。该系统主要包括四个部分：旅游信息库、游客个人旅游计划制订系统，旅游专家咨询系统和制作个人纪念性光盘程序等。

周春林、石高俊等在《面向游客的旅游信息系统研究》②一文中，在讨论旅游信息与旅游决策、旅游消费关系的基础上，对游客关心的旅游信息进行分类，提出基于游客的旅游信息系统功能结构和基于因特网的旅游信息系统方案，指出目前构建旅游信息系统有待研究和解决的三个基本问题：旅游业中信息流的多层分流及断裂状况比较严峻；旅游信息产业的投入不足，游客行为及市场特征之间的关系进行准确界定比较困难。

李超勤、王铮、邱报等在中国国家级旅游风景区基于 GIS 系统的研究，并在此基础上与 GIS 相结合，建立了中国国家级旅游风景区分析决策系统。通过该系统可以对我国国家级旅游风景区进行查询、统计及各省会城市、地级市之间的市场域、旅游域分析，并提供景点与城市之间的最短路径计算以及各风景区的图文资料。③

① 刘琴，沙润，孙斐. 旅游规划信息系统的研建 [J]. 地理学与国土研究,2002(3)：30-33.
② 周春林，石高俊. 面向游客的旅游信息系统研究 [J]. 地域研究与开发,1999(3)：77-79.
③ 李超勤,王铮,邱报,等.中国国家级旅游风景区基于 GIS 系统的研究[J].测绘科学,2001(2)：35-39.

第五章　旅游部门管理

承担旅游业务经营活动的旅游企业主要是旅行社、旅游宾馆和餐馆、旅游交通公司及旅游服务公司、友谊商店、外汇商店等，其中最主要的是旅行社、旅游饭店和旅游交通公司。旅游部门管理是旅游业管理中的一个重要内容。

第一节　旅行社管理

一、旅行社的职责和功能

旅行社是把旅游者的需求和供应衔接起来的纽带和桥梁。它的任务是组织客源、组织服务。在整个旅游业中，旅行社是沟通内外联系的总渠道。

旅行社是依法设立并具有法人资格，从事招徕、接待旅行者，组织旅游活动，实行独立核算的企业。

（一）旅行社的基本职责

第一，根据国家法律、法规和旅游业的方针、政策，同有关经营单位签订合同或协议，经营旅游业务。通过签订经济合同，把同有关单位的经济联系稳定化。

第二，根据旅游点、交通条件、旅游市场、旅游时间等因素设计旅游路线，进行招徕活动。

第三，按照旅游者选定的路线，安排食宿、交通、游览活动。

第四，为旅游者配备必要的翻译、导游人员。

第五，经营同旅游有关的委托代办业务。代办服务的内容包括提供翻译导游，代订房间、汽车，车站码头抵离接送，代订各种车船机票和文娱票据，行李包装托运等。

（二）旅行社的功能

第一，旅行社具有设计组合职能。旅游交通、旅馆等部门的产品只能是一些中间产品，必须由旅行社这个"加工厂"根据旅游业各个组成部分的产品进行设计、组合，制订整体的旅游计划，落实路线、交通工具、食宿、游览节目等一系列服务。这些工作相当于一项项系统工程、一个个设计项目，只有旅行社加工设计的产品，才是最终的旅游产品，才能在市场上进行交换。

第二，旅行社具有组织协调职能。旅游业的各个组成部分，并不由旅行社管辖。旅游产品出售给旅游者之后，要使旅游者旅途顺利，按计划行事，就要依靠旅行社来发挥组织协调作用。如旅游者在旅途中的交通、到目的地后的住宿等，这中间的衔接，甚至意外发生的问题，都由旅行社去解决。旅行社的这种组织协调作用，是发展旅游事业不可缺少的。

第三，旅行社具有经济利益的分配职能。旅游者虽然在旅游过程中要接触到众多的经济部门，但旅游者是把全部费用作为购买综合旅游产品一次付给旅行社的。这样旅行社便具有经济利益的分配职能。虽然旅行社并不能单方面决定分配，但由于它直接与旅游市场联系，因此它在分配中起着举足轻重的作用。分配表现在两方面，一是旅行社和旅游业其他组成部分的分配。二是旅游事业各级机构的分配。这两大方面的分配都包括了使用价值和价值的分配。一方面，旅行社要根据旅游者的需求，把他们安排到合适的地方，住什么饭店、吃什么餐食、在当地游览几个点，都要进行分配。如果分配不当，旅游者和接待部门双方都会有意见。另一方面，旅行社要把总收入合理分配。因此，旅行社既要与旅游业各组成部分订立合理分配的经济合同，又要把市场上的各种信息和变化及时传递给它们，使合理分配有据可循，适应市场需要，又能使各自获得理想的收益。

第四，旅行社有向旅游业提供信息的职能。旅行社通过销售和服务，能全面了解旅游者的爱好、要求及意见，这些信息提供给其他旅游部门，对它们的生产和服务能起到监督和指导的作用。

第五，旅行社有销售旅游产品的职能。旅游产品的非物质性和不可运输性，决定了旅游者在购买产品和使用产品之间表现为时间和空间的同时脱节。这就需要有一个专门的职能机构，向旅游者介绍旅游点的交通路线、车船时刻、食宿安排、费用预算，以及其他应注意的事项等。同时，这个机构还要将旅游业中各个部分的旅游产品综合汇集起来，向旅游者推销出售，这个机构就是旅行社。旅行社沟通了销售渠道，使旅游者方便、可靠、舒适地进行旅游，也使旅游业经济收益大大增加。旅行社的销售职能对旅游业和旅游者都有利。

二、旅行社管理的重要性

（一）旅行社管理是保证旅游业取得经济效益的重要手段

旅行社是相对独立的经济企业，提供的特殊商品是"服务"，以劳动收入弥补劳动支出，获得经济效益，是旅行社经营活动的基本出发点。一方面，旅行社管理是企业目标得以实现的重要手段。通过合理组织旅行社内部人流、物流、财流、时间流、信息流的运行，合理地配备生产力，力争在减少消耗的基础上，取得最佳的经济效果。另一方面，旅行社管理是保证旅游业取得经济效益的重要手段。通过旅行社安排旅游路线、旅游时间等业务活动，协调旅游业务经营活动的区域性和季节性，尽可能使热点、温点和冷点有机地结合起来，尽可能缩小旅游淡季和旅游旺季的差距，在满足旅游者需要的前提下，使整个旅游业获得较高的、较均衡的经济效益。

（二）旅行社管理是合理配置旅游资源的重要环节

旅游者的需求是食、住、行、游、购等组成的综合性的需求，为了满足旅游者的这种需求，旅游业必须组成一个综合性的旅游服务系统，为旅游者提供旅游饮食、住宿、交通、文化娱乐、参观游览点、旅游纪念品及其他日用商品的生产和销售等综合性服务。旅行社是提供综合性服务，合理配置旅游资源的中心环节。通过旅行社的组织与安排，使旅游与饭店、民航、汽车公司建立密切的联系。旅行社本身的宣传与接待两项业务也会对旅游者消费倾向的选择产生影响，有一定的消费引导作用。因此，旅行社管理得好，能够促进国家、地区相关行业的发展；反之，也会对相关行业的发展产生不利的影响。

（三）旅行社管理是积极参与市场竞争的需要

旅行社业务有国内、国际两个市场，旅行社的业务经营活动必须正确协调好两者之间的关系，积极参与国内、国际两个市场的竞争。从旅行社同国际旅游市场的联系来看，体现在它的业务经营的方针、策略，必须适应国际市场的要求和发展趋势。在招徕客源、组织接待和提供服务的过程中，在质量标准、价格水平方面都要考虑国际市场竞争的能力。国际竞争是我国旅游业同各国旅游业在价值规律作用下展开的竞争，实质是改变世界旅游消费的总支出在各个国家之间的分配。从旅行社同国内旅游市场的关系来看，国内旅游正随着国民经济的发展和人民生活水平的提高而迅速地发展着。旅行社的业务经营活动，必须根据国内旅游市场不断增长的需求，扩大接待能力，满足不同层次的国内旅游者的需要。国内各旅游业之间的竞争将使各地、各企业扬长避短、发挥优势，进一步挖掘内部潜力，改善经营管理，提高服务质量，更好地满足旅游者的需要，增加经济效益。各旅行社要使自己在国内国际旅游市场的竞争中立于不败之地，必须加强管理。

旅行社管理也是联系国内外旅游者的窗口。旅行社的业务经营活动，对国际旅游者而言，是在开展人民外交，通过旅行游览活动，了解我国社会主义制度及社会主义建设的实际情况，它关系到国家的政治声誉和国际威望。旅行社的业务活动，对国内旅游者而言，则是能不能满足人民消费需要的问题。旅行社既然是连接旅游产品和旅游消费品之间的桥梁，那么旅行社的管理在旅游者的心目中将会留下深刻的印象。

三、旅行社管理的内容

（一）旅行社的接待管理

旅行社接待工作的主要任务有：

①根据旅行团的要求，具体安排落实旅游者的食、宿、行等活动项目，同饭店、民航等部门取得联系，进行协商，保证接待工作落实。

②负责处理在旅游实际接待工作中发生的各种问题。

③旅游团接待后的总结工作。

旅行社的接待管理工作，要抓好计划、途程安排、日程安排和工作分派这四个环节。

计划。旅行社的计划应建立在对销售预测的基础上，充分了解旅游者的需求及变化，在此基础上，制订中长期计划、新旅游产品开发计划，搞好年度接待能力的平衡、客源与接待能力的平衡，搞好淡旺季进度计划，搞好具体接待计划。

途程安排。旅游途程的安排，要考虑到不同旅游团的特点和不同旅游者的消费需求，也要讲经济效益。要搞好产品设计，突出主题，特色分明。区域旅游产品的设计和专题旅游产品设计，是解决长线旅游的好办法。

日程安排。日程安排要做到张弛相间，有高潮，也有休息、购物的兴趣和余地。在城市之间的时间前后衔接中，有航班选择、住离饭店的时间差等因素，因而也要做出最佳时间组合，注意时间安排上的弹性或制订出各种替代性选择措施，以保证旅游者准时抵离旅游地，满意而归。

工作分派。在旅行团到来之前，做好各项接待准备工作，包括同饭店、航空公司取得联系，配备适当语种的翻译导游等。

（二）旅行社的外联管理

外联工作的任务是：

①负责对外宣传。

②负责同国外旅游中间商进行业务洽谈和具体业务往来工作。

旅行社的外联管理工作，要抓好产品、价格、分销途径决策、拓销四个环节。

旅游产品。旅行社应认真做好确定旅游产品特色、种类及其改善方向的工作，形成较完整的服务系统，安排旅游线路和游览项目等。

旅游产品价格。旅游产品价格的制定，除了取决于旅游市场上供给和需求的关系以及竞争的状况之外，还要体现旅游资源对旅游者吸引力的程度、旅游设施的数量和质量、旅游服务人员所提供服务的质量等因素的影响。旅行社在进行对外销售时，要按有关旅游经营单位通报的价格加规定的毛利，制定本单位对外销售价格，报国家旅游管理部门和物价管理部门备案。

分销途径决策。必须针对不同地区与不同阶层游客的特点选择分销途径。在国际旅游方面，我国现行的旅游路线产品，多通过一个或多个国外旅游商到达国外旅游消费者手里。一般来说，在旅游输出国，可采取广销政策，将其产品广泛销售给众多的批发商与零售商。在开拓时期，可采取选择性分销，只选择一些具有潜力或能力不错的批发商或零售商来分销本社产品。

拓销。拓销的主要作用在于采取各种宣传手段，将旅游产品消息传递给旅游消费者。

（三）旅行社导游翻译管理

旅行社备有职业导游，职业导游一般分为全程导游员和地方导游员。全程导游员侧重于旅游团旅行全程的组织管理工作，地方导游员则侧重一地的导游讲解工作。导游翻译处于第一线，带团沿固定路线旅行，具有较大的独立性和自主权。导游的热情服务，能够弥补其他旅游设施的不足。导游代表着旅行社的服务水准和国家的整体形象，是旅行社重要的人力资源。因此，要加强对导游翻译的管理工作，搞好思想、语言、知识、技巧方面的培训，发挥导游翻译的积极性，反对行业不正之风。

（四）旅行社的设备管理

旅行社同饭店相比，其特点是固定资产较少，属信息密集型企业，其设备主要同通信有关，如电话、电传打字设备、计算机房、机票、文娱票务预定存储系统和文件资料信息存档等。

加强旅行社的设备管理，应保证线路畅通无阻，采用先进有效的计算机软件程序，注意新的通信设备对于旅行社业务发展的影响。

（五）旅行社的财务管理

旅行社的财务管理主要负三项责任：适时筹集与提供旅行社运营所需之资金；保证旅行社资金之安全；合理利用资金以获得利润。

（六）旅行社的信息管理

旅行社本身是信息中心，信息管理关系到旅行社发展的成败。旅行社要运用计算机等现代化信息工具，收集和管理好本旅行社历年的组团情况、经营好坏的记录以及其他最基本的业务资料；同行业的竞争状况和发展信息；同旅行社业务直接有关的信息或有间接影响的社会、经济、政治、文化、科技等信息；旅游者的需求信息等。

四、旅行社管理的方法

（一）旅行社要与各旅游地区、旅游景点、旅游交通、旅游饭店等密切配合，相互协调，形成旅游资源的综合供给能力

旅行社系统内部，各旅行社之间也要相互沟通信息，形成有分工又有协作、有竞争又有秩序的环境。国家通过价格、税收等各种杠杆，发挥市场调节的作用，给地方企业部分外联自主权，使各地旅行社能够根据市场变化，因地制宜地提供具有地方特色的、满足旅游者需要的旅游商品。这样，在建立社会主义市场经济

的过程中，既给旅行社管理一定的外部制约条件，又给旅行社管理较大的发挥自主权的余地，有利于旅行社的发展。

（二）从健全原始材料（记录）入手，运用系统论，指导旅游业务的日常管理

旅游业务是在相互作用、相互依赖、相互递承的许多环节中进行的。任何一个环节的偏差，都会造成全局性的变动。作为管理者，对每一个环节既不能轻视、放松，又不能事必躬亲。这就要建立、健全各种原始材料（记录），对人的才能、出勤、实绩等，对旅游过程的计划、核价、上柜、售票、出车、食宿、游览等，对时间的本月、上月、去年同期等，对各个游览点等，都要做到有材料、有数字，才能从旅游的全过程，从旅行社的全局去规定、检查、考查每个环节的职能以及实施完成的情况，才能实施科学的管理。

（三）要有容人之量、授权之术

所谓容人之量，主要指容人之"缺点""不足"，容人不同意见，这一点对旅行社的管理者来说有特别的意义。因为旅游过程是在千里之外，事事均需及时处理，而不能采取由经理独揽一切的管理方式。所谓授权之术，是指经理"因事""视能"把一定的权力和责任授予副经理和其他下属，使他们在自己的指挥监督下，有处理大量日常事务的自主权。这样既可增强下属的工作责任心，又可把自己从大量烦琐的事务中解脱出来，还可弥补管理者自身的不足。

（四）运用现代化的手段

作为旅行社的管理者，应学会运用现代化手段，管理和指导业务的正常开展。首先是运用现代化的通信设施，使瞬息多变的旅游业务情况清楚、信息及时。其次是报刊、电台、电视台的宣传广告作用。再次是电脑技术在信息的计算、储存、处理等方面的运用。最后还要注意发挥法律顾问、银行信贷等方面的作用。

五、旅行社的组织机构及其职责

（一）机构的设置

一般说来，一个单位或一个部门的机构设置，与当地政治、经济及社会制度大体保持同步。但为了进行业务上的联系，同一系统的单位或部门的机构设置又较相似。旅行社内部机构的设置，不外乎"一室三部门"，即经理室和接待、管理、

后勤部门。在接待部门中，有的旅行社具体分为接待科、联络科、服务科；管理部门分为财务科、宣传科、人事科；后勤部门主要是行政科等。有些旅行社同时经营国内外旅游业务，在接待部门中又分为国内部和国外部。

（二）机构的职能

1.经理室

经理室由正副经理和若干工作人员组成。经理主持旅行社的日常工作，有关工作人员对经理负责，协助经理工作。

2.接待部门

这里指的是与接待工作发生直接联系的具体业务部门。

（1）接待科

接待科以导游为主体组成。从事国际旅游业务的旅行社，还根据不同的国家（地区）或不同的语言分成若干组。接待科的主要工作是，科主管人员负责安排导游的接待任务；导游根据接待计划的具体内容，迎送旅游者和为旅游者提供导游中的生活服务和讲解服务。

（2）联络科

根据旅游业的特点，联络科一般分为两部分。一部分对外进行联系工作，即广开客源，招徕和组织旅行团（者），进行旅游业务的接洽工作；另一部分则负责参观游览节目的联系和食、住、行等部分旅行生活的安排。

（3）服务科

这里的服务，指的是导游中的生活服务和讲解服务以外的服务内容。例如，运送旅游者的行李，代办托运旅游者的大件物品，办理旅游者交通工具的票据和文娱活动的票据，等等。

3.管理部门

这里的管理职能具有两重意义：一是对企业内部进行经营活动的管理，二是对旅游接待业务开展的管理。

（1）财务科

财务科是旅行社内部的经济管理部门。它在企业经济方面起着监督作用，保证和促使企业在开源节流、提高经济效益、发展旅游接待业务方面取得积极的经济效果。

（2）宣传科

宣传科的主要工作就是根据当地旅游业的特色，编写导游资料，制作旅游风光的电视录像片、影片和幻灯片，印制导游图，组织新闻界对当地旅游情况进行报道，等等。

（3）人事科

人事科是主管旅行社内人事工作的机构，它的主要工作内容是：根据旅游业务的发展，招聘和录用有关工作人员，负责对在职工作人员进行必要的职业教育和业务考核，以提高旅游接待队伍的素质。

（4）后勤部门

后勤部门主要是行政科。行政科的职能一是负责旅行社内部人员的生活管理，二是负责旅游接待工作中服务设备的添置和管理。此外，还兼管导游资料的进出库和保管工作。

第二节　旅游饭店管理

旅游饭店主要为旅游者提供住宿和饮食的服务，以满足旅游者的生活需要。旅游饭店是旅游业赖以生存的重要支柱之一，是旅游者外出旅游活动的基本保证，旅游者在饭店的时间一般要占整个时间的一半左右。旅游饭店也是旅游业获取利润、赚取外汇的重要部门。

一、旅游饭店的特点

（一）旅游饭店是服务性企业

从旅游饭店生产的主体来看，是以提供劳务产品为主。

从旅游饭店生产的手段来看，是凭借服务设施和职工的手工服务技能，为客人提供服务。

从数量上看，顾客花一笔钱买到的不是一定数量的某种商品，而是数量不同的服务。

从质量上看，不像物质产品的质量有目共睹，而是旅客自身的感受。到旅馆食宿，虽然被接待，遇到的服务人员可能热情主动，嘘寒问暖；也可能是不理不眯，冷若冰霜。

旅游饭店的这种特点，给旅游饭店的劳务数量和质量的测定带来了困难，在管理中应注重旅馆劳务标准化、工艺化和定量化的研究。

（二）旅游饭店提供的服务项目是丰富多彩的

旅游饭店接待的客人经济条件一般比较好，生活习惯和对服务的要求比较高，要求服务项目方便周到、娱乐项目丰富多彩。因此，现代大型旅游饭店提出为旅客提供"全面的服务"，服务项目包括旅行社办事处、汽车队、邮电所、银行办事处、商店、医药服务、美容室、问询处等。其业务范围之广、服务门类之多，简直是一个小型社会。因此，要依靠全体职工的努力，各个项目、各个部门间的密切合作，使旅游者在游览和路途交通之外的大量生活时间里感到愉快。

（三）旅游饭店造价高，资金周转速度快

旅游饭店的价值构成中，尤以固定资产所占比例较大，但其客流量大，大部分劳务几乎没有生产过程，因而货币回收快，资金的周转也快。即便是像餐厅有一定加工过程，但餐食的加工过程要比工业产品生产周期短得多，库存也比一般商品要少得多。由于旅游饭店是创汇的企业，不能按一般行政性的楼堂馆所对待，这就要在政策上根据具体情况区别对待。一方面要从宏观上从严控制，防止盲目建设。另一方面要对确有需要的旅游城市，允许建设必要的中低档饭店。

（四）旅游饭店劳务的提供有季节性、时间性

旅游有旺季淡季，旅游饭店也有旺季和淡季，虽然旅游饭店本身可以在淡季通过一些优惠措施来吸引旅游者，但淡季总还是存在的。而且，旅游饭店还有时间性，饭店最重要的劳务是客房和餐厅。客房不能库存，当天售不出去，就失去了当天价值回收的机会，即使第二天宾客满房，也不可能加倍回收前一天的价值。餐厅也是如此，除原材料可以适当库存外，餐厅的费用（空调、折旧等）不论客人多少，都需照常支付。因此，旅游饭店经营中要针对这一特点，采取有效措施提高经济效益，合理组织饭店的人力、物力和财力。

二、旅游饭店管理的重要性

（一）旅游饭店管理是发展旅游业的必要条件

旅游饭店管理就是科学地计划和组织接待服务过程，合理地配备劳动者，正

确配置服务场所、设施，齐备地供应物资，使饭店接待能力的各要素结合起来。旅游饭店同旅行社、旅游交通一起构成了发展旅游业的三大支柱，是为旅游者提供住宿、饮食、游乐、购物及其他服务的场所。在欧美等发达国家，已出现了国际旅游业和饭店服务业一体化的趋势，不少欧美国家的旅游业大王也是饭店业大王。因此，旅游饭店管理是组织客源、搞好旅游业接待服务活动的重要环节，是实现旅游业规划目标和取得经济效益的关键，也是旅游业服务质量的集中体现。随着国际国内旅游业的发展，旅游者对旅游饭店服务的要求也逐渐提高，只有加强旅游饭店管理才能满足游客不断增长的消费需要。

（二）旅游饭店管理是市场竞争的必然产物

市场经济是竞争的经济，优者胜，劣者败。旅游饭店在市场经济中不能回避竞争机制的制约和影响。20 世纪 80 年代初以来，各旅游大国纷纷投入巨资建设饭店，提高饭店的星级，增强自身的竞争能力。饭店有硬件系统和软件系统。硬件系统包括通信、银行、交通、设备、居住、饮食、医疗、娱乐、保卫等；软件系统主要是人的精神面貌、服务质量等。无论是硬件还是软件，都需要通过旅游饭店科学化、现代化的管理发挥作用。倘若管理跟不上，硬件也会白白浪费。因此，提高旅游饭店管理水平，是增强市场竞争力的重要保证。旅游饭店业的管理本身是一门科学，要以科学的态度培养合格的管理人才，学习先进的管理经验，采取专业化集团化管理，为跨出国门、走向世界、参与同海外饭店管理集团的竞争做准备。

（三）旅游饭店管理是提高旅游业经济效益和服务水平的迫切需要

旅游业的经济效益是旅游经济活动中劳动消耗、劳动占用和劳动所得的比较。劳动消耗包括劳动的消耗与物化劳动的消耗，即人力、物资和资金的消耗。劳动所得是指能接待多少旅游者，取得多少盈利和外汇。提高旅游业的经济效益是以尽可能少的劳动消耗和劳动占用，尽可能多地吸引和接待旅游者，并尽可能充分地满足旅游者的需要，取得尽可能多的盈利及外汇。这就需通过充分合理利用旅游资源和服务设施，提高服务质量，以及旅游交通、旅游景点、旅游饭店等各方面的协作配合，实现经济效益的提高。而旅游饭店管理的好坏，直接影响到旅游业的经济效益。三分建设，七分管理，服务水平甚至比硬件建设还重要，旅游饭店管理搞好了，客源充分，旅客逗留时间延长，住房率上升，饭店的设施得到充分利用，旅游饭店以及整个旅游业的经济效益和服务水平才能提高。

三、旅游饭店管理的内容

（一）前厅管理

前厅是旅游饭店的重要组成部分，是旅游饭店经营管理的第一个环节。前厅一般有总服务台，由总服务台办公室调度和指挥整个饭店的业务经营活动。前厅办公室设有情报资料处、客房预订处、电话总机、前厅总出纳和前厅经理办公室。前厅经理通过这些业务机构，组织和销售饭店产品，组织接待工作，传递各种信息，联络和协调饭店各部门对客人的组织工作，从而对整个饭店的业务经营活动起调度和指挥的作用。

（二）客房管理

客房是饭店的基本设施和重要组成部分，是以出租和劳务方式供给宾客的投宿场所，是饭店营业收入的主要来源之一。客房部肩负着客人投宿期间的大部分服务工作。客房管理的主要任务是：遵照饭店计划编制部门计划，科学合理地组织接待服务；合理组织人力、物力、财力，确定服务质量、劳动定额、营业收入、物资消耗、成本、利润；落实各项规章制度，合理分解经济指标，认真组织职工劳动；加强和总服务台、电梯、餐厅、机务、后勤等部门的联系，协调配合；搞好接待服务管理、卫生管理、物资管理和原始记录管理。

（三）饮食管理

饮食部和客房部是旅游饭店的基本业务部门，也是旅游饭店经济收入的两大渠道。旅游饭店饮食产品的特点是：生产、销售、消费同步进行；食品和服务互为条件；时间性、季节性、地方性、针对性强；销售量受时间和场所限制；饮食部门经济收入的可变性大。饮食管理的主要任务是：搞好需求调查，创造自己的经营特色；健全各种规章制度，切实抓好厨房的食品质量和餐厅的服务质量；制订接待计划，合理组织人力，做好接待工作；加强对食品成本的控制，制定食品原料的耗用配量定额，正确计算成本，制定合理的食品价格；提高烹饪技艺，努力发挥优势，减少消耗，降低成本，扩大客源，增加收入。

（四）综合服务设施管理

旅游饭店综合服务设施是指食宿以外满足宾客文娱、体育、购物、社交、消遣等各种需求的服务设施，综合服务设施的经营特点是：经营时间多样；经营方式灵活；经营过程协作服务对象随机性大。综合服务设施管理的任务是：确定目标市场，适应人的需求变化，提高设施的利用率，产生良好的经济效益和社会效益。

（五）设备管理

旅游饭店的设备包括建筑物、管道、装置、机器、锅炉、车辆等。设备管理的任务是：管好、用好各种设备，使它们处于良好的状态，保证饭店业务经营活动的进行，同时做好现有设备的技术革新。

（六）物资管理

旅游饭店的物资管理，就是对饭店业务经营活动所需要的各种供应用品、家具用品、食品原料、材料、物料用品和工具等物资资料的采购、储备、使用所进行的一系列组织和管理工作。

（七）劳动管理

旅游饭店劳动管理的主要任务是：正确地组织和处理饭店内部劳动者之间、劳动者与劳动手段之间、劳动者与劳动对象之间的关系，使之最经济、最合理、最有效地结合起来，以最少的劳动消耗生产出更多的饭店产品，取得最佳的经济效益。同时，在生产不断增长的基础上，提高职工的科学文化和技术技能水平，改善职工的生活福利和劳动条件。

（八）财务管理

饭店财务管理的任务是：对饭店的财务活动及由财务活动而产生的与各方面的经济关系，进行计划、组织、指挥、监督和调节，不断提高资金运用技能，保证业务经营对资金的合理需要；加强经济核算，改善经营管理，降低费用水平，提高饭店经营的经济效果。

四、旅游饭店管理的方法

（一）旅游饭店的定量管理

旅游饭店在长期的经营实践中，积累了一些定量指标，对于在管理中确定房价、核定人员编制等有一定参考意义。

千分之一规律，即房价为投资的千分之一。如一家有 1000 间客房的旅馆，造价 5000 万元，平均每间客房造价 5 万元，则每间客房每天房价为 50 元。千分之一规律用简洁统一的价值尺度来表述旅游饭店水平和房价的关系，也反映了一种供求平衡的关系。对旅游者来说，是可以接受的价格，既符合他的支付能力，又能满足他的食宿需求；对旅游饭店来说，也是它可以采用的价格，既反映了旅游饭店的等级，也表示投资者可以在一定时期内收回投资。

旅游饭店全部建筑面积中至少有 50% 是客房部分，其余是公共活动场地和服务场地。从价值来看，公共活动场地和服务场地约占造价的 60%~65%。这部分面积的扩大，从一个侧面说明了旅游饭店多功能的特性。

旅游饭店工作人员和客房数成一定比例。最低比例可低于 0.5 人 / 客房。一般来说，旅游饭店的等级越高，则每间客房需要的职工也越多。

土地价格不应超过全部建筑造价的 10%。在地价高的地方就必须提高建筑层次，以此来降低每间客房的平均造价。如地价超过 10%，旅游饭店不能靠降低旅游饭店服务设施水平来控制造价，否则，服务低下，缺少客源，旅游饭店投资就难以回收。

住房率是决定旅游饭店经济效益的关键。它是反映旅游饭店客房利用程度的指标。住房率是实际被旅客利用的客房数和旅游饭店可提供的客房数的比值，它可用下式来表示：

$$月住房率 = \frac{旅客本月实际用床位数}{旅游饭店可提供的床位数} \times 100\%$$

或

$$= \frac{每位旅客逗留天数总和}{旅游饭店可提供的床位数 \times 本月天数} \times 100\%$$

住房率越高，表明客人越多，旅馆收入必然越大。

单人客房的面积至少应为 8.4~10.2 平方米，双人单床客房的面积至少为 12~14 平方米，双人床客房的面积至少应为 15~17 平方米，若客房设施相同，而面积不同，则不同房价的面积差至少应为 2 平方米。

（二）旅游饭店的科学管理

第一，树立以热情主动为主题的服务人员整体形象。首先，要严格选用领班和服务人员。他们是饭店提供优质、最佳服务的最基本要素，也是与客人接触产生第一印象的饭店代表和象征。尤其是前台服务员,都必须选用外向型性格的人,他们热情、好客、勤劳、相助、笑容可掬,会使客人有"宾至如归"之感。其次,凡是饭店提供的一切服务必须强调"见物必见人"的服务方式。如见到客人想出门,服务员马上为客人按好电梯;客人朋友来访,服务员主动为客人斟上茶水。再次,饭店要十分注重内装修,给人以洁净、高雅的感觉。同时,饭店要宁静、安全,给人以"安全感"。最后,服务人员的着装要鲜艳、大方、吸引人,同时有节日气氛。饭店周围的绿化,室内的盆景,都会起到暖人、迎客的作用。

第二,树立为客人着想、急客人所急的精神风貌。服务动作要快速敏捷;服务程序要准确无误;服务态度要和蔼可亲;对顾客的服务要求和投诉问题及时采取服务行动,以表示时刻关心顾客。首先,建立各部门组织机构的协调网和四级管理体制。饭店内部各部门应该像一部齿轮组,紧紧连在一起,形成一条龙服务系统。四级管理体制,即总经理和饭店最高领导机构、部门经理、领班、服务员各司其职,各尽其责。四级管理体制是垂直领导、层层负责的具体体现。它要求每人只有一位领导,只向一位领导请示、汇报工作,这是各类饭店的组织管理,也是向国内、国际游客提供快速度敏捷服务的组织保证。其次,建立以岗位责任制为核心的管理制度。岗位责任制能使饭店的一切服务规格化、标准化、程序化、条文化、制度化。每项服务工作都按一定程序、一定标准去做,使服务员、领班、部门经理、总经理都有规格、标准可循,有条文可查。并且要落实和检查岗位责任制,做到领班和部门经理都要在一线服务岗位上,建立客人评论服务标准制度。最后,健全和设立"营业日报表"制度。营业日报表不仅要反映当日的营业情况、客源类别及需求,同时还要反映出本日营业情况与上月、去年同月同天营业情况的比较,便于经理分析、查实今日营业额上升或下降的原因。

第三,保证各项服务"物有所值"。由于旅游者要以他们的旅行花费,即饭店提供的有形设备和无形服务这种特殊商品价格所能产生的旅行经历来鉴别他们的旅行价值,因此饭店必须保证向旅游者提供最佳服务。

(三)旅游饭店的组织机构及其职责

饭店管理有着前台管理和后台管理之分,所谓饭店的前台管理,狭义地讲,是指饭店总服务台的管理;广义地讲,则是在饭店第一线上直接与旅客相接触的一些工作部门的管理。饭店的后台管理是指饭店内不直接与旅客相接触的工作部门的管理。

饭店的机构设置与人员配备是实行有效的后台管理的前提条件。饭店的机构设置并无统一的模式，不同等级、不同性质的饭店，它的组织结构有所差异。一般国内中高级饭店实行经理分工负责制。在经理室下设若干职能部门，各职能部门下属若干部门或班组，分别执行职能部门所承担的各项具体任务和工作。

饭店各职能部门是平级的，互相的业务联系由总经理和副总经理负责协调，避免相互扯皮，以提高工作效率。

1. 各级经理的设置及职责

国内的中高级饭店一般是总经理负责制。各级经理人员的设置自上而下是：总经理，对整个饭店负全面责任；副总经理，协助总经理工作。当总经理不在饭店时，由副总经理全面负责。

总经理下设经理办公室，处理总经理的日常事务，由办公室主任主持并负责。

各职能部门的部门经理，是总经理的助手，在总经理的直接领导下进行工作，分管各职能部门。

2. 职能部门及其职责

（1）人事部

该部负责饭店的招聘、店内职工的医疗保健、饭店内客人的安全保卫，及全体在职职工的业务培训工作等。

（2）客房部

该部是饭店利润来源的主要部门，负责旅客进入饭店后住入客房的全部服务工作。

（3）营业部

该部犹如整个饭店的咽喉，负责预订房间、调配客房、问讯会客等项工作。

（4）饮食部

该部负责饭店旅客的饮食供应，直接涉及整个饭店的声誉和利润。

（5）商场部

该部主要负责为旅客提供旅游纪念品、地方手工艺品等。

（6）工程部

该部是保证饭店的水、电供应，空调暖气及各类设备维修保养工作的重要部门。

（7）财务部

该部负责整个饭店的开支、总算、收入、预算、使用信用证等收支买卖的工作。

3.旅游饭店管理的功能系统

现代饭店管理，就是指饭店管理者用现代化方法使下属把自己所管的那一部分工作做好，而不是管理者直接去做。因此，从饭店管理者个人来说，要发挥四种互相连接和缺一不可的管理作用，也可称饭店管理的四大系统，即指挥、执行、监督、反馈。例如，总经理指示花房经理，在宾客主要走道摆好鲜花，并在宾客到来的前两天，检查鲜花是否放好，在宾客离开宾馆前，请他填写"宾客意见表"。在这里，总经理是指挥者（指挥系统）、监督者（监督系统）、反馈者（反馈系统），花房经理是执行者（执行系统），接受者是宾客。在整个饭店的经营管理中，每一位管理者经常要扮演不同的管理角色。每个管理者应当认识到在什么场合下自己担任什么角色，以及如何担任好这个角色。

一般说来，在担任指挥者角色时，应该具有发现与利用机会的远大眼光，具有勇于承担风险和责任的决策能力，善于识人用人，并有进取心。

在担任执行者角色时，必须忠实坚决，善于领会领导意图，埋头苦干，任劳任怨。

在担任监督者角色时，必须公道正派、铁面无私，同时，要熟悉业务要求和作业方法与标准，及时掌握工作第一线的实际情况。

在担任反馈者角色时，要客观，敢于直言不讳，拥有真理精神，没有权力欲望，同时也需要有较强的综合分析能力。

第三节　旅游交通运输管理

一、旅游交通运输的含义和分类

（一）旅游交通运输的含义

旅游交通运输是为旅游者由定居地到目的地的往返，以及在各地区旅游往返提供服务，它同整个交通运输体系联系在一起。随着现代旅游的发展，旅游交通将在整个交通运输，特别是客运中占有越来越重要的地位。

旅游交通运输与一般的民间交通和货运交通的区别在于：旅游交通要求各种交通工具的可载游客的总量，与往返旅游目的地的总人数相适应，或客运总量可略大于游客总量；旅游交通工具的乘坐等级与旅游者的需求相适应；旅游交通运行的方向和游客的流向和流量相适应。

（二）旅游交通运输的类别

旅游交通可分为铁路、公路、水路、航空、城市交通和特种旅游交通等基本类型。各类旅游交通各有优势。

铁路旅游交通具有运输量大、运费低、行驶速度快、连续性强，受季节气候等自然条件的制约性小等优点。

公路旅游交通的优点是：灵活性较大，速度快，能深入到旅游点的内部，实现"从门到门"的运送；对自然条件适应性强，一般道路都可以行驶；能随时停留，可以任意选择旅游地点，把旅游活动从点扩大到面；公路旅游交通路线建设投资少，占地少，施工期短，见效快。

水运旅游交通包括内河航运、沿海航运和远洋航运。其优点是运量大；耗能低；投资少，耗材少，占地少；从旅游角度说，美景集于水边，船驶水中缓缓而行，犹如置身画面之中，这种舒适而又充满诗情画意的良好旅游条件，是其他旅游交通条件难以比拟的。

航空旅游交通的特点是：航线两地之间的线路最短，运行速度快。

城郊旅游交通按其职能可分为城市对外旅游交通和城市内部旅游交通。城郊旅游交通的特点是构成复杂，方向多，变化大。城市内部交通工具种类多、密度大、运行时间长，线路形成不同网络，平面上划分快慢车道，立面上修建立体交叉桥。因此，要结合自然景观、名胜古迹、建筑艺术、城市绿化等方面的要求，建成优美、清晰、便捷的交通网。

特种旅游交通包括汽车、火车等常规交通工具，缆车，索道，轿子等。

各类旅游交通各具优劣，在规划和建设中，必须注意全面发展，因地制宜和综合利用，合理分工，充分发挥各自优势，以建成综合运输网，形成综合运输能力。

二、旅游交通运输管理的重要性

（一）搞好旅游交通运输管理是实现旅游供需双方利益的先决条件

从旅游者来看，他同旅游目的地总是处在不同的地理位置，必须通过种种不同的运送方式，才有可能到达旅游目的地和返回原来的住处。因此，旅游交通的因素影响旅游目的地的选择。

从旅游接待地区来看，旅游交通使这一地区接待旅游者的愿望得以实现，只有旅游者到达游览地，旅游业的种种设施才能真正实现它们的使用价值和价值。旅游交通能促进旅游业的发展。有了良好方便的交通，即使是崎岖多山的游览地，旅游者也会络绎不绝。反之，若交通运输设施落后或不方便，虽有名山胜景，游客也踌躇不前。

因此，旅游产品的需求方（旅游者）和供给方（旅游接待地区）只有通过旅游交通才能衔接，加强旅游交通管理，才能使供需双方各自的利益得到满足。

（二）加强旅游交通管理可以丰富旅游形式

火车、汽车被广泛应用于旅游之后，在对旅游点的选择、旅游时间的确定和在随时可行可止等方面都有了较大的自由。随着交通技术的进步，各种不同交通工具的联合使用，也为旅游形式的发展提供了便利，因而能把众多的邻近的旅游点联系起来，成为一个旅游区域。同时，也为旅游的多样性创造了有利条件，例如，无锡市的"古运河之旅"，开辟了无锡至苏州、扬州、杭州的古运河旅行线路，并投资建造了豪华仿古龙船，雕梁画栋，龙凤呈祥，乘坐宽敞舒适的仿古龙船在古运河遨游，领略江南水乡风情，赏心悦目，流连忘返，被国内外游客称为"神奇的旅行"。

通过加强旅游交通管理，把飞机、轮船、火车、汽车等交通工具按照旅游路线有机地组织起来，不仅为旅游者提供了便利和新奇，而且使旅游产品的设计变得丰富多彩，增添吸引力。

另外，加强旅游交通管理为旅游业提供了经济收入，旅游交通费用是旅游消费的基本费用，旅游者外出旅行要乘坐各种交通运输工具，从而使交通运输部门获得经济收入，成为旅游业中获得收入的主要经济部门之一。

（三）旅游交通管理促进旅游地区的繁荣

由于旅游交通的发展，给游览地所在的城市和地区带来了繁荣。一方面，旅游交通运输的发展，要求这些城市和地区配备相应数量的飞机、汽车、火车、轮船等交通运输工具；建成车站、码头、机场、港口、高速公路等交通设施。另一方面，旅游交通的发展，也促进了该地区和外界的商品交换和物资交流，只有加强旅游交通的管理，才能促进旅游地区的繁荣更加正常、有序和持久。

三、旅游交通运输管理的内容

旅游交通运输管理，指利用一定的运载工具和设施，在约定期限内，将旅游者及其行李物品，进行空间位置转移的计划、组织、指挥和调节活动。其包括对铁路运输、公路运输、民用航空运输、内河及沿海水上运输等有关旅行游览的交通运输进行管理的活动。

目前，我国旅游交通运输的主要矛盾在于：旅游交通运力不足与旅游者的流量和流向不一致。解决这些矛盾，在旅游交通运输管理工作上，要使旅游部门和交通运输部门，尤其是与民航和铁路运输部门加强协调，联合开拓旅游交通。这种协调主要包括三方面的协调：

（1）规划协调。旅游部门和交通运输部门在制订各自的规划时，应当加强横向联系，及时沟通信息。旅游部门在计划开发新的旅游点或旅游路线以及规划接待人数时，应事先了解当地及沿途的交通状况、中近期发展规划和交通承受能力。而交通运输部门制订规划时也应考虑到旅游业的需求。

（2）动力和客流协调。旅游交通具有明显的流量季节性和流向单向性特征。因此在旅游旺季应不断完善和加强旅游和交通运输部门之间的协调会议制度，从管理上挖掘运力；另一方面，旅游部门和交通运输部门也可结合成各种联合体，共同推销淡季旅游线路和旅游产品，并实行倾斜性价格（根据季节或走向不同，采用不同价格），主动调节客流，充分利用运力。

（3）投资和分配协调。由旅游部门和交通运输部门共同投资成立"旅游包租运输公司"，包租一定数量的运输工具和旅游交通线路，独立经营，以接待有组织的旅游者为主，有多余运力也可向社会提供服务，交通运输部门和旅游部门共享利润、共担风险。

旅游交通运输管理的内容主要有以下几方面：

①旅游交通运输部门的机构设置、权限划分以及这些机构的各项管理工作。

②旅游交通运输部门与有关业务部门之间，因各自的业务活动而利用和保护旅游交通设施所引起的各项管理工作。比如，旅行社与民航部门之间的订票、预约包机等业务管理；旅游车队与石油部门、电力部门之间的业务活动。

③旅游交通运输部门因运送旅游者及其行李物品而引起的管理工作。

④旅游交通运输部门相互之间，因运输旅客或货物而实行专业化协作所引起的管理工作，比如，铁路、公路、水路的联运管理；航空运输中不同地区航空企业运输的航运管理，等等。

⑤旅游交通运输部门及其所属企业的内部管理工作。

四、旅游交通运输管理的方法

目前，公路运输是我国短途旅游交通运输的主力，旅游汽车是旅游业的主要组成部分。各地旅游部门一般都设有旅游汽车公司。旅游汽车公司的管理，是旅游交通运输管理的重要内容。

旅游汽车公司经营管理的目标，概括起来就是：安全、舒适、快捷、热情。这是旅游汽车公司提高服务声誉的主要方面，也是公司发展的命脉，应围绕这四个基本要求开展管理工作。通过人员管理、技术管理、生产管理、经营管理、组织机构的建设，促进和监督驾驶员提供优质服务，创造高效益，保障公司协调配合的运转。

（一）严格地选择司机，提高司机和旅游汽车公司人员的素质

旅游汽车司机不仅要娴熟地驾驶汽车，而且要成为一名服务员，学会体察客人心理，提供优质服务。因此，在招收旅游汽车司机时，不仅要求具有较高的驾驶技术，而且要求思想素质好、文化程度较高、善于语言表达。在平时的接待活动中，要严格检查督促服务标准和操作规程的执行。驾驶员的服饰要大方规整，穿工作制服，佩戴工作标志，言谈要礼貌。公司管理人员要关心每个驾驶员的技术水平、性格特点、家庭关系，及时敏锐地发现问题，解决他们的后顾之忧，关心他们的生活，使他们专心工作，提高服务质量和安全系数。

（二）建立全面的技术管理和检测维修制度

为了保障机件的安全运行，每辆接受任务的车辆必须做常规的安全检查，确认合格之后，才可外出行驶。要坚持检修制度化，建立修理厂（车间）来负责检修任务。每辆车都要设立单车档案，详细记录原始数据和车况特征，便于开展技术经济分析和日常的技术管理。

（三）采用垂直领导、层层负责的管理体制

公司一般分三级，各级各有责任。总经理决定公司的发展战略、经营方针，及时处理重大问题，协调各部门之间的关系，全面掌握公司发展的现状与问题。职能科室负责管理业务计划、财务统计、人事保卫、技术安全等问题。部门负责人负责本部门工作的计划、人员调配，就有关问题向总经理提出意见和建议。班组长是基层管理人员，具体负责日常接待活动的安排、考核司机的工作。

（四）对驾驶员的劳动实绩和工作质量进行严格考核

考核包括两大部分：有形的劳动成果，包括利润指标或汽车营业公里（营业收入）指标完成实绩、燃油指标、营运成本定额完成情况。无形的劳动成果，反映驾驶员的服务质量。要结合考核结果，实行按劳分配。

（五）健全报表制度，加强信息处理工作，不断进行经济活动分析，提高经济效益

经常对公司的收入、支出、利润、资金周转、固定资产的处置进行经济分析，以及对耗油指标完成情况，车辆利用率、完好率，接待对象结构，空驶公里在总公里中的比重进行分析，帮助公司管理干部迅速掌握经营中存在的主要问题和矛盾，为决策提供基本依据，及时采取措施，扭转不利局势。同时，在竞争的环境中，旅游汽车公司必须广泛调查，密切注视外部环境，包括旅行者的需要和流动趋向，旅游线路开辟与变更，国家政策，接待活动方式的变化，同行业公司的经营方法和经验，国内旅游者的增加趋势。调查的方法可以是资料查询、设征求意见卡、接触有关部门等。在调查情况的基础上，探讨本公司发展的策略，及时调整经营结构，引入成功的科学管理方法，向旅行者提供本公司的特色服务。

第六章 文化旅游资源开发

第一节 文化旅游

一、文化旅游概述

（一）文化旅游的界定

关于"文化旅游"，学术界尚无定论。理解"文化旅游"的概念，要先从理解"文化"的概念与特性入手，只有这样，才能抓住文化旅游区别于观光旅游、都市旅游、生态旅游的根本特性。

文化的定义也有多种表述，欧美学界比较公认的文化定义是美国人类学家克罗伯和克拉克洪在 1952 年出版的《文化：概念和定义的批判回顾》一书中所提出的："文化是包括各种外显或内隐的行为模式；它通过符号的运用使人们习得及传授，并构成人类群体的显著成就，包括体现于人工制品中的成就；文化的基本核心包括由历史衍生及选择而成的传统观念，尤其是价值观念；文化体系虽可被认为是人类活动的产物，但也可被视为限制人类做进一步活动的因素。"① 由此可见，文化实质上是一个有机的系统，它由外向内包括物态文化、制度文化、行为文化、心态文化 4 个层次。其核心是沉淀于特定文化群体心理的价值导向。

文化的两个突出特性是民族性与整合性。文化的民族性是指特定文化群体的文化具有不同于其他文化群体的特性；文化的整合性是指文化系统内各层次、各要素具有内部趋同倾向，他们共同趋向并体现同一文化内核。文化的民族性使特定民族的人们对其他民族充满了神秘感，他们渴望通过各种形式（包括旅游）来了解另一个民族的思想、行为和心理。文化的整合性又使一个民族（文化群体）

---

① 克罗伯、克拉克洪. 文化：概念和定义的批判性回顾 [M]. 于涛，译. 杭州:浙江教育出版社,1999.

的民族性（文化特性）可以通过从器物到制度到行为到思想的系列层次得到体现，从而为旅游者解读某一方文化提供可能。

"文化旅游"中的"文化"正是上述所提的"文化"。与此同时，我们还要来看一看旅游文化与一般文化相比所具有的特点。马勇、舒伯阳在《区域旅游规划：理论、方法、案例》一书中将旅游文化界定为以下内涵。

（1）旅游文化是人类过去和现在所创造的与旅游相关的物质财富和精神财富的总和。

（2）旅游文化是旅游主体、旅游客体和旅游媒体相互作用产生的物质成果和精神成果的总和。

（3）旅游文化是以一般文化的内在价值因素为依据，以旅游诸要素为依托，作用于旅游生活过程中的一种特殊文化形态。

（4）旅游文化是以广义的旅游主体为中心，以跨文化交际为媒介，在丰富多样的旅游活动中迸发出来的形式复杂的各种文化行为表现的总和。[①]

上述定义从不同角度阐释了旅游文化界定的内容及其内部因子的作用关系。因此，文化旅游是以旅游文化为消费产品，旅游者用自己的审美情趣通过艺术的审美和历史的回顾，得到全方位的精神上与文化上的享受的一种旅游活动。可以说，该定义准确精深地揭示了旅游文化的文化内涵。

综上所述，并结合文化旅游的旅游属性，我们可以这样表述"文化旅游"的具体概念，文化旅游是旅游者以观光、参与等行为为媒介，通过了解和熟悉特定文化群体（区域）的文化特性来达到增长知识和陶冶情操的目的的旅游活动。这里的"文化群体"是指在文化上具有整合关系的人群。小到一个村庄的人，大到一个国家的人，都可以称为一个文化群体。例如，唐代人可以称为一个文化群体，唐宋两代人也可以称为一个文化群体。文化群体可以从地域、时间、职业、身份等不同角度去划分。

（二）文化旅游在国内外的发展

随着旅游者需求的提高和旅游业竞争的日益激烈，发展有针对性的文化旅游项目已成为各地区旅游决策者的共识。总的来说，在西方发达国家，文化旅游的发展比较迅速，眼下正是方兴未艾之时。而在发展中国家，文化旅游才刚刚起步。

---

① 马勇、舒伯阳.区域旅游规划 理论、方法、案例 [M].天津：南开大学出版社,2001.

相比目前国内大多数地区，国外的文化旅游开发有以下特点：

1. 注意提炼和突出鲜明的文化主题

随着人们旅游需求档次的提高，主题旅游逐渐取代了传统的无主题旅游。那种让游客在互不相干的景区之间来回奔波的旅游项目，已越来越遭到人们的摒弃。现代游客要求每一次的旅游活动都要围绕一个鲜明的主题展开，这就要求旅游开发部门在景区设计规划前要有鲜明的主题理念。由于文化的民族性，文化旅游开发更要注意突出文化主题。在这一点上，新加坡的旅游开发是一个成功的案例。新加坡人口不到300万，面积仅600多平方公里，文化旅游资源并不丰富。然而，新加坡人注重开发高品位、高水平的旅游景点。这些景点很多都贯穿着特色鲜明的文化主题，如投资近7 000万新元的中国唐城。新加坡正是凭借这些独具特色的旅游项目，奠定了旅游明珠的根基。

2. 注意保存和发扬民族传统文化资源

民族传统文化是一个民族的宝库，发掘传统文化中具有代表性的文化特质，对它们加以物态化和生活化的展示，是文化旅游开发的一个重要方式。法国人在这一方面做得很出色。距巴黎150公里的卢瓦尔河谷是法国黄金旅游胜地之一，这里有一批著名的古代城堡，其中尚博宫城堡是14世纪法国国王弗朗索瓦一世的行宫，这里有一座设计独特的建筑——双道楼梯。同时经此楼梯上楼的人与下楼的人可以相互看见，但不能相遇。据说，此楼梯出自文艺复兴时期名家达·芬奇之手。因彼时王后善妒，每见国王携情人游乐，必上楼追逐厮打，国王既怜身边美人，又惧王后威猛，遂建成此梯，使情人在危急时刻可以适时逃脱。游客置身于这座城堡之中，法国文化的浪漫气息便会扑面而来。

国内发展文化旅游虽然起步较晚，但也有一些地方已卓有成就。深圳华侨城就是其中闪亮的一笔。华侨城目前已建成锦绣中华、中国民俗文化村、世界之窗、欢乐谷主题公园四个大型旅游景区。这四个景区主题突出，各具特色。四区合力，既增加了华侨城对游客的吸引力，又体现了深圳特区集内地海外于一身的特色精神。笔者认为，关键的因素在于华侨城将旅游业与文化紧密糅合在一起，其独特之处是将文化作为旅游业来经营，通过发掘和宣扬文化来综合性地发展旅游，以经营旅游的方式多方位地展示文化，赋予旅游产品以丰富的文化内涵，从而创造出具有鲜明特色的旅游文化。"

鲁迅故乡绍兴的旅游开发，也颇具启发意义。章采烈先生在《中国名人名胜特色旅游》中曾举过鲁迅故里旅游开发的例子。他写道：除了鲁迅故里、三味书屋、鲁迅纪念馆外，绍兴人又按照鲁迅著名短篇小说《孔乙己》中对咸亨酒店的描写，在鲁迅街口原是一条狭窄的土路胡同里开设了咸亨酒店，其店面布置一如鲁迅小说中的描写，可以接待游客。在离鲁迅故居仅一箭之地的鲁迅路、解放路口建成以鲁迅的名字命名的文化广场，一切大小建筑及其布局都以开掘鲁迅的文化精神为其灵魂：青石板铺就的广场中心，翠柏簇拥着鲁迅先生的铜像；一水半围广场，石坎河埠边泊着两口乌篷船，围绕广场半边的文化商场是由五幢低层建筑组成的 L 型布局群体，米庄食铺、祝福艺苑、朝花影社等店名，依稀就是当年的老店。整个广场并不太大，占地仅 5 000 平方米，但来此的旅游者无不深深浸润在鲁迅笔下的绍兴风情之中。①

二、文化旅游的特征和功能

（一）文化旅游的特征

文化旅游是以不同地区（国家）的文化互异性为诱因，以文化的碰撞与互动为过程，以文化的相互融合为结果。它具有民族性、互动性、感悟性等特征。

1. 文化旅游的民族性

文化旅游的民族性由文化的民族性（多样性）所决定。文化是一个有机的系统，具有民族性和整合性的特点，文化的民族性源于共同地域中人们的共同生活。在社会发展的早期阶段，生活在同一地域内的人在一定的自然条件下团结起来，与自然斗争，获取食物及其他生存的必要条件，共同的生存需求、劳动任务及劳动技能产生了共同的习俗、生活方式及世界观。随着社会的发展，人类由一种社会经济结构过渡到另一种社会经济结构，各个民族在这个过程中经历了不同的时期、不同的条件，从而导致不同的财产关系、法律关系及道德准则的出现。

不仅民族与民族之间的文化各具特色，在地区与地区之间、时代与时代之间、阶级（阶层）与阶级之间的文化也具有多样性，即也各具特性，所以不只在国际旅游中可以体验文化旅游，在国内区域之间进行文化旅游，也能感受到文化旅游的民族性。

---

① 章采烈 . 中国名人名胜特色旅游 [M]. 北京：对外经济贸易大学出版社 , 1996.

文化旅游的民族性主要通过旅游景区（东道社会）的文化特色和旅游者旅游心理的民族性体现出来。

（1）旅游景区的文化特色。文化旅游的东道社会正是以自己景区的文化特性为诱因，吸引游客从四面八方而来的。一般来说，为了更好地吸引游客，获得更大的经济效益和社会效益，旅游接待地区要对区内景区进行系统的规划设计，以便更能突出本景区的文化特色，让游客一到达旅游景区，当地的文化氛围就会扑面而来。例如，在鲁迅故里绍兴，游客到咸亨酒店喝上半壶酒，信步走上青石板铺就的广场，周围熟悉的店名、清凌凌的河水、古老的乌篷船，一下子就会把游客拉入祥林嫂、赵七爷、孔乙己以及王胡和小 D 生活的那个时代。旧时的时代特色与绍兴的乡土气息缠绕交融，游客在欣赏的同时获得了审美上的快感。有的时候，我们进入一个未经系统规划的自然社区，也能强烈地体会到异质文化的特色。例如，到川滇境内的彝乡走一走，彝族同胞的豪放热情、纯真浪漫马上就会感染我们。每年的农历六月二十四日是彝族人民的传统节日——火把节，这一天，人们穿着鲜艳的民族服装，打鼓踏歌，从四面八方会聚到一起。白天表演赛马、摔跤、斗牛、射箭等节目，晚上一对对情男情女躲到松树下，吹着短笛，互诉衷肠。悠扬的笛声伴着山坡上星星点点的火光，幽幽地阐释着彝乡的民族风情。

（2）旅游者旅游心理的民族性。来自不同文化氛围的旅游者，其旅游行为和心理不同。一般来说，东方大多数的旅游者比较内敛稳健，而西方大多数的旅游者则比较外向和富有冒险精神；东方人旅游注重内心感受，而西方人注重对外部世界的观察；东方人倾心于旅游的道德塑造且富于人文情怀，而西方人看重旅游的求知价值且充满科学精神。这种不同的旅游性格，使旅游者在旅游过程中表现出不同的审美标准和行为模式。东方和西方民族旅游性格的差异在饮食风俗上也有所体现。谢贵安、华国梁在其所著的《旅游文化学》一书中曾写道："西方游客对东方的筷子乐于试用，他们想体会一下使用筷子时那种'夹一块掉一块'的乐趣；而日本人则性格内敛，怕出丑，如果不是事先已学会使用刀叉，他们通常还是坚持使用筷子。在西方很多国家，进餐者可以从大菜盘中随意挑出自己喜欢的食物，凡是摆上桌的菜肴，都可以逐一品尝。可是在日本，进餐者一般只能吃自己眼前的几盘菜，把筷子伸到他人面前夹菜被认为是不礼貌的。西方旅游者多具有主动、热情、不畏艰难的外向性特点，他们往往喜欢攀岩爬壁、驾船冲浪、空中跳伞或纵身蹦极，拳击、赛车更是其乐此不疲的项目。"①

2. 文化旅游的互动性

文化旅游是两种不同价值观和价值标准的文化相互接触、碰撞的过程。这种碰撞对双方文化（旅游者与东道社会）都会有所影响，从而使各自文化系统内的某些因素发生改变，这就是文化旅游的互动性。在文化旅游过程中，原本互不相干的两个相对离散或完全隔绝的文化系统，由于旅游移动和传播活动而相互接触、碰撞、交流。旅游者从其所处的出发地文化生态中受到熏陶和教育，并又将他与生俱来的这种母体文化传播到旅游目的地；反过来，他又将其在目的地的文化生态中所接受的信息和感受到的风情传播到出发地社会文化系统中，从而使出发地与目的地的社会文化产生接触和对流。同时，旅游者自身的文化人格在两种文化接触对流的过程中发生量变甚至质变。

概括起来说，文化旅游对旅游出发地文化系统及旅游者自身文化人格的影响有以下四方面：

（1）旅游出发地社会环境文化常常能从文化旅游活动中得到意料之外的文化凝聚力。文化旅游使旅游者认识了自身文化与异质文化的差距，加深了对自身所属文化系统的认同感。在异质文化社会旅游的过程中，来自同一文化群体的旅游者之间能够建立更加稳固的友谊，这就是所谓"老乡见老乡，两眼泪汪汪"般的感情。

（2）旅游者的文化素质得到极大的提高和培养。旅游者通过文化旅游，可以了解除自身文化之外的文化系统的状况，培养对现实人生的全面知识和宽广心胸。而且，文化旅游可以陶冶旅游者的情操，有利于其智力、艺术和文学方面的创造。

（3）旅游者的身体素质和心理健康可以从旅游中获得大幅度的提高。旅游者从紧张、熟悉的社会环境中前往轻松、陌生的目的地游玩，可以尽情释放平时遭到重重压抑的个性，使身心得到放松。在旅游目的地游览观光，无疑能促进身心健康。

（4）文化旅游使得旅游者所属的文化系统的精神面貌发生改变。如果一个地区有相当数量的居民外出进行文化旅游，他们带回来的综合信息将使本地区人民

---

① 谢贵安，华国梁. 旅游文化学 [M]. 北京：高等教育出版社，1999.

的知识、思想甚至观念发生改变。

文化旅游对旅游接待地区文化系统的影响远远大于其对旅游出发地的影响，这是因为旅游接待地区是两种文化交流碰撞的现场，这里的人更容易受到两种文化强烈对比的影响。概括起来，文化旅游接待区的变迁和改善主要有以下三方面：

（1）经济的发展和生活水平的提高。旅游接待地区由于接待大量涌入的旅游者，兴起了旅游产业，促进了经济的发展和当地社会的现代化。与此同时，文化旅游所要求的大量表演甚至旅游者入住居民家庭等，为当地居民提供大量就业机会和现实收入，使人们生活水平得到切实提高。

（2）社会风尚变迁。旅游接待地居民与旅游者大量接触，使旅游者身上所体现出的文化因素为当地居民所了解甚至接受。例如，旅游者的衣着穿戴、行为举止、人际交往、金钱观念等都可能为接待区居民所接受和仿效，从而使旅游接待地区的社会风貌发生变化。

（3）文化的拯救和发展。旅游接待地区视为古旧、准备废弃的东西，可能被旅游者奉为珍宝。他们一次次地购买或拜访，使旅游接待地区居民重新认识这些东西的价值，从而加以拯救和发展。例如，中国失传了千余年的传统节目——马球，由于适应旅游的需要而在西安得以重现。某些传统工艺由于受大工业挤兑而濒临绝迹，旅游使之起死回生。例如，美国印第安人的珠宝工艺和陶瓷工艺、我国山东潍坊的木版年画和风筝制作等。

3. 文化旅游的感悟性

相对于观光旅游、都市旅游、生态旅游等旅游类型，文化旅游具有更强的感悟性。也就是说，文化旅游审美效果的实现，更加依赖于旅游者对旅游区的规划设计以及各项活动的感受和领悟。旅游者进行文化旅游的目的是通过对异质文化的体认，参与增长知识，陶冶情操，从而获得审美快感。其中，旅游者对旅游区所展示的文化领悟程度至关重要。因此，旅游接待地区和旅游者本身都应该为此做出努力。

从旅游接待地来说，要对旅游景区及游客的旅游参与活动进行系统、合理的规划和设计，使所有建筑、表演、活动都能鲜明地展示本旅游区的主题。同时，要加强对导游人员、表演人员及服务人员的教育培养，使本旅游区工作人员对景区文化有清醒的体认。只有这样，游客才能从景区的规划布局、演员的演出特色、导游及服务人员的言谈举止中加深对景区文化的理解。

从旅游者自身的角度来说，要想从文化旅游中获得更多的知识和美感，重要的是提高自身的综合文化素质。我国古人提倡"读万卷书，行万里路"是有道理的，了解多了才会有比较，有比较才会有鉴别。对异质文化的体认，需要的也是这种鉴别能力。此外，旅游之前多读一些介绍旅游景区的读物也大有裨益。

（二）文化旅游的功能

对于文化旅游的功能，我们可以从国家（地区）和旅游者个体两个层面分析。

1. 从国家（地区）的层面看

（1）有利于树立旅游接待地区的文化形象，提高知名度。不同的人群有不同的文化品格，用人类学的观点来看，每一种文化都有其对于自身，也是对于世界的独立价值。文化旅游正是以古今中外形形色色的人群所体现出来的文化为旅游吸引物来发展旅游业的。旅游接待地区通过文化旅游，宣传和发扬自己的（或先人的）文化品格，树立本地区的文化形象，从而提高本地区的知名度，加强与世界各地人民的文化交流。例如，卢森堡仅是一个方圆不足3 000平方公里的小国，然而它利用自己的宗教文化优势，发展文化旅游，每年接待来自世界各地的大量游客，使这一隅之地享誉全世界。

（2）有利于加深旅游接待地区文化群体以及旅游者对自身所在文化群体的自我认同，增强各自文化的凝聚力。旅游接待地区在挖掘和树立地区形象，向游客宣传和显现自身文化品格的同时，也教育和感染了本地人民，加深了他们对自身文化的理解与把握，增强了其对自身文化的认同感。反过来，旅游者在接触异质文化的过程中，通过心理上自然发生的文化对比，加深了对自身文化特点的理解与把握，从而增强了文化上的自我认同。文化凝聚力就是在文化群体成员的文化认同的基础上产生的。

（3）有利于不同文化系统之间相互学习、扬长避短，促进人类文明更为健康地发展。文化旅游是两种文化相互接触碰撞的旅游形式，在旅游过程中，低势能文化的一方（无论是旅游者还是旅游东道社会）必然吸收高势能文化的文化要素，从而改变自己以往的生活模式和思维状态，进而提高本民族的文化素质。例如，元朝时马可·波罗到中国旅游，饱览中国河山秀色，写成一部《马可·波罗游记》，把中国的高势能文化（当时西欧尚处于中世纪，中国封建文化则已臻顶峰）传播到西方，大大影响了西欧人对世界的看法，加速了西欧走出中世纪的步伐。再如，近代中国落后于西方，大量的洋人入华、华人出洋，把西方的高势能文化带进来，促进了中国由前现代社会步入现代社会的进程。不仅如此，高势能文化有时也可以从低势能文化中汲取某些有利的文化因子，丰富和发展自己。两个势能相当的文化系统之间的旅游活动，则对两个文化系统都有很大的帮助。

（4）有利于促进不同文化群体成员之间的相互理解，增进友谊。文化旅游是以展示东道社会文化特质为特性的旅游活动。由于旅游接待地区对旅游景区的规划设计以及各项旅游活动安排都是以突出和体现本文化系统的文化特质的原则展开的，旅游者在旅游过程中比较容易接受和把握这些文化特质，从而加深了他们对东道社会的了解，增强了两地人民之间的友谊。

2. 从旅游者个体层面看

文化旅游具有陶冶旅游者文化人格的功能。个体人格的完善就是真、善、美情操的确立。文化旅游通过旅游主体的外出旅行，能够扩大主体的眼界，使其在对各种社会和文化的比较中获得对世界真相的可靠认识，并进而提高主体的认知能力，培养其追求真理、爱美向善的素质。

（1）文化旅游对旅游主体"求真"能力的培养。求知欲是人类的天性，人的感官和心理在身之所处的狭小空间和对象范围的束缚与刺激下，产生了强烈的外倾态势。这种态势产生的内驱力使人具有与生俱来的拓展精神视野的欲望，追求一种必要的真实感和现实感。古人所说的"读万卷书，行万里路"是个体实现自己求知、求真欲望的两种主要途径。旅游正是"行万里路"的现代翻版。

文化旅游在培养旅游主体"求真"人格中的作用主要表现为以下两点。

①文化旅游加深了旅游者对社会历史的认识。社会历史现实纷纭复杂、变化万端，当人们卑处一隅时，他们对社会历史的认识是相当肤浅的；而当人们走出家门，作为一个旅游者去体察周围世界、见识各色人生时，他们对社会历史的认识就会更深一层，而这种深层的体认进一步促进旅游者去了解更多的社会历史风貌，以求得对社会历史本真面目的认识，这样旅游主体求真的文化人格就慢慢得以确立。

②文化旅游促进了旅游者对社会风情的体验。文化旅游的旅游者是抱着一份对异质文化魅力的向往而走出家门的，他们进行的旅游活动既是一种审美活动，

更是一种求知活动，即旅游者有强烈的了解其他民族生活习惯和人文环境的求知欲望，通过对其他民族或地区风土人情的考察，来反观自身的生活状态，从而感受生活的意义，获得对生活本真的认识。

（2）文化旅游对旅游者审美能力的培养。当旅游者踏上旅途开始对旅游客体进行游览时，审美思维活动便随之开启并连续运作，由被动感受向生动想象发展，由此产生一系列审美结果，如审美感觉、审美想象及审美情感等。

①审美感觉的产生。审美感觉是旅游主体审美感官受到客体刺激后产生的直接印象。当旅游客体直接作用于旅游主体的感觉器官时，便在人脑中产生了对这些客体个别属性的反映和感受。

②审美想象的驰骋。当旅游者在对眼前的审美对象进行欣赏时，不由自主地会联想到另一些与此相关的事物，这就是审美联想。在文化旅游活动中，借助联想，就能使当时的审美体验不只是停留在对客体表面的简单感受上，而且能间接地深入感受到对象所蕴含的内在意蕴，从而深化和丰富感受的内容。

③审美情感的激发。审美情感是旅游者在审美过程中对客体的一种主观情绪反映。旅游审美情感属于高级的情感类型，它追求的是精神性的愉悦，而不仅仅是悦耳、悦目。文化旅游通过旅游项目的合理设计，使旅游者高品位的旅游情感得以实现。

旅游主体在旅游客体美的感召下，争相游览和审美，使主体的审美意识得到锻炼和提高。反过来，审美意识又促进了主体对客体美的审视和欣赏。就这样，在主客互动、无限循环的过程中，旅游主体的审美素质得到无限提升，文化人格得以日趋完善。

（3）文化旅游对旅游者向善情感的培养。审美、向善、求真是一个人形成完善的文化人格不可缺少的三部分。向善情感的培养主要是对个体进行崇高的道德品质的熏陶，文化旅游是旅游者修身养德的绝好途径。文化旅游活动中众多先人的文化遗迹、异族他乡的淳朴民风，容易使旅游者将平素琐屑、狭隘的心胸抛之云外，使灵魂得到净化，道德水平得以提高。

三、文化旅游的主题类型

我国是一个文明古国和资源大国，绵绵五千年的文明历史，泱泱近千万平方公里的广袤土地，提供了众多底蕴深厚、独具特色的文化旅游资源。要实现对这些文化旅游资源的合理开发，需要先对它们分别归属哪一个主题类型有清醒的认识。

（一）主题类型界定

一般来说，任何旅游资源都有其不同于其他旅游资源的特色和个性，旅游正是依靠资源的独特性来吸引旅游者的。旅游开发部门针对本地旅游资源的特色，加强提炼挖掘，即可形成某一特定旅游区的主题。例如，马勇等人设计的《三峡文化乐园总体创意方案》把三峡旅游区的主题形象定位为"长江第一谷，欢乐龙盘湖"，既展示了三峡旅游资源的特色，又给游客以鲜明生动的主题形象。主题类型即是某一特定文化旅游资源在主题性质方面的归属。例如，三峡旅游资源的主要特色体现在山水方面，其主题类型即为山水文化主题类型，其具体主题形象的设定必须在此基础上提炼挖掘，体现三峡山水文化精髓。反之，如果不顾旅游资源的类型，脱离或扭曲旅游资源的内在属性，盲目设定旅游区的主题，只会使旅游资源的特色因得不到开发而暗淡，主题形象因与景观特色相悖而模糊，从而导致旅客经历平淡，旅游开发失败。

（二）主题类型分类

文化旅游的类型依据划分标准不同，可以有多种分法。例如，依据地理范围，可以分为区域文化旅游、国际文化旅游等；依据文化旅游开发的层次，可以分为观光式文化旅游和参与式文化旅游等；依据旅游载体文化内涵的性质，可以分为物质文化旅游和行为文化旅游等。所谓物质文化旅游，是指旅游者通过对旅游目的地器物层文化的接触与观摩来了解某一文化的特质，以达到审美享受的文化旅游，如建筑文化旅游、园林文化旅游等；所谓行为文化旅游，是指旅游者通过对旅游目的地行为文化的接触与观摩来了解某一文化的特质，以达到审美享受的文化旅游，如民俗文化旅游、饮食文化旅游等。当然旅游区的开发不一定仅仅凭借一种文化旅游，在旅游区地开发实践中，往往是多种文化旅游形式相组合，形成主题突出、内容丰富的文化旅游格局。

（三）文化旅游类型

文化旅游类型主要有以下五种。

1. 历史文化旅游

历史文化旅游是指旅游者以人类社会历史变迁留下的物质和精神遗迹为依托，通过对异时异域文化特质的把握与体验来达到审美享受的旅游活动。我国历史源远流长，从原始社会的北京周口店遗址到近代的武昌起义旧址、遵义会议旧址，无不留下了中华民族生活奋斗的痕迹。

历史文化的源头在原始社会。当时文化的状况可以通过一个典型代表——半坡遗址来说明。半坡遗址位于陕西西安东郊半坡村，遗址面积约 50 万平方米，包括居住区、制陶作坊区和公共墓葬区三部分。居住区的房屋有平面是方形和圆形两种，它们都是一种伞架式结构的尖顶独间小屋，这种建筑技术反映了建筑历史上从天然洞居到人造房屋的发展阶段。制陶作坊出土的大量陶器代表了当时的工艺文化水平。墓葬区的墓葬有侧身屈肢和仰身直肢两种方式，游客可以通过这些遗迹想象当时人们的生活状况及文化状况。睹古思今，社会文化的巨大变迁使人们不禁对人生的倏忽即逝、社会的加速发展、文化的源远流长产生感慨和顿悟。走出半坡村，历史继续向前发展，二里头文化、殷墟遗址又向我们昭示了先人在奴隶社会阶段的生活、艺术以至思想。那些陶器、青铜器、玉器，那些龟甲兽骨上的文字，一次次提醒着我们那个时代的精神和特色。

此后，中国历史进入一个学术上的黄金时代——春秋战国时期。春秋五霸、战国七雄逐鹿中原，一批批思想家、政治家、军事家出世、凋谢，一个个战场浸满血泊又燃起炊烟。英雄和圣人相继离去，留下的是曲阜鲁城、临淄故城、屈原故里等时代的遗迹，这些都是丰厚的历史文化旅游资源。电视剧作家可以把这段历史编成电视剧，旅游设计者未尝不可凭借这些旅游资源再现这段历史，这将给受众带来比电视剧更深远的历史感和沧桑感。

从秦汉到晚清，中国历史走进封建大一统时期。这一时期既有盛世，也有乱世，其总的文化特征却是一脉相系的：政治和社会生活领域的皇权至上；社会成员个体发展方面的官本位思想；人际交往过程中的主奴根性。这一切都通过一系列的建筑、仪式、制度乃至时人言论表现出来。凭借这个时期的历史遗迹发展文化旅游重在发掘、体现时代特色。例如，故宫不仅可以通过金碧辉煌、层次分明的建筑造型体现皇家居所的威严奢华，还可以通过一系列上朝退朝、三拜九叩的仪式让游客体味那个时代皇权至上、臣为君仆的本质特性。另外，把范进中举的故事用物态（考场、茅屋、周老爷的府第）和动态（中举前后范进的心理，众邻居的行为、态度）的旅游资源形式展现出来，可以使游客在欢笑声中感慨官本位思想在中国传统文化中的根深蒂固。当然，除了这一时期总的文化特色以外，每个时代、每个地域都有各自的文化特色，历史文化旅游可以加以开发利用。例如，利用张骞出使西域开辟的丝绸之路展示秦汉的雄健豪迈以及沿途的民族风情，在敦煌莫高窟附近配以唐诗胡舞的演出，展示唐文化的繁荣昌盛等。

进入近代，随着中国人民在政治上的屈辱和抗争，文化上的中西融汇，经济上的崩溃和转型，三元里、黄花岗、井冈山，严复、章炳麟、鲁迅，事件爆发的地点，人物活动的故居，都是发展历史文化旅游的有利资源。近代是中国历史最跌宕起伏的时代，也是历史文化旅游资源遗留最多的时代，于历史文化旅游开发十分有利。

2. 民俗文化旅游

所谓民俗文化旅游，是指旅游者以异地风俗文化为凭借，通过对异质文化的观察和参与达到审美享受的文化旅游活动。民俗的范围很广，张紫晨先生在其所著的《中国民俗与民俗学》一书中把民俗的范围概括为四方面，即经济民俗、社会民俗、信仰民俗、游艺民俗。①

民间传统的经济生产习俗、交易习俗和消费生活习俗，即为经济民俗。例如，村落形成的原因，村名、地名的由来，种植狩猎等生活方式，各职业集团的规章制度、仪式、行话等，民间交换的方式，居住的传统方式（房屋、窑洞、竹楼、毡包）以及饮食风俗、服饰风俗等。经济民俗相对于社会民俗、游艺民俗，在旅游开发设计中不太容易集中表现，但只要合理规划、动静结合，一个民族（地区）的经济风俗是可以表现出来的。例如，马勇等人设计的《三峡文化乐园总体创意方案》对第二大景区"巴楚风情游乐园区"的设计，安排了"土家山寨""楚市一条街"等景点，又策划了"土家大赶集"这样的节庆活动，准确地再现土家族人民的经济生活风貌。

社会民俗是家庭、亲族的传承关系，包括人生礼仪习俗传承、乡里往来民俗与岁时习俗的传承。例如，家族的由来和家族制度（宗祠、祭祖、家法、家教等），串亲戚与待客的习俗，个体成长过程中的习俗（诞生、命名、婚姻、丧葬）以及

---

① 张紫晨.中国民俗与民俗学[M].杭州：浙江人民出版社,1985.

民族节日等。社会民俗是民俗中具有丰富文化内涵和强大吸引力的方面，对这一方面民俗的合理开发与设计极有可能成为整个旅游景区设计的传神之笔。所以，民俗文化旅游区一定不能忽视对该地区社会民俗的开发设计。

各种宗教、习惯信仰等可称为信仰民俗。信仰民俗极具神秘性，因而也富有吸引力。民俗旅游开发过程中既要合理利用这方面民俗吸引游客，又要注意科学正确地引导游客，让游客认识到这些迷信及信仰是该地区人民在同自己所处的自然环境斗争中产生的，它们体现了一定的地域（民族）文化特色，但往往是没有科学道理的。

民间传承的文艺、娱乐活动、民间工艺、竞技等事项可以称为游艺民俗。例如，民间的神话、山歌、小戏等，各种节日的舞蹈项目及象征意义，民间游艺（傀儡戏、杂技、皮影戏、龙灯等）以及民间的工艺品（剪纸、家庭器物装饰等）。游艺民俗具有很强的娱乐性。在民俗旅游开发中加以游艺民俗的内容可以使旅游者直接参与，满足了旅游者高层次的要求。例如，马勇等人设计的"巴楚风情游乐园区"在土家山寨中邀请游客对情歌，在"豌豆角龙舟节"中邀请游客参与龙舟竞赛等。

民俗文化旅游发展潜力巨大，它作为文化旅游的一个重要类型，正在被很多地区所认识。发展民俗文化旅游不仅可以促进经济欠发达地区的发展，还可以增进双边的文化交流。

3. 宗教文化旅游

宗教文化旅游是指旅游者以宗教景观、宗教仪式、宗教经典为凭借，通过对不同信仰的文化特色的体察和把握来达到审美享受的文化旅游活动。

宗教文化旅游是古已有之的旅游活动类型，唐高僧玄奘赴印度取经的故事几乎家喻户晓。现代宗教文化旅游先要针对虔诚的宗教信徒或对宗教文化和习俗感到好奇的游客来开发旅游项目。我国佛教四大名山浙江普陀山、山西五台山、四川峨眉山、安徽九华山都是游客旅游朝拜的圣地。此外，白马寺、少林寺、灵隐寺、寒山寺、龙华寺等著名寺院也是佛教文化荟萃之地。这些名胜如果得到合理开发，会在国内甚至国际旅游市场产生巨大吸引力。例如，苏州城外的寒山寺，因为有唐代诗人张继名诗《枫桥夜泊》的点画，以钟声闻名海内外。改革开放不久，江苏省中国旅行社开展"寒山寺除夕撞钟"的旅游活动，每年都吸引大批游客。佛经云："闻钟声，烦恼清，智慧长，菩提生。"所以，人们相信除夕之夜聆听山寺钟声，可以在新的一年里消灾免祸、安乐吉祥。

道教是我国土生土长的宗教，初起于东汉，成熟于东晋南北朝。道家文化与儒家文化相辅相成，构成了中国知识分子文化人格中重要的一环。历代道观名山经过文人墨客的渲染，越发显示出浓厚的文化底蕴。被道教视为"神仙之所"的五岳名山（泰山、衡山、华山、恒山、嵩山），历来被奉为圣地。"七十二峰朝金顶"的武当山、"青城天下幽"的青城山以及龙虎山、崂山、白云观、玄妙观等都是道教名胜。道家主张效法自然，这些名山道观都位于景色独特的风景胜地，游客到了这里，可以摆脱世俗的烦恼，与白云野鹤为伍，忘情于山水之间。湖北省中国旅行社推出的"武当山朝圣专项旅游"受到海内外仰慕道教文化的人士的欢迎，每年都有成千上万的游客从四面八方赶来。

宗教雕塑、宗教音乐、宗教绘画对中外旅游者也有巨大吸引力。中国佛乐既有梵乐的特色，又融会了中国风格。北京智化寺佛教音乐团每年都吸引着大量的音乐爱好者和宗教爱好者来华旅游。道家音乐俗称"仙乐"，许多并不喜好音乐的游客也愿意聆听这来自"仙界"的声音。此外，乐山大佛、敦煌莫高窟都是值得开发的宗教雕塑绘画旅游场所。

4. 建筑文化旅游

所谓建筑文化旅游，是以独具风格的各色建筑为旅游外在吸引物，使旅游者在观赏各色建筑的同时体认不同文化的特质，达到审美享受的旅游活动。

建筑风格是文化风格的体现，因此建筑文化旅游成为文化旅游的一个重要类型。随着历史的发展，我国出现了许多古老而奇特的建筑，它们是我国劳动人民智慧的结晶，也是我国不同时代、不同地域文化的体现。万里长城只是一段城墙，然而由于它久远的年代和深厚的文化内涵，成为经久不衰、无可替代的旅游景区。

我国各民族的民居也很有特色，如四合院、吊脚楼、土楼、竹楼、邛笼、蒙古包等。四合院有一进院、二进院、三进院，但一般不超过五进院。所有的四合院都坐北朝南，四面有房，当中是院。四合院体现了我国"前堂后寝"的礼制规格，是中国传统文化的物质体现；吊脚楼多见于南方山区，是土家族、苗族的建筑；土楼分部于福建省和广东省，是客家人聚族而居的标志性建筑；竹楼是傣族、哈尼族等的居所；邛笼是羌族人民的创造；蒙古包则是蒙古族的象征。这些民居或以木柱支起悬空的小楼，或以石块堆起十几层的小屋，或以毡毯围起宽敞的包房，每一式、每一款都别具风情。文化旅游的设计者如果能将这些各式各样的民居聚集一处，建成一个民居文化专题旅游项目，相信会很有吸引力。

除了民居之外，古代城池、宫殿、陵墓、坛庙、桥梁也是建筑文化旅游可以开发和利用的对象。

5. 饮食文化旅游

饮食文化旅游是指以独具特色的各色食物、饮食程序、方式、规则等为旅游外在吸引物，使旅游者在参与制作、品尝各色食物的同时，得到审美享受的旅游活动。

俗话说"吃在中国"，中国是一个比较讲究饮食艺术的国度，儒家先师孔子的饮食习惯"食不厌精，脍不厌细"给万世国人在饮食上花样翻新提供了理论支持。

我国八大菜系鲁菜、川菜、淮扬菜、粤菜、闽菜、浙菜、湘菜、皖菜各有各的特点，其中尤以前四大菜系最为著名。鲁菜也称山东菜，是我国四大菜系之首。鲁菜是北方菜的代表，元朝时始入宫廷，成为御膳的主体，其特点是色形讲究、醇厚不腻、清香鲜美、酥脆质嫩，代表菜为糖醋黄河鲤鱼。川菜也称四川菜，具有干烧、干煸、鱼香、宫保、麻辣、怪味、椒麻、红油八大特色，代表菜是宫保鸡丁。淮扬菜，以炖、焖、蒸、煨著称，其特点是原汁原味、鲜美滑嫩，代表菜是清炖蟹粉狮子头。粤菜也称广东菜，以煎、炸、烩、烧见长，其特点是肉味甘美、清香可口，代表菜为菊花龙虎斗。此外，还有很多地方风味小吃，如山西刀削面、宁波汤圆、无锡肉骨头、天津狗不理包子、胶东大饽饽、湖南冰糖湘莲等，这些菜系和小吃从原料、做工到吃式都有一定的讲究。一些地方名菜小吃往往伴有传奇的故事传说，旅游部门如能将这些加以开发利用，让游客边听（听故事）、边看（看原料、工序）、边尝（尝味道）、边思（思意蕴），使游客乐在其中，这样既提高了旅游地区的综合吸引力，又增加了经济收入。例如，孔府菜式中的"烧秦皇鱼骨""带子上朝""油泼豆廷""诗礼银杏"等，一道菜一个典故。游客在品尝孔菜时，既可尝到孔菜的独特风味，又可领略儒家风采，一饱口福，同时增长了见识。

第二节　旅游资源概述

一、旅游资源的概念及其内涵

（一）旅游资源的概念

"旅游资源"是一个合成词，既具有"资源"的共性特征，又具有鲜明的"旅游"个性特征。根据《辞海》解释，所谓"资源"，是指"可资利用的来源"①。另有学者认为资源属于经济学概念，原指取之于自然的生产与生活资料，现在常指自然界和人类社会中客观存在的生产资料或生活资料。例如，自然界中的煤炭资源、石油资源、水力资源、风力资源、森林资源、土地资源等，人类社会中的人力资源、技术资源、资本资源、文化资源、政治资源等。"有用性"和"基础性"是最基本的属性。显然，旅游资源作为资源的一种，要体现出可利用性和经济价值这个共性特征，但更为关键的是，如何把握和阐释旅游资源的个性特征。几十年来，国内外学者对旅游资源的内涵做了积极的探讨，提出了很多建设性的概念和定义，虽然目前仍然存在一定的争议，但已经接近于取得共识。

1. 国外学者对旅游资源概念的理解

国外研究文献中，和"旅游资源"相似性较高的概念是"Tourist Attractions"和"Visitor Attractions"，国内学者通常译为"旅游吸引物"。英国学者霍洛韦认为："旅游吸引物必须是那些给旅游者积极的效益和特征的东西，它们可以是海滨或湖滨、山岳风景、狩猎公园、有趣的历史纪念物和文化活动、体育运动，以及令人愉快的舒适会议环境。"②澳大利亚学者尼尔·利珀在他的《旅游吸引物系统》一文中，将旅游吸引物定义为一个综合系统，由3个要素组成："旅游者或人的要素，核心或中心的要素，标识或信息的要素。当这3种要素合为一体时，便构成旅游吸引物。"③

由此可见，国外学者或旅游组织倾向于从人（旅游者）的视角解读旅游者的

---

① 夏征农. 辞海 [M]. 上海：上海辞书出版社, 1999.
② 霍洛韦. 旅游业 [M]. 向萍译. 桂林：漓江出版社, 1987.
③ 尼尔·利珀. 旅游管理 [M]. 谢昌，翁瑾，陈林生，译. 3 版. 上海：上海财经大学出版社, 2007.

行为对象（旅游业的客体），特别强调该客体对旅游者的吸引向性，所以运用的概念是"Tourist Attractions"和"Visitor Attractions"，是指旅游地吸引旅游者的所有因素的总和。

2. 国内学者对旅游资源概念的理解

改革开放之后，我国旅游业起步发展，实践中不断要求厘清旅游资源的内涵与外延，以便科学地进行旅游资源的调查、评价、开发与管理，促进旅游资源的价值实现和可持续发展。就目前的研究现状，对于旅游资源的概念，可以做出以下几点解读。

（1）旅游资源的吸引功能

旅游资源对旅游者具有吸引力，能激发人们的旅游动机，能使旅游者得到一定的物质享受和精神满足。吸引力是认定旅游资源的基本条件，吸引力因素是旅游资源的理论核心。同时，吸引力也是评判旅游资源质量高低的关键性指标。

（2）旅游资源的可利用性

旅游资源具有旅游价值，能够被旅游业所开发利用，并能够产生经济效益、社会效益和环境效益。但一些学者通过列举反例，如一些地区旅游资源的过度不适当开发，破坏了生态环境，同化了当地文化，甚至影响了长远的经济效益，由此对旅游资源的三大效益产生怀疑。实质上，这是由于旅游资源不当开发行为导致的，和旅游资源本身的效益性并无直接关系。世界工业化的进程已经使人们吸取到深刻的教训，如今绿色旅游、生态旅游的兴起足以说明问题。因此，从长远看，没有社会效益和环境效益的旅游资源是不能吸引旅游者的，也就不能称为旅游资源。

（3）旅游资源的客观存在性

旅游资源（现代某些人造景观除外）是客观存在的一种实在物，有的表现为具体的实物形态，如自然风景、历史文物等；有的则为不具有物质形态的文化因素，如地区民俗风情等。绝大多数旅游资源都是先于旅游业而存在的，并不以人们的开发利用为转移，即使是现代形成的旅游资源，如城市风貌等，也是在其形成之后，被人们所认识，并为旅游业开发利用的，随着旅游者爱好和习惯的改变，旅游资源所包含的范畴会不断扩大。

（二）旅游资源的内涵

旅游资源与一般的资源相比，具有较为丰富的内涵和独特的属性。为了更好地深入理解旅游资源的概念，我们对旅游资源的内涵做如下解释。

1. 功能：对游客的吸引力和旅游价值

旅游资源应该和其他类型的资源一样，具有一定的利用价值，即对人类有某种用处。旅游资源的利用价值主要体现在对游客的吸引力上。西方人将"旅游吸引物"作为旅游资源的代名词，足以说明吸引力对于判定一种事物能否成为旅游资源的重要性。

（1）吸引力的唯一性

旅游者出游的目的是满足好奇心，寻求新的感觉和刺激，获得新的知识和体验，满足身心健康等方面的需要。自然禀赋的、历史遗存的和人工创造的客观实体多种多样，文化的、艺术的和教育的非物质形态因素更是名目繁多，但严格地说，这些并不一定都是旅游资源。只有那些能够提供审美和愉悦，对旅游者具有旅游吸引力的内容才算是旅游资源。不具有这种吸引力的任何资源形式都不是也不可能成为旅游资源。

（2）吸引力的相对性

旅游资源对旅游者的吸引力是对旅游者群体而言的，不同的旅游者群体往往对于不同的旅游资源有喜好的倾向性。如农村居民被城市现代化建筑、设施构成的城市风光所吸引。而城市居民久居闹市，对农村的田园风光非常向往。所以，只要是某一类旅游者群体而不一定是对所有的旅游者群体具有吸引力的资源，就可以认为是旅游资源。另外，时代的变迁也可能使得吸引力发生变化。

（3）吸引力的效益性

对于旅游者具有吸引力的旅游资源必须能够为旅游业所开发利用，并产生三大效益。因此，在所有的可供旅游业利用的事物和因素中，旅游资源的核心吸引力特性要符合经济、社会和生态原则，要剔除那些不符合经济原则、社会伦理规范和生态原则的部分，保持旅游资源概念的健康，如赌博、偷猎等可能带来负面作用的社会文化和环境影响成分，虽然能达到一定的规模经济效应，但对旅游业来说，这些事物违反了社会公德标准，侵犯了人类的根本利益，不应列入旅游资源范围之内，不具有利用的可能性，只能作为一些国家或地区招徕游客的一种商业手段。

2. 形态：客观存在性和多元化

（1）旅游资源包括物质的和非物质的形态

物质的、有形的旅游吸引物（名山、秀水、溶洞、瀑布、湖泊、古遗址、古建筑、珍稀动植物等），看得见、摸得着，容易被人们所认可，称其为旅游资源是无可非议的。然而，那些无形的、非物质的旅游资源（文化艺术、文学、科技、技艺、神话故事等），有时是难以被人们理解和认可的。实际上，这些非物质要素，是在物质的基础上产生的，与一定的物质相联系，并依附于一定的物质而存在，能通过人们的想象感受到（历史记载、文学作品等能给人以充分的想象），通过人们的思维获得快感。当然，这些想象和思维一般需要具有较高的文化修养和宽广的知识面以及丰富的想象力。当这种无形的旅游资源与有形的旅游资源紧密结合，就更加具有吸引力。以湖北赤壁为例，由赤壁山、南屏山、金鸾山加上历史遗存的亭台楼阁所构成的赤壁古战场旅游区，单纯看有形的物质旅游资源，很难说赤壁和同类型的旅游区有什么绝对的竞争优势。但1800多年前三国时期那场著名的"赤壁之战"，在战争中曹操、周瑜、诸葛亮等三国风云人物的粉墨登场以及战争背后的演义故事，激起了人们怀古的情怀和探究历史真相的好奇心，于是，赤壁景区的命运改变了。由此可见非物质旅游资源对旅游者的巨大魅力。

（2）旅游资源包括原生的、人造的和虚拟的形态

作为旅游资源的自然存在、历史文化遗存等，是旅游资源的重要内容和组成部分，它们是原生的旅游资源。随着社会的进步、经济的发展和人类生活水平的提高，人们已不再满足于原生的旅游资源和旅游产品，为了满足不断增长的旅游需求，人们依靠资金、智力和现代技术，通过模仿、模拟创造出许多人造景观，甚至把世界上已经存在的知名度很高的旅游资源进行移植微缩，以弥补当地旅游资源的不足，充实旅游活动的内容。这些为了满足人们不断增长的旅游需求的人造内容，应属于旅游资源的形态表现。此外，随着现代信息技术的发展，虚拟技术已经能够使人与虚拟三维环境进行视觉、嗅觉、听觉等感觉的实时交流，虚拟旅游资源也应运而生。虚拟旅游资源是人类现有或未知的旅游资源的数字化形式，是原生、人造旅游资源的多维立体、全景动态的数字化展示，而不是门户宣传网站。虚拟旅游资源对旅游者的吸引力源于其附着的原生或人造的旅游资源。据报道，一些以真实旅游资源为内容的虚拟主题公园已在国外开始建设。这些通

过模拟真实旅游体验的虚拟旅游资源，也应属于旅游资源的形态表现。

（3）旅游资源包括未开发和已开发的形态

从开发程度上看，旅游资源分为未开发的旅游资源和已开发的旅游资源或者潜在的和现实的旅游资源。旅游资源是客观存在的，只是由于人们价值观的缘故，一些旅游资源在一定历史时期尚未吸引人们去观光和游览，或由于经济和技术水平的原因尚未被开发和利用，但不能说它们不是旅游资源。人们是否对旅游资源进行观光，不在于旅游资源本身，而在于旅游资源地的地区组合状况、旅游地的旅游设施、旅游地的宣传力度，以及客源地人们的经济能力的限制。作为资源形态，无论人们观光与否、开发与否，只要能激发人们旅游动机、具有旅游价值的要素，都应该称为旅游资源，因为人们观光以及开发与否并不会改变旅游资源的性质和功能。未开发利用的那些能对游客产生吸引力的客观实体或因素，由于它们既可被看作加工后的旅游产品，同时又可作为继续开发的对象（确实存在一个再开发的问题），不断地加工提高，进行深度开发和重复使用，更应属于旅游资源。

3. 范畴：延展性和动态性

随着社会经济的发展和科学技术的进步，人们的旅游需求不断多样化、个性化，而人类对未知领域的探索更加广阔，对旅游资源开发利用的技术水平更加高超。所以，这导致旅游资源的范畴在不断扩大，旅游资源的种类在不断增加，由新型旅游资源所产生的旅游新产品和新业态层出不穷。全域旅游体系下，旅游资源不再局限于传统的景区景点，而是以旅游为导向整合社会资源，让社会资源旅游化。比如，从单一的水体资源扩大到流域资源，从单纯的山地资源放大到生态系统资源，包括城市资源、乡村资源都可以当作一个整体来看，在资源的利用方式上更加综合。在全域旅游视角下，有些资源本身是在不停发展和变化的。如城市建设、乡村农业、新兴产业和其他新探索发现的资源，资源在被利用的同时也在被创造，并在不断发生着变化。

过去，人们只知道山岳森林、江河湖泉、宫殿寺庙、亭台楼阁等是旅游资源。如今，由于人们对工业时代的怀念或好奇，使得废弃的工厂生产车间经过开发成为工业旅游资源；由于人们对田园生活的怀念或向往，使得绿色的田园风光和淳朴的乡野生活等成为农业旅游资源；由于人们保健意识的加强，历史悠久的药膳房、中药材博物馆、医疗器械博物馆等也成为旅游资源；甚至是寒冷的北极、深邃的海底、广阔的太空，都成了旅游资源。由此可见，旅游资源的范畴是不断延展丰富和动态发展的。

二、旅游资源的基本属性

旅游资源是一种普遍存在而又特殊的资源，它既有资源的共有属性，又有不同于其他种类资源的特有属性。不同种类的旅游资源也会因为空间、时间、环境、文化等因素出现差异而产生自己的独特属性。在把握旅游资源概念和内涵的基础上，需要进一步从功能、形态空间、时间经济和文化等多重视角认识旅游资源的基本属性，这对于合理开发、充分利用、有效保护与科学管理旅游资源，发展旅游业，具有积极的促进作用。关于旅游资源的基本属性，结合不同学者的相关研究，可分别从功能、形态、空间、时间、经济和文化六种角度归纳出所有旅游资源类型共有的基本属性。

（一）功能属性

对旅游者的吸引性是旅游资源的本质属性和核心价值，离开吸引性，旅游资源就不能称为旅游资源了。这个本质属性源于旅游资源作为资源的有用性和基础性，是由于旅游资源能够从不同方面满足旅游者的旅游休闲需要，具有实用价值。旅游资源实用价值的大小及其与旅游者旅游需要的契合度，共同决定了旅游资源的旅游吸引力。吸引力是判别某事物是否是旅游资源的根本标准，吸引力的强弱是判断某旅游资源品级的重要标尺。

（二）形态属性

1. 多样性

多样性是指旅游资源的类型十分丰富，其存在形态是多种多样的，从自然到人文，从物质到精神，从原生、人造到虚拟，从物体与事件到现象与活动，但凡世间万物只要对旅游者有吸引力皆可成为旅游资源。在《旅游资源分类、调查与评价》（GB/T18972-2003）的分类系统中，对旅游资源共列出了 8 主类 31 亚类 155 个基本类型。实际上，随着旅游者旅游需求的变化，旅游资源的类型正呈现不断增长的趋势。旅游者的足迹已经从世界最高峰到了海底，从繁华的城市到了渺无人烟的沙漠和严寒的极地，甚至有人已开始策划太空旅游。那些原来看似平常的事物，现在也颇受旅游者青睐，如"森林浴""滑草""绿色旅游"等。而且各种生产和商业场所（特种艺术工厂和驰名工厂、水库、电站、废弃的矿井、造币厂、影视基地、著名的商业街、古文化街等）、文教单位（学校、幼儿园、著名文艺团体等）、科研基地（科研单位、火箭发射基地等）等处，也常有旅游者光顾。地震、火山爆发（火山喷发景象和火山遗迹）等自然灾害的发生地，战争（古战场、战争纪念物等）、监禁（监狱）等社会活动地点和场所，有的已被利用进行旅游开发。今天，世界上很多事物和现象都是旅游资源的存在形态。

2. 组合性

组合性是指不同形态的旅游资源单体（包括地文、水域、生物、天象与气候等自然旅游资源和遗迹遗址、建筑与设施、旅游商品、人文活动等人文旅游资源），在一定区域内相互依存、相互衬托，共同形成一个和谐的旅游资源组合体。旅游资源的组合形式是多样的，而且自然景观与人文景观的兼容互补性越强，两者就越能融为一体，彼此呼应。旅游资源单体的形态越多，比例越协调，联系越紧密，对旅游者的吸引力就越大。如山与森林、动物组合，山体与河湖或瀑布等水体组合，彩虹与天空、云朵组合，村落与田园、村民生活场景等组合，古寺庙与所在山景组合等。景观要素非常单一的情况很少见，而孤立的景观要素很难形成具有吸引力的旅游资源。旅游资源的组合性，为旅游产品的开发和旅游活动的组织提供了必要而有利的条件。例如，南方多湖而少沙，北方多沙而少湖，有多种鸟类栖息的地方更少。而在干旱的宁夏回族自治区平罗县境内的沙湖风景区，却有湖、有沙、有苇还有鸟，虽然沙丘不高、湖水不深、芦苇不密，鸟的数量也不是很多，但其良好的资源组合状况却使其在众多湖泊景观中脱颖而出，一跃成为全国的王牌风景区之一。

3. 空间属性

（1）广域性

广域性是指旅游资源在空间分布上十分广泛，在地球上不同地域都有旅游资源的分布。在陆地上有各种自然人文景观。在海洋中有汹涌澎湃的海浪、一望无际的海面和奇特的海洋生物；天空中有瞬息万变的天象、气象；在地下有神秘的溶洞、地下河、湖泊；在城市有体现现代建筑、先进科技水平的都市风貌；在乡村有浓郁的民俗风情和优美的田园风光；在人烟稀少的山区、沙漠，有原始、淳朴的自然风光；在赤道地区有热带雨林；在极地有冰天雪地等，几乎地理范围内每个区域都有旅游资源的存在。

（2）地域性

地域性是指旅游资源总是分布在不同的地理空间中，由于受自然演化历史、自然环境、社会环境、历史和文化传统等多种因素的影响，形成了地域差异性和独特性。正是由于不同地域的旅游资源之间存在差异性，才形成了旅游者的空间流动。也正是由于一个地方的自然景物或人文风情具有吸引异地旅游者的功能，这些自然景物或人文风情才成为旅游资源。就旅游资源而言，越是与旅游者通常的生活习俗、文化背景和居住环境有较大差异，对旅游者来说，就越独特，越具有吸引力。

例如，就园林的地域分布而言，我国园林可分为北方园林、江南园林和岭南园林。江南园林造园时，可利用的河、湖较多；丘陵地带靠近城市，造园之石到处可寻；气候温和，常绿阔叶树种多。但南方城市人口密集，可以用来造园的地面狭窄，故而江南园林盆景式的私家园林较多，其特色为明媚秀丽、淡雅朴素、曲径幽深，但使人感到局促。北方园林在造园时，其地形开阔平坦，但可利用的河川湖泊很少，园石、常绿树种也很少，北方园林又多为皇家园林，故而形成了富丽堂皇但秀丽妖媚略显不足的特点。岭南园林由于地处亚热带，造园条件比北方、江南都好，具有明显的亚热带风光特色。三种类型的园林体现出风格迥异的地域特色，成为吸引旅游者的重要因素。

由于旅游资源的地域性在构成旅游资源特色方面占有重要地位，因此成为在旅游资源利用和保护中尤其要引以重视的因素。如果利用好旅游资源的地域特色，则可以让旅游者获得不同的旅游经历与感受，增强旅游吸引力。

（3）不可移动性

不可移动性是指旅游资源是在特定的自然条件和历史文化氛围下形成的，是不可能异地重复出现的，是靠旅游者移动来"消费"旅游资源形成的旅游产品。旅游资源的区域差异，意味着资源的可模仿性极差，并导致旅游资源具有不可替代性和不可移动性。即便是在某些情况下将某项旅游资源迁移，这一资源也会改变它某些固有的特性，因为其赖以存在的环境发生了改变。例如，淳朴的民族歌舞可以在大都市上演，但却失去了它在故乡的浓郁风情；微缩景观主题公园虽然力图再现异国他乡的原生景观，但显然已不可和原物相比，它已变成另一种新的旅游资源种类了。尽管许多有关民族风情的主题公园仿制了逼真的民族村寨或居室，但因缺乏地域背景、周边环境与民族习俗等的依托，在旅游者的视域中，却是泾渭分明、无法替代。而那些历史感强烈的旅游资源如宫殿楼阁、石刻壁画等，更无法离开特定的地理环境和历史背景，否则将失去其本身的历史价值和欣赏价值。

4. 时间属性

（1）节律性

节律性是指旅游资源的景致会随着季节而变化的特征，并且影响到旅游活动和旅游流的季节变化。旅游资源的节律性主要是由自然地理条件，特别是气候的季节性变化决定的，同时有一定的人为因素。首先，有些自然景色只在特定的季节和时间里出现，这方面有很多鲜活的例子。其次，同样的景物在不同的季节里表现出不同的特征。例如，桂林龙胜县的"龙脊梯田如链似带，从山脚盘绕到山顶，小山如螺，大山似塔，层层叠叠，高低错落。春如层层银带，夏滚道道绿波，秋叠座座金塔，冬似群龙戏水"，春夏秋冬各有特色。另外，人的社会活动的节律性（如改革开放后我国法定公共假日制度的 4 次调整，即 1994 年 5 月 1 日、1995 年 3 月 25 日、1999 年 9 月 18 日、2008 年 1 月 1 日）也决定了人们出外旅游的时间属性，使得旅游具有明显的"淡季"和"旺季"之分。如东部沿海地区一年内有春、秋两个高峰；西北地区，如乌鲁木齐和呼和浩特全年只有 8 月一个高峰期；而一些节事旅游，其时间性就更为显著，如哈尔滨的冰灯节、潍坊的风筝会、彝族的"火把节"等都会引起突发的旅游高峰。

（2）时代变异性

时代变异性是指在不同历史时期、不同社会经济条件下，旅游资源的范畴是不同的，旅游资源是随着时代的需求而产生、发展或消亡的。现代旅游业向多样化、个性化方向发展，旅游资源的含义也越来越丰富，原来不是旅游资源的事物和因素，现在都可能成为新的旅游资源。如帝王的宫殿和陵墓、古城的城墙、宗教寺庙、火山喷发的岩浆、地震遗迹等，其存在之初并不被作为旅游资源，但随着时间的推移和旅游者需求的变化，许多已成为颇具吸引力的旅游热点。当然，由于人类旅游活动对环境的影响以及旅游需求的变化，如过量开采地下水使泉水枯竭、河流上游兴建水库使瀑布断流等，原有的旅游资源也会因失去吸引力而不再成为旅游资源。此外，随着人类科技的进步，可以预见未来在深海旅游、太空旅游、虚拟空间旅游等方面将为人们拓展更加广阔、神奇的旅游世界。

5.经济属性

（1）价值不确定性

价值不确定性指的是旅游资源的价值难以用能够满足旅游者旅游需求的效用进行货币衡量。通俗地说，无法衡量某类旅游资源值多少钱。而在旅游资源的开发利用过程中，无论是经营权转让、股份制改革还是旅游产品的定价都涉及旅游资源价值大小的问题。如果把旅游资源的价值估计过低，轻则造成国有或集体资产的流失，重则使旅游资源遭到不可恢复的破坏，从而遗恨千古。如果把旅游资源的价值估计过高，有可能导致景区无人问津、门庭冷落，失去了旅游资源开发的意义。要处理好这些问题，必须正确认识以下几个问题：

①稀缺性。资源具有稀缺性，旅游资源也不例外。尽管旅游资源的范畴不断拓展，其涵盖的景观对象范围越来越广，而且可以重复利用，但在一定时期内旅游资源的增量是有限的，旅游资源的存量就很紧张。而旅游需求随着人们可支配收入的增加、闲暇时间的增多以及生活观念与方式的更新日益旺盛。人们对于高品质旅游资源的需求使得一些知名景区的超负荷运营就是最好的例证，这种稀缺性使得旅游资源价值有升高的趋向。

②不可分割性。旅游经营活动出售的是对旅游资源消费的权利，而不是具体的物质产品。旅游资源的消费只能是在保持完整性的前提下，由众多的旅游者共同享受，而不能像一般的商品那样分割为可以计价的单位进行销售。所以，这种不可分割性使得很难将旅游资源货币评估建立在"成本＋利润"的模式之上。

③潜在价值的不易衡量性。从宏观角度看，一方面从观光旅游阶段的名山大川到新兴起的生态农业旅游、传统工业旅游和高科技工业旅游，乃至未来的太空旅游等，旅游资源涵盖的范围不断扩大，内容包罗万象，旅游资源的范畴不断扩大，旅游资源的潜在储量无法估计。另一方面，在不同的历史时期，受国家政策、政治局势、经济水平、文化水平等因素的影响，人们的旅游需求往往会有很大的波动。从微观角度看，某一具体的旅游资源，受自然和人为两方面因素的影响，旅游资源的美学价值、环境状况、景区承载力、区位条件、经营模式的变化往往会对旅游者产生影响。旅游需求的不确定性导致旅游资源的潜在价值不易衡量。

旅游资源价值存在不确定性的更重要原因是旅游资源的价值随着人类的认识

水平、审美需要、发现迟早、开发能力、宣传促销条件等众多因素的变化而变化。在当地人眼中司空见惯的事物在旅游者眼中有可能是一项很有价值的旅游资源，如乡村的"老房子"。在一般人眼中不足为奇的东西，对一些专业旅游层次的游客而言，可能正是他们苦苦寻求的目标，如由秦始皇陵兵马俑第三次考古挖掘而兴起的深度考古游。所以，不同的人可以从不同的角度评估旅游资源的价值。另外，旅游资源价值会由于资源开发利用方式及开发利用外部条件的不同而不同。例如，同样一个湖泊，如果把它用于不同的观光度假、体育疗养或开辟为自然保护区，其经济价值的大小会有明显的不同。因此，旅游资源的价值只存在于一定的时间、开发条件与方式以及游客市场之中。

（2）永续利用性和不可再生性

永续利用性指的是旅游资源具有可以重复使用的特点。与矿产、森林等资源随着人类的不断开发利用会不断减少的情况不同，旅游产品是一种无形产品，旅游者付出金钱购买的只是一种经历和感受，而不是旅游资源本身。在旅游资源中，除了一些"特殊事件"（如重大的纪念庆典、奥运会和自然界奇异景象等）不可再现重复利用，以及少部分内容在旅游活动中会被旅游者消耗，需要自然繁殖、人工饲养、栽培和再生产来补充外，绝大多数资源只要不搞"竭泽而渔"式的过度开发，都具有长期重复使用的价值。也就是说，旅游资源大多数都不属于一次性消耗性资源，一般不存在耗竭的问题。因此，从理论上讲，旅游资源可以长期甚至永远使用下去。

不可再生性指的是旅游资源一般是自然界的造化和人类历史的遗存，总是在一定的条件下产生，一旦破坏就很难恢复，即使进行人工复原也是风韵无存。旅游资源虽然丰富，但作为一种特殊资源又是有限的，尤其是高品位的旅游资源极为有限。这些有限的资源，往往因为自然和人为的破坏而不断受到损毁乃至消失，尤其是现代城市化、工业化进程给旅游资源带来了极大的损毁。一些地方急功近利的旅游开发活动也对旅游地的自然生态环境文化传统及文化氛围、景观环境风貌乃至旅游景观本身造成了巨大的破坏。因此，在开发旅游资源的同时，旅游资源的保护工作必须同步进行。通过各种保护措施，一方面，减少其自然的损耗和人为的破坏。另一方面，保护好生态环境，也能为某些自然景观、人文景观的存在和发展创造良好的条件，从而延长旅游资源重复使用的期限。

6. 文化属性

（1）美学观赏性

美学观赏性指的是旅游资源具有美学特征和观赏价值。尽管旅游动机因人而异，旅游内容与形式多种多样，但观赏活动几乎是所有旅游过程不可缺少的。从一定意义上说，缺乏观赏性，也就不构成旅游资源。形形色色的旅游资源，既有雄、秀、险、奇、幽、旷等类型的形象美，又有动与静的形态美；既有蓝天、白云、青山、绿水、碧海、雪原的色彩美，又有惊涛骇浪、叮咚山泉、淙淙溪涧、苍莽松涛等的声色美；既有建筑景观的造型美、气势美、时代美，又有地方特色菜肴的味觉美、嗅觉美和视觉美……它们都给游客以符合生理、心理需求的美的享受。旅游，就是一次体验美的历程。旅游资源的美学特征越突出，观赏性越强，对旅游者的吸引力也越大。当然，由于旅游者的性格、爱好、年龄、性别及审美观念的差异以及自然旅游资源和人文旅游资源的美感、丰度、价值、结构和布局的因时因地而异，旅游欣赏也是多层次，具有多样性的。

（2）知识启迪性

知识启迪性指的是旅游资源具有知识内涵，其中蕴含着科学道理、自然规律、技术原理、艺术手法、文化意蕴，使得旅游活动本身成为一种文化交流与文化学习活动。人们通过观光、游览、参与、体验，可以得到各种知识和美的享受，丰富人们的知识，提高人们的智力水平，增加人们的美感。例如，奇峰异石、古树名花、幽深山谷、寂静山林、奇特天象等自然风光，无不蕴含着一定的科学哲理，激发人们热爱自然、探索未知；各种历史博物馆可以帮助人们回顾历史、了解历史，从历史的兴衰看社会的发展规律，从历史人物的命运学做人的道理；各种民族工艺品，让我们了解其他民族文化的精髓和特点，增进相互了解，促进民族团结；石窟碑林等艺术宝库让我们看到古代艺术的手法，体会美的震撼。旅游，也是一次获取知识、启迪心智的历程。同样，要获得这种知识和文化享受，往往与旅游者的文化修养、精神境界有着密切的关系。旅游资源的开发者应该深入研究旅游资源的文化内涵，并采取合理的措施使其文化内涵充分地展示在旅游者面前，增加对游客的吸引力，使更多人受益。

第三节 文化旅游资源开发规划

一、文化旅游开发规划

（一）文化旅游资源开发的可行性

1. 文化旅游资源承载力分析

承载力是资源的开发利用与环境相协调共存的极限值。对承载力的具体标准，目前还缺乏精确和可供推广的度量指标，主要从以下三方面来把握。

（1）文化承载力。开发文化旅游主要依赖特色文化资源，在开发过程中难免把它商业化；在接待游客期间，旅游者所带来的文化又会与本土文化发生冲击。如何在利用与保护之间找到一个平衡点，这是一个值得思考的问题。

（2）经济承载力。文化旅游资源开发的根本目的是为了获取经济效益，因此旅游部门常设计开发许多项目来吸引游客。但过度的开发又会给资源所在地带来物价上涨，过度的商业化行为也会令旅游景观失去魅力。开发文化旅游要在满足旅游者需要、获得目的地居民支持的前提下开展，两者和谐的极限就是经济承载力，这是开发商应把握的问题。

（3）环境承载力。对于文化旅游资源来讲，环境的保护不仅包括自然环境不受污染，还包括景观与周围环境相互协调（美学角度）。例如，在古色古香的木楼前修建一个现代化的广场就会显得有些不伦不类。

2. 文化旅游资源的可行性论证

这项工作要结合资源调查的结果进行，在调查数据、文字图像资料的基础上再深入研究。对开发的外部条件，尤其是客源市场的需求和发展趋势做出科学预测与周密分析；对开发建设项目、投资、产出、环境效益等方面做出综合评价概算。然后，在此基础上写出可行性论证报告交由主管部门批准。

（二）文化旅游开发规划原则

文化旅游开发是为了最大限度地、科学合理地利用现有文化资源，在开发规划过程中应遵循以下原则。

1. 强调文化内涵

文化旅游开发应注重旅游者的精神享受，在规划过程中要做"文化"文章。全面翔实地收集关于文化旅游资源的文化背景、历史渊源、民间传说、神话故事、风土人情、文物特产等资料是规划工作的第一步。设计活动项目既要有文化品位，又要易于人们接受并参与，避免迎合部分游客心理而落入低级俗套。

2. 突出主题形象

对文化旅游资源开发的初衷是通过提供各种产品和服务来突出资源的某种特色，特色资源是吸引游客的灵魂和动力。我们已把文化旅游资源从旅游资源中挑出来分门别类，同类资源在规划中也要有自身的特色，不能千篇一律。例如，同为道教名山，武当山的开发以真武大帝飞升为文化背景，泰山以帝王在此祭祀玉皇大帝为背景；各自的殿堂命名依据、景点开发方式都不尽相同，各自通过不同的建筑风格、节庆事件来塑造和突出主题形象。

3. 注重美学效果

旅游是一个让人感受美的过程，无论是欣赏山光水色的秀丽，还是领略历史文化的魅力，都是如此，在文化旅游开发规划中必须要突出"美"字。任何人工建筑物的体量、造型、风格、色彩都应与相应的自然环境与旅游气氛融为一体，使自然美与人工美协调统一，体现文化旅游资源的时空结构特色，合理发挥资源的节奏韵律。

4. 结合市场需求

开发文化旅游要引导人们从不同角度欣赏旅游文化，绝不是鼓励"孤芳自赏"，而要善于吸引人们积极参与到活动中来。旅游开发的最终目的是求得效益，包括经济、社会和生态三方面协调一致的综合效益。规划时要充分调查市场需求，选择目标市场，开发出受市场欢迎、适销对路的旅游产品。在发挥经济效益的同时也要注意社会效益和生态环境的保护及建设，从而使旅游业真正能够持续协调地发展。

5. 加强资源保护

文化旅游资源是人类历史文化遗产，极为珍贵，一旦破坏，便不可能再恢复。例如，某城市为修建道路，将西汉年代留下的一段古城墙拆毁，事件发生之后受到社会各界的痛斥，等意识到破坏的严重性而要挽回时，为时已晚，不能失而复得，后悔莫及。文化旅游资源被破坏后其魅力也随之消失，无形的损失更为惨重。体现在行为上，不仅要保护现有资源，还要将保护思想渗透到规划工作中去，确定保护类型和级别，并采取有效措施，使保护真正落到实处。

（三）文化旅游资源的主题形象定位

经过文化旅游资源的调查、评估，我们对其优势及劣势已有了清楚认识。要想扬长避短、合理开发出特色文化旅游产品，首要步骤就是塑造文化旅游资源的主题形象。主题形象是资源的生命，也是形成竞争优势最有力的工具。美国著名营销专家菲利普·科特勒对定位理论进行了系统化、规范化的描述，他指出，定位是树立组织形象，设计有价值的产品和行为，以便使细分市场的顾客了解和理解本企业组织与竞争者的关系。

若文化旅游产品雷同，主题形象模糊混乱，很容易使游客经历平淡以至于无人问津。特色的首要表现就是主题形象鲜明有个性。在文化旅游开发中，主题形象定位是核心问题。

1. 旅游资源形象的形成过程

从时间上看，旅游资源的形象形成可划分为三个阶段，即原生形象、引致形象与复合形象。

一位游客在未决定旅游之前，头脑中有一系列的旅游景点成为可选方案，并在心目中有由经历或教育形成的各个旅游点的形象，即原生形象。

一旦有了旅游的动机，并决定要行动时，他就会有意识地搜寻有关目的地的信息，并对这些信息进行加工、比较、选择。其方式主要是看有关旅游的刊物、报纸、电视节目及旅游机构的宣传手册，从中提炼有用的信息，加工形成引致形象。

对可选旅游目的地的旅游成本与受益及形象进行比较，从而选择合适的目的地。到目的地旅游后，通过自己的经历，结合以往的知识形成一个更综合的复合形象。人们依据复合形象对可选目的地再进行比较、选择，决定再次到原目的地旅行或另择他地，从而形成一个良性循环。

从以上形象形成过程可以看出，旅游资源在旅游者心目中形象的形成与宣传促销的方式、产品和服务的质量密切相关。文化旅游资源开发的最终目的是使资源的利用朝良性循环方向发展，吸引越来越多的回头客。

2.影响文化旅游资源形象定位的因素

形象定位就是针对目标市场，通过服务实效和宣传控制，在公众心目中树立起资源的独特形象和风格。影响文化旅游资源形象定位的因素如下。

（1）主体特色。开发中做"文化"文章的基础是文化旅游资源的质量个性和价值个性。若资源本身特色鲜明，文化内涵丰厚，我们就容易为其设计形象，否则就是"巧妇难为无米之炊"。另外，在调查资源的过程中，会有许多价值涌现，这时就需要抓住最闪光的特性，并提炼加工成独特的销售点或形象推广立足点。

（2）规划思想。规划思想对形象定位起指导作用。在开发中是重视与所在区域的形象统一，还是重视个体文化内涵的体现；是注重文化欣赏角度的挖掘，还是注重文化参与性项目的设计，不同的侧重点对形象塑造的要求不尽相同。因此，在形象定位之前，规划思想要先确定，以引导形象定位的方向。

（3）传播方式。在上述形象形成过程中，由原生形象转为引致形象阶段需要依赖于各种传播媒介，如电视、广播、报纸、宣传册等。公众通过对种种传播信息的比较、分析，了解目的地情况，产生旅游动机并进一步做出决策。公众能否有效准确地接收到主体信息，主体优势能否通过传播得到进一步突出，资源形象能否在这一阶段很好地树立，都有赖于传播方式的有效与否。传播方式主要是营销推广、广告与公关等宣传方式，使用的标识符号除文字、语言外，还包括名称、标志、颜色、字体等。传播方式的有效使用在某种程度上还可以弥补某些文化旅游资源优势的不足。

（4）产品质量。由引致形象转变为最终的复合形象，中间是通过对目的地的实际感受得出的结论。有人戏称宣传攻势做得好，而实际的产品质量很差的景点为"百闻不如一见，见了不想再见"，这是形象树立的大忌。我们开发文化旅游就是要延长产品的生命力并促使它吸引回头客，形成良性循环，而不是以这种短视的商业化行为来败坏旅游形象。外界宣传工作做得好是前提，游客亲身感受到质量上乘是关键。文化旅游资源开发的最佳效果是既满足人们一时的物质与精神需要，又耐人寻味。这要求旅游景点的经营活动要规范，项目设计要吸引人，服务态度要热情优质，使游客感受到安全、舒适、受人尊重，项目品位高雅、趣味盎然、回味无穷，这才能使文化旅游资源的优良形象深入人心。

其他因素。除上述四个因素外，景点所在区域的政治局势、生活水平、经济状况、居民态度都对资源形象的塑造起关键作用。

3. 文化旅游资源形象的塑造

（1）目的地形象的测定。规划的前提是确立主题形象，这个工作是建立在现有状况基础上的，只有对目前形象准确了解才不至于盲目行事。测量目的地形象的方法包括两方面的内容。

一是设计一系列漫谈式问题，这些问题描述了目的地形象的整体要素特征，既包括功能方面及心理方面，也涉及有关形象的独特特征与气氛。

二是建立一系列有效且可靠的衡量尺度，以这些尺度从功能和心理方面来测量目的地形象的共同属性部分。测定目的地整体形象的共同属性部分包括以下几个问题。

你把某某地方当作旅游目的地时，其会在你头脑中出现什么样的形象与特征？（功能整体部分）

如何描述这个目的地所期望经历的气氛？（心理整体部分）

列出你认为某某目的地所具有的独特的旅游吸引物。（唯一性部分）

第一个问题请被访者自由地描述目的地的总体形象，需要涉及目的地形象的功能特性。第二个问题要抓住目的地形象的总体心理方面的特征，描述目的地的气氛。第三个问题用来判断被访者认为目的地独特的吸引物。

（2）修正、强化或重塑形象。通过测定可对目前文化旅游资源形象有一个准确的掌握。根据规划思想对资源形象塑造的期望值来分析现有形象中哪部分可修正利用，哪部分可发扬光大，哪部分要彻底否定。

第一，修正形象。由于原有宣传的偏差而出现不利于资源发展的形象时要及时修正，以消除负面效应。例如，旅游胜地海南省，曾一度被舆论界认为其文化发展倾向为"泰国模式"，这在中国显然与传统道德观念相冲突，不可能实现，许多游客也感到有些活动不能接受。这时，海南省旅游开发部门就要扭转这种局面，采用多种手段纠正被扭曲的形象，树立健康的南国风情形象。及时扭转负面影响的做法在实际看来是成功的。

第二，强化形象。经调查发现，公众对某资源产生的文化影响已接受，只因宣传力度不够导致销售额上不去，这时需要运用多种手段来丰富单一或模糊形象，推广产品形象。例如，湖北省随州市，人们知道它是神农炎帝的故乡，并知道它是湖北省著名文物——编钟的出土地，但随州的旅游并不兴旺。为开发随州的文化旅游资源，随州市旅游局举办了多届"神农炎帝旅游节"，设计了专题旅游线路"神农炎帝故里之旅"，吸引了许多国内外游客，以多种方式强化随州的形象，促进随州市旅游业的发展。

第三，重塑形象。在调查中发现有的形象对资源的进一步开发毫无益处，反而阻碍其发展，应彻底否定原有形象，革新正面形象。例如，长江三峡作为大自然对人类的馈赠，富含巴楚文化，一度是湖北省旅游业的拳头产品，但在三峡工程开工、截流之际，许多旅游单位为追求商业利益，提出了"告别三峡游"的口号，这一错误形象的塑造虽吸引了海内外大量游客，却使三峡经过一段时间的人满为患、投诉不断之后陷入了无人问津的局面。其实即使水位上升，我们仍能领略到巴山楚水的奇妙和土家歌舞的魅力。在这种情况下，要挽救三峡旅游的生命，就要重塑形象。湖北省旅游管理部门举办了"国际旅游节""三峡徒步行——跨世纪壮举"等活动，提出"永远的三峡""三峡，不说再见"等口号，种种努力为的是消除人们对三峡旅游的误解，重振三峡雄风。当然，重塑形象是一个艰难的过程，但却是我们进一步规划的先决条件。

（3）塑造工具。旅游区形象的塑造主要通过两个工具实现，即产品服务与公关宣传。产品服务的最终感知是在游客旅游经历中反映出来，塑造形象主要从功能属性、心理感知等方面入手。通过分析发现，人们在旅游度假前的形象感知与心理决策要经历三个阶段。第一阶段是梦想阶段，即梦想一个理想的度假。第二阶段则是搜集信息与估计能真正享受理想度假的可能性。第三阶段是实际旅游决策阶段。因此，相应的广告宣传策略应该是在梦想阶段提供"形象"广告。第二阶段提供"咨询"广告，即提供有关信息。第三阶段则为"直接"广告。针对形象形成的三个阶段也应提出不同的宣传方式。在原生形象形成阶段，主要采用信息性的宣传方式来针对未光顾者；在次生形象形成阶段，则采用劝说性的宣传方式，主要针对第一次光顾者；对复合形象形成阶段，则采用回忆性宣传方式，主要针对回头客。

二、文化旅游开发项目设计

文化旅游资源能被旅游业所利用，形象树立是第一步，关键还在于设计开发出有文化特色的、有吸引力的旅游项目。

（一）文化旅游景点的开发

对体现不同文化特征的旅游资源，开发中应始终贯穿"做文化文章"的思想，打特色牌。首先，从"点"的角度考虑景点自身的开发，进行资源调研、评价，了解它的开发状况及发展潜力。其次，在规划原则基础上，对景点进行形象定位，然后设计景区的活动项目。最后，景区内的文化内容要围绕主题进行拓展，格调高雅的内容使文化主题有血有肉。

景点内的文化旅游开发要注意以下两方面。

1. 注意文化内涵的最佳表现

文化是千百年来历史沉淀的结果，开发特色文化旅游切忌肤浅。历史上文人留下的诗文辞赋举不胜举，发生过的历史事件也多如牛毛，可以将它们开发成供游客瞻仰、欣赏的项目，如纪念馆、诗词堂等；对围绕自然景观的内容设计，既要避免单调枯燥的科学解说，又要避免大量庸俗化的神话附会，而应以科学美学与景点美学为主线，适当加以民间故事的点缀，建造必要的文化设施，可开发观赏、尝试等参与性项目，如民俗表演、自制陶器等。总之，要以最佳形式让游客充分领略到文化旅游的乐趣。

2. 注意参与性活动的设计

文化景观若仅仅停留在看、赏的程度，估计还不能满足游客旅游的需要。在活动项目设计中应加入游客参与成分以提高他们的兴趣，使他们记忆深刻。例如，鄂西南开发土家风情游中请游客"娶"新娘；傣族泼水节中游客与当地居民互相泼水欢庆；佛教朝拜中教游客如何"五体投地"、虔诚向佛；游历古战场时游客一身盔甲去想象自己带兵驰骋沙场的豪迈……这些都让游客在亲身感受中领略到所表现的文化精髓。

"点"的开发是"线"与"面"的开发基础。

（二）专题旅游线路的设计

"旅游线路"有两个层次上的不同含义。第一种是通俗层次上的用法，指在旅游地或旅游区内游人参观游览所经过的路线，它是某种行动的轨迹，仅涉及旅游通道。在这种意义上，它和"游览路线"是同义词。第二种是专业层次上的用法，是旅游经营者或旅游管理机构向社会推销的产品。在时间上，它包括从旅游者接受旅游经营者或旅游管理机构的服务开始直至圆满完成旅游活动、脱离旅游经营者或旅游管理机构的服务为止；在内容上，则包括在这一过程中旅游者所利用和享受的一切，如行、食、宿、游、购、娱等各种旅游要素，并且各环节环环相扣、密切配合，有机地安排在事先确定的日程中。所以，此种"旅游线路"的含义较其通俗用法丰富，它是根据旅游需求和旅游供给两方面因素而设计的综合性产品。这里侧重于从第二种含义来探讨旅游产品的开发与组合推广。开发文化旅游不仅要考虑如何挖掘某文化旅游资源的文化性，让游客感知，还要考虑如何将此类文化旅游资源设计成专题旅游线路以及如何将这一资源与其他可互补的资源搭配形成专题旅游线路。

1. 设计需考虑的因素

（1）市场。目标市场特征在总体上决定了旅游线路和性质。例如，神农架自然保护区不仅有茫茫原始森林，空气清新，还有丰富的稀有动植物，在海内外充满"野人"之谜。在专题线路设计时，若针对青年"冒险家"，可开发神农架原始森林探险考察之旅;若针对巴楚文化爱好者，可开发"神农架、神农溪（双神）"旅游线；若针对中老年游客，可开发神农架度假旅游线、专题文化旅游线等。可开发角度，取决于市场需求。另外，在设计专题旅游线路时要考虑效益，事先要做投入与产出的分析，以市场为导向获取经济效益和社会效益。

（2）主题。每一条旅游线路都应具有自己独有的特色，形成鲜明的主题，此特色或主题的形成主要依靠将性质和形式有内在联系的景点串联起来，并在食、住、行、游、购、娱等方面选择与此相应的表现形式。文化专线旅游是以某文化主题为线路贯穿始终，而组成此线路的各景点地灵活多样，可以有城市、山水，并非拘泥于本地文化资源。

（3）游程。在设计线路时，必须充分考虑游客的心理、体力和精力状况，并据以安排其结构顺序与节奏。不宜将日程安排得过于紧张，若所体现主题有些严肃，可穿插些轻松节目；在组织各景点时注意游程不能重复，尽可能串联成环形线路；观赏性景点与参与性景点结合，购物安排在最后一站，为游客行程带来方便。

2. 设计程序

文化旅游专题线路设计大致可分为四个步骤。

（1）目标市场。市场细分后确定此类文化旅游资源的目标市场，研究目标群体的特征、兴趣、爱好，找准市场切入点。

（2）确定线路主题。在知己知彼的基础上，根据文化特色，寻找吸引游客的闪光点，确立特色主题形象。这是对整个线路设计过程的把握。

（3）选择组合景点。以主题为标准，选择同类文化旅游资源或可互补、可增色的其他资源，能最好地表达主题并且有一定的知名度。在选择中兼顾上述游程的要求，注意景点的特色及距离。

（4）优化设计线路。根据所选景点特征，综合考虑文化主题的展现及带给游客的感受，优化设计线路。一条旅游线路应如同一部艺术作品，体现序幕—发展—高潮—尾声。

三、文化旅游产品的市场销售策略

文化旅游产品的市场销售策略是指通过全方位的整体营销手段与旅游目标市场消费者（现在和潜在）进行沟通，建立自身鲜明的市场形象，最终实现产品的全面销售。

（一）文化旅游产品的营销渠道

旅游产品营销渠道又称分销渠道，它是指文化旅游产品从旅游生产企业向旅游消费者转移过程中所经过的一切取得使用权或协助使用权转移的中介组织或个人，也是文化旅游产品使用权转移过程中所经过的各个环节连接起来而形成的通道。

在市场不断发展成熟的条件下，大多数产品并不是由生产企业直接提供给消费者，而是要经过或多或少的中介组织，即中间商。文化旅游产品也不例外。旅游中间商是专门化的市场营销组织，市场接触面广、信息来源多、熟悉消费者，并可实现规模化经营，因而旅游生产企业借助于旅游中间商就可使自己的产品打入广阔的市场，节约资金费用，提高营销效率和投资收益率。

在市场营销中，由于旅游市场、旅游企业、旅游中间商及旅游消费者等多种因素的影响，文化旅游产品营销渠道也形成了多种多样的状态，一般来说可分为直接和间接两种类型。

1. 直接营销渠道

这是指旅游企业在其市场营销活动中不通过任何一个旅游中间商而直接把旅

游产品销售给消费者的营销渠道。

通过这种营销渠道，旅游企业直接和顾客交流，有利于直接获得旅游消费者的信息，有助于提高旅游产品的质量，控制旅游产品的成熟过程和程度，强化旅游企业的形象。例如，深圳中国民俗文化村主动通过媒体传播各种信息，开展各种活动，直接吸引游客前来游玩。这是在产品直接销售量大和旅游消费者购买力较为稳定的情况下，产品所属企业可以省去中间商的营销费用，以较低成本获取较高收益。

2. 间接营销渠道

这是指旅游企业通过两个或两个以上的旅游中间商向旅游消费者推销旅游产品的营销渠道。间接营销渠道是目前主要的旅游产品营销渠道方式。渠道越长，旅游产品市场扩展的可能性就越大，但旅游企业对产品销售的控制能力和信息反馈的清晰度就越差。间接营销渠道按中间环节的多少和使用平行渠道的情况分为两种。

（1）一级营销渠道。这种营销渠道具有两个环节，即旅游企业→旅游零售商为第一环节，旅游零售商→旅游消费者为第二环节，旅游企业通过这两个环节把旅游产品销售给顾客。这种营销渠道具有降低成本、减少开支从而提高旅游企业经济效益的优点，且又适宜于营销批量不大、地区狭窄或单一的旅游产品。

（2）多级营销渠道。这种营销渠道具有三个环节，即旅游企业→旅游批发商为第一环节，旅游批发商→旅游零售商为第二环节，旅游零售商→旅游消费者为第三环节。这种营销渠道在国际旅游中使用最为广泛。由于大型旅游批发商的规模、手段、网点比零售商大得多，而且销售地区较广，具有较为明显的优点。

文化旅游产品通过间接营销渠道被推广，其合作伙伴通常是旅行社，特别是专题旅游线路的推广，主要依赖旅行社组团招徕客源，当然也需要与其他部门合作，以求最大程度被推广。这就要求产品所属单位与合作单位加强联系，使文化旅游产品在宣传、促销等方面获得最佳效果。

（二）文化旅游产品的促销

文化旅游产品的促销即旅游企业通过各种宣传、吸引和说服的方式，将产品的信息传递给文化旅游产品的潜在购买者，促使其了解、信赖并购买自己的产品，以达到扩大销售的目的。

　　旅游促销组合最基本的策略就是推拉策略。推式策略是着眼于积极地上门把本地企业产品直接推向目标市场，表现为在销售渠道中每一个环节都对下一个环节主动出击，强化顾客的购买动机，说服顾客迅速采取购买行动。这种策略显然是以人员推销为主，辅之以上门的营业推广活动、公关活动等。拉式策略是立足于直接激发最终消费者对购买本旅游产品的兴趣和欲望，促使其主动向旅行社或其他中间环节寻求指名服务，最终达到把旅游消费者吸引到本旅游地或旅游企业身边来的目的。这种策略则是以广告宣传和营业推广为主，辅之以公关活动等。

　　在以推式为主的旅游促销组合策略中，锥形突破是一种很奏效的非均衡快速突破策略。它是指旅游地或企业将自身的多种旅游产品排成锥形阵容，而以唯我独有、最具招徕力的拳头产品作为开路先锋（锥尖），以求其像锥子一样迅速突破目标市场，然后分梯级、阶段连带，层层推出丰富多样的旅游产品。这种策略就是采用以人员推销、营业推广为主，辅之以广告宣传的促销组合策略。

　　在文化旅游产品的促销策略中使用的促销方式有旅游广告、旅游公共关系、旅游营业推广、旅游人员推销四种。

　　1. 旅游广告

　　这种方式对文化旅游产品的形象推广有很大的作用。根据使用媒体的不同，旅游广告可主要分为报刊广告、电波广告（利用广播和电视）、户外广告（利用广告牌、灯箱、条幅等各种室外展示物）、自办宣传品广告（招贴、地图、手册、音像、材料、文化衫等）。

　　旅游企业如何有效地发挥旅游广告的作用取决于其对旅游广告运用的有效管理过程，这一过程就是旅游广告主要在一定市场营销策略指导下，制定与之相适应的旅游广告策略，实施后评价其效果，再根据广告策略加以调整。

　　在广告传播信息的内容选择上，要突出文化旅游产品的特色，以新颖的表现形式引起公众的注意。

　　2. 旅游公共关系

　　旅游公共关系在旅游市场营销中主要发挥着两方面的作用。

　　（1）塑造本旅游地或旅游企业及其文化旅游产品富有魅力的公众形象，提高自身的知名度和美誉度，以增强市场竞争能力。

　　（2）公共关系是促销组合中起着独特而重要的促销作用的因素。通过与旅游业相关各类公众的双向沟通，尽可能形成对本旅游企业有利的市场经营环境，或有利于本旅游企业动态适应市场环境的变化。对企业一般不可控的市场营销环境，仍能通过公共关系的手段施加积极的影响。例如，努力与旅游中间商、旅游供应商、金融机构、广告媒体，甚至市场竞争者等有关公众建立彼此信任和合作的关系，以有利于旅游市场营销活动的开展；努力与消费者公众、新闻界公众、社团公众、内部公众形成彼此了解、信赖的关系，以形成对旅游业及公众对话，以形成对旅游业及本旅游企业营销有利的政策法规环境。同时，通过对各类公众的征询沟通，可及时反馈市场经营环境的变动，以利于旅游市场营销者迅速做出准确的反应。

文化旅游产品活动推广常采用的公关方式有：以特别的仪式为标志的庆典；为名人或著名事件，或为庆祝丰收而举行的年度仪式；为纪念作品、工艺点展览的文化事件；地区性具有相当规模影响的交易会；具有一定主题的地区娱乐、聚会。

在利用信息方面，既要善于寻找新闻，又要善于制造新闻，突出名、新、奇的新闻价值，以塑造产品的良好形象并招徕客源。

3. 旅游营业推广

旅游营业推广是指旅游企业在某一特定的时期与空间范围内通过刺激和鼓励交易双方，主要采用如表 6-1 所示的 4 种典型方式。

表 6-1　营业推广的 4 种典型方式 ①

营业推广方式	实施内容	目的
促销——针对终端消费者	赠送纪念品、旅游地特产、风情画册、各种价格折扣、消费信用、特殊服务等	增加直接销售
竞赛——针对推销员	红利提成、推销竞赛、特别推销佣金、销售集会等	激励销售动力
联营——针对生产商	批量折扣、现金折扣、业务会议、联营促销、提供 POP 招贴画、小册子、录像带、推广津贴	拓展销售管道
联营——针对生产商	租赁促销、类别旅游折扣、订货会、配套服务等	完善产品供给

① 鲁峰. 旅游市场营销：理论与案例 [M]. 上海：上海财经大学出版社,2015.

4.旅游人员推销

所谓旅游人员推销，就是旅游企业从业人员直接与旅游消费者或潜在消费者接触、洽谈，宣传介绍旅游产品或服务，以达到促进销售目的的活动过程。简而言之，就是旅游推销人员说服旅游者购买旅游产品的过程。

文化旅游产品促销中采用此种方式推销的主要有派员推销，另外还有小组推销、电话推销、书面推销、导购推销等多种形式。这种推销方式使工作人员直接与顾客接触，了解他们的心理变化，更具有目的性。要注意的是，合作以后的后续工作不能少，以增加回头客，同时争取更多的新顾客。

第四节　旅游资源整合与管理

一、旅游资源整合

"整合"一词最早是地质学名词，后来被广泛应用到企业管理、经济科技、社会人文各领域，出现了诸如营销整合、产业整合、知识整合、文化整合等许多新兴词汇。关于"整合"的含义，1999年版《辞海》的解释为"整理、组合"①。徐国志从系统论出发，认为除了上述释义，还有结合、耦合、融合等词义，以及把诸多差异的东西整理、安排、集成为一个统一体的含义。②王正新认为，"整合"更突出的是互动的过程与可能的发展，以协商或协议为工具来达成某些共识，并且在此共识下承认并接受个体的个别性存在。③综合来看，"整"是一个调整、协调、适应的过程，是手段方法，是"合"的前提和实现途径；"合"是一种匹配、融合、协同的状态，是"整"的目的和预期结果。旅游资源整合一般是指旅游资源的管理者和经营者根据区域旅游发展的总体目标和旅游市场供求情况，借助法律、行政、经济和技术等手段，使各种旅游资源要素结构合理、功能统一，从而实现区域旅游资源综合效益最大化的过程。

（一）旅游资源整合有利于实现旅游产业升级

旅游资源是旅游产业升级的基础。改革开放以来，我国开发建设了大量各种

---

① 夏征农.辞海[M].上海：上海辞书出版社,1999.
② 徐国志.红月亮[M].成都：西南交通大学出版社,1991.
③ 党耀国,王正新,钱吴永,等.灰色预测技术方法[M].北京：科学出版社,2015.

类型的旅游景区（点），但目前存在着旅游资源空间结构相对松散、同类旅游资源重复开发、旅游资源产业链条单一、特定区域旅游资源缺乏主题、"门票经济"现象严重等诸多问题。要实现旅游产业升级，势必要解决上述问题，而旅游资源整合提供了有效的思路和手段。旅游资源整合能够集合单体旅游资源优势，合理分工、有效互补，容易实现规模优势与集群优势，从而夯实旅游产业升级的资源基础。

（二）旅游资源整合有利于促进区域协调发展

在世界经济全球化与区域化的背景下，旅游业的竞争已经从景点竞争、旅游线路竞争、旅游目的地竞争发展到区域竞争。随着人们可支配收入的提高和闲暇时间的增多，旅游者更倾向于进行深度旅游、个性旅游，这对于旅游资源的品级、丰度等提出了更高的要求。如果一定区域范围内旅游资源重复开发、恶性竞争，显然不利于区域旅游的全面、协调、可持续发展。旅游资源整合要求打破地域限制、行政分割，更加科学合理地对旅游资源点和资源区进行划分和布局，使区域旅游活动内容丰富、层次多元，满足各类旅游者的需求。目前，我国各区域开展的区域旅游合作都已经充分认识到旅游资源整合的必要性和重要意义，一些区域提出了明确的整合目标和策略，初见成效。例如，2006年长江三角洲旅游城市高峰论坛通过的《金华宣言》提出："建立长三角区域旅游产品开发、宣传促销、信息发布、目的地环境营造等联动机制，逐步形成沿江（长江）、环湖（太湖）、沿海（东海）、沿河（大运河）、沿线（高速公路、铁路）的十大长三角旅游精品线路及子区域的50条旅游精品线路，整体形成长三角旅游产品体系。"实质上运用的正是旅游资源整合的思想和方法。

（三）旅游资源整合有利于形成区域品牌形象

在旅游供给极人丰富、信息传媒日益发达的社会里，内涵丰富、鲜明生动的旅游形象会对旅游者产生巨大的吸引力。在一定区域范围内，往往存在着若干个旅游资源单体，其旅游形象千差万别，带给旅游者的印象通常是碎片式的。旅游资源整合就是要在全面分析各种旅游资源特点的基础上，寻找共性，设定主题，重组资源，集合优势，塑造区域形象，形成品牌优势。例如，截至2009年6月底，山东省共有2处世界遗产、33个AAAA级以上旅游区、5个国家级风景名胜区、

100 个全国文物保护单位、36 个国家级森林公园、7 个中国历史文化名城、29 个中国优秀旅游城市，旅游资源种类繁多、各具特色。如何定位山东省旅游形象，着实具有难度。山东省旅游主管部门在不断调查、评价、整合旅游资源的过程中，先后提出"一山一水一圣人"和"走近孔子，扬帆青岛"等口号。2007 年，山东省旅游局推出了"文化圣地度假天堂"的形象宣传口号和"好客山东"的旅游品牌标识，这些品牌形象产生了良好的市场效应，山东的旅游总收入连年增长。山东旅游形象的定位，正是在对全省旅游资源整合评价的过程中不断改进提高，真正形象生动地凸显了山东省旅游资源的特点和优势。

二、旅游资源整合原则

（一）整体优化原则

整体优化原则强调在整合过程中，要重视各旅游资源要素之间相互依存、相生相养、共同发展的关系，避免区域内各旅游资源主管单位或开发主体受利益的诱导而使旅游资源人为分割，整体吸引力和竞争力削弱。本着各要素或各景区之间为一个利益共同体的原则，划分内部开发小空间，从各要素与各景区之间的差异中找出共性，作为开发的基础，进行资源的合理配置。但需要注意的是，整体优化原则并不是各旅游资源单体平起平坐，在开发时序上也不是齐头并进。整合的过程可能要牺牲一些局部的利益，尤其是在开发初期的整合，往往实施"重点优先，分步开发"，逐步形成整体优势。区域旅游资源整合开发应站在战略高度把握区域旅游资源的整体特点、主导优势、内部差异与互补、周边环境状态、与他域之间的比较优势等，进行区域整合的整体运作，实现旅游资源经济、社会与环境效应的最大化。

（二）协调互补原则

协调互补原则强调整合过程中要促成同类旅游资源的错位开发与异类旅游资源的优势互补，形成品种丰富、层次多样、功能完善、适应多种不同需求的旅游产品体系，提高区域旅游的核心竞争力。同类旅游资源一般具有天然的竞争性，保继刚等学者对旅游资源空间竞争的研究，证明了同类旅游资源间存在着替代性竞争现象。旅游资源整合要从全局出发，探索有被替代可能性的旅游资源的发展路径，从而避免恶性竞争对区域旅游形象和利益的影响。异类旅游资源一般具有天然的互补性，整合就要在不同类型旅游资源中寻找共性，设计共同的开发主题，进行有效的衔接和串联，形成游客心目中整体的旅游形象，促进各旅游景区（点）高效互动，塑造区域旅游品牌，保障区域旅游发展的良性循环。

（三）市场导向原则

市场导向原则强调整合过程中要不断根据市场需求变化，调整旅游资源构成、主题和层次，提高旅游资源效用值，最大限度地满足游客的需求。在旅游资源整合开发之前，要进行市场调查，准确掌握市场动向，包括目标市场的规模、结构、消费者特征等。在初次开发后，要关注市场的变化，及时调整旅游资源构成进行再开发，从而保证区域旅游竞争力。旅游资源整合是一个优化提升区域旅游产业的基础性工作，市场需求为其指明了方向和目标，所以，旅游资源整合要坚持市场导向原则。

（四）以人为本原则

新时期旅游发展倡导"以人为本，和谐旅游"，旅游资源整合也要做到以人为本，统筹兼顾，持续发展。因此，旅游资源的整合既要把握各要素的内在联系，又要体现旅游资源开发的地域组织规律；既要统筹区域旅游的当前利益与长远利益，又要兼顾局部利益与全局利益；既要满足旅游者的旅游需求，又要尊重社区居民的感受。在需要牺牲个体利益换取区域整体利益的情况下，要建立利益补偿机制。只有坚持以人为本的原则，才能保证区域旅游整合开发沿着科学的轨道发展。

（五）政府主导原则

参与旅游资源开发的有各地方政府、行业主管部门、交通能源部门、景区经营者、酒店宾馆、旅行社、当地居民等，其中，政府发挥主导作用。旅游资源整合的主体是资源的所有者、管理者或经营者，由于旅游资源的实际所有权掌握在负责管理的各级地方政府手中，即各行政区"主宰"旅游资源的所有权和开发权，因此，对边界共生旅游资源进行整合的核心主体应是相关行政区政府，它们应在资源整合中扮演倡导者和组织者的重要角色。归纳起来，政府的职责主要有：转变观念，倡导整合；建立模式，引导整合；制定政策，保障整合；组织协调，促进整合。

三、旅游资源的管理

（一）旅游资源产权管理

产权不是一般的物质实体。著名的产权经济学家弗鲁博顿和芮切特认为："产权不是指人与物之间的关系，而是由物的存在及对于它们的使用所引起的人们之间相互认可的行为关系。产权安排确定了每个人相对于物时的行为规范，每个人都必须遵守与其他人之间的相互关系，或承担不遵守这些关系的成本。"① 因此，产权是一系列用来确定每个人相对于稀缺资源使用时的地位的经济和社会关系。产权作为人与人之间的经济权利义务关系，无论以何种形态存在，都不同程度地表现出排他性、有限性、可分解性和可交易性等基本属性。旅游资源产权除了具有产权的一般属性外，还具有一定的特殊性，如旅游资源产权是公共产权，具有社会公益性；旅游资源产权的行使具有较强的"外部性"；旅游资源产权保护功能的内生性等。

旅游资源产权是指由于旅游资源的存在及对于它们的使用所引起的人们之间相互认可的行为关系，它是旅游资源所有权和各种利用旅游资源权以及义务的行为准则或规则。具体来说，是指在旅游资源开发、治理、保护、利用和管理过程中，调节地区与部门之间以及法人、集团和国家之间使用旅游资源行为的一套规范的规则。

由于完整的产权是以复数形式出现的，因此旅游资源产权也是一组权利，主要包括：①狭义的所有权，即旅游资源的终极性、归属性。②使用权，包括消费性使用和生产性使用两方面。③管理权，决定如何使用旅游资源的权利。其他一些权利，如收益权、处置权等均可归入这三项权利中讨论。旅游资源产权有三大特征：①旅游资源的所有权主体大多是国家。②政府代表国家支配旅游资源，旅游资源的行政管理在很大程度上代替了旅游资源的产权管理。③旅游资源管理部门分散，资源利用率较低。

（二）旅游资源信息管理

旅游资源信息是一切事物现象及其属性标识的集合，是客观事物状态和运动

---

① 埃里克·弗鲁博顿，鲁道夫·芮切特.新制度经济学 一个交易费用分析范式 [M].姜建强，罗长远，译.上海：上海人民出版社，2013.

特征的一种普遍形式，人们通过它可以了解事物或物质的存在方式和运动状态。信息一般通过数据、文本、声音、图像这四种形态表现出来，能够被交换、传递和存储，是一种能够创造价值的资源。

人们在调查、研究、管理旅游资源过程中产生的信息被称为旅游资源信息。旅游资源信息不仅包括旅游资源本身的信息，而且包括与旅游资源相关的信息，如旅游交通、购物、娱乐、当地社会经济概况等方面的信息。随着旅游业的发展，对旅游资源的调查、规划、管理工作也相应地越来越细致，因而产生的旅游资源信息也随之出现了较大的变化，逐渐表现出了衍生信息迅速增加、表现方式多样化的发展趋势。

不仅旅游资源信息内容非常丰富，而且旅游资源信息的服务对象也相当广泛，它不仅为与旅游相关的人员服务，还为一般的用户服务，这些都使得旅游资源信息相对于其他资源信息有许多不同之处。概括起来，旅游资源信息主要具有海量性、区域差异性、时效性、不易传播性、综合性和层次性等特点。

旅游资源信息管理是对旅游资源信息进行开发、规划、控制、集成、利用的一种战略管理。其实质就是对信息生产、信息资源建设与配置、信息整序与开发、传输服务、吸收利用等活动的各种信息要素（包括信息、人员、资金、技术设备、机构、环境等）的决策、计划、组织、协调与控制，从而有效地满足旅游者、旅游经营者、旅游管理者使用旅游资源信息需求的过程。

尽管政府部门和有关专家为旅游资源信息的收集、利用制定了相关政策和实施办法，旅游主管部门和行业组织对旅游资源信息的收集、发布做了很多工作，但我国在旅游资源信息管理自动化方面起步较晚，与使用信息技术手段相比，传统的管理手段存在许多不足之处，突出表现为采集和管理手段落后、信息涵盖面和精度均不尽如人意、信息的管理和使用不成体系、信息更新缺少动态性和时效性等，很难为旅游资源信息的收集、管理、使用提供可靠、权威的保障。因此，迫切需要新技术、新手段来代替人工方式，以提高旅游资源信息采集和管理的效率和准确性。

（三）旅游资源开发利益相关者管理

1.旅游资源开发经营者管理

在景区保护的所有核心利益相关者中，开发商的利益诉求指向最为清晰。而开发商的经济利益如何与社会公共利益对接，传统经济学理论对此做出了回应。它指出，企业的社会责任主要通过提供能满足社会需求的产品和服务来实现，如果一个企业在保证高效率使用自然和社会资源的前提下，为消费者生产和供给价格适宜的需求物，那么它就为维护社会公共利益做出了分内的贡献，即企业唯一的任务就是在合法经营中追求自身利益最大化。然而，在监管机制不完善的情况下，对于历史文化景区的保护与发展方面，开发商为实现自身利益最大化而损害他人合法利益的现象依然存在，迫切需要健全相关机制，加强监管。

因开发商在追求经济利益最大化的过程中不可避免地对景区的历史文化遗产造成威胁、对自然生态系统施加压力，因此，常被研究者视为景区保护与可持续发展中的危险分子，开发商对经济利益的疯狂追求最终会衍生出一系列社会责任的问题。早期，在开发商还没有意识到历史文化遗产的保护与景区旅游的可持续发展的必要性时，在发达国家，大多数开发商不自觉地赞同温和学派对保护与持续发展的解释。也就是说，早期开发商在实现利润增长过程中会对资源和环境造成持续破坏。而如今，随着旅游者与当地居民日益忧虑景区历史文化遗产和自然生态环境的破坏问题，他们不断呼吁开发商在景区保护与发展中承担一定的社会责任，于是有不少开发商转而关注起社会责任问题。他们开始考虑保护历史文化遗产及自然生态环境，坚持可持续发展原则，遵守相应法规与制度，通过尊重历史文化遗产的原真性、减小污水排放等"绿色"行为来提升自身企业形象，扩大市场需求，进而达到提高收益或降低成本的目的。综上所述，我们可以将开发商的利益诉求归纳为：获得高额利益回报，树立良好企业形象，提升企业知名度，实现企业可持续发展。

2. 游客管理

游客管理是指旅游管理部门或机构通过运用科技、教育、经济、行政、法律等各种手段组织和管理游客的行为过程，通过对游客容量、行为、体验、安全等的调控和管理来强化旅游资源和环境的吸引力，提高游客体验质量，实现旅游资源的永续利用和旅游目的地经济效益的最大化。游客是旅游活动的主体，是旅游产品的需求方，打造高质量的旅游产品、获得满意的旅游体验等是游客的主要利益诉求。科学有效的游客管理可以使游客获得良好的旅游环境氛围和高质量的旅游体验，使游客获得最大限度的旅游满足。

3.社区居民管理

（1）社区参与内容

社区是旅游的发展者，也是旅游资源的一部分，并且是旅游的最终受益者。目的地居民正逐步被视为旅游资源产品的核心，是可持续旅游资源开发的重要因素。从社区的角度探讨旅游目的地可持续发展是可行的途径，这在众多的研究中得到共识。当地社区对旅游地的态度、行为参与程度对旅游目的地资源开发至为关键，决定了政策执行力与管理有效度，是旅游的可持续发展规划、实施过程中的重要因素，他们的支持具有重要意义。

当然，社区参与旅游发展，也需要达到一定的条件。首先，旅游目的地社区要有动力参与旅游活动，最主要的动力就是能从旅游发展中受益。其次，社区参与旅游发展，还需要有效参与。欧凯认为社区有效地参与决策过程，需要对旅游发展有建议的权利和充分的认识。总之，旅游地与社区直接的对话和相互学习，比单纯依靠技术和科学解决办法可靠得多。

（2）社区参与模式

根据社区参与程度不同，可以将其分为三类模式：

第一类是社区全权支配管理旅游产业，如在加拿大安大略省尼亚加拉大瀑布周边的酒庄，依托私人拥有的葡萄园及家族传统酿酒知识，吸引旅游者前去品尝、购买特色酒产品，甚至发展出小型食品供应店、娱乐场等多样化旅游产品，旅游产业由社区完全拥有并加以管理。

第二类是部分参与旅游发展，分为经济参与和管理参与。在许多发展较好的旅游目的地，当地社区居民抓住契机，以家庭式餐馆、旅馆等形式参与到旅游开发中来，成为旅游产业中相对独立的有机组成部分，与旅游发展经济唇齿相依、互惠互利。或者社区与家庭选择与外来的开发商联合，合作开发旅游，不少学者提出建立股份制合作制公司的设想，并在实践中提出"景区公司＋农户"等参与模式。社区参与还可以是管理参与，包括初级的参与旅游目的地发展方式的意愿表达，以及有决策权的社区共管模式。在特定的旅游目的地，可能出现经济参与和管理参与的双重参与模式。

第三类是社区不参与旅游发展。经济利益包括两方面：①社区分享旅游收益。吴忠军等认为在旅游利益分配中，应树立当地居民利益第一思想，保继刚等也主张对没有直接涉足旅游业的社区居民，通过集体基金补偿、利益二次分配等形式保障他们也能分享旅游收益。②获取经济补偿。旅游的发展必然对当地社区产生冲击和影响，通过经济形式对利益受损的居民进行补偿，是旅游尤其是自然旅游采用的一种方式。

第五节　旅游资源的开发与保护

旅游资源大多是自然及人类文化遗留下来的珍贵遗产，虽然某些自然旅游资源主要由再生资源组成，如植被、水景等，若破坏不甚严重，有可能通过自然调节和人为努力得以恢复，但旷日持久、耗资巨大。而更多的旅游资源属非再生资源，具有难以恢复的不可再生性特点，如山岩、溶洞以及人类历史长河中遗留下来的文化遗产等，一旦被破坏便可能从地球上消失，即使付出极大的代价进行仿造，其意义也与原来的绝不相同。因此，旅游资源保护的意义重大，要始终贯穿于旅游资源开发与管理的整个过程。

一、旅游资源开发的影响

（一）自然过程对旅游资源的影响

旅游资源是大自然的一部分，大自然的发展、变化都会影响旅游资源的变化，旅游资源在自然的风雨中会遭受到不同程度的破坏，这就是旅游资源的自然衰败，导致自然衰败的原因包括风、雨、洪水、泥石流、动植物、地震、地质沉降等，根据影响的速度和程度不同，又可细分为灾变性破坏和缓慢性破坏。

1.灾变性破坏

自然界中突然发生的变化，如地震、火山喷发、海啸等自然灾害的出现，会直接改变一个地区的面貌，毁掉部分或全部旅游资源，这种现象称为旅游资源灾变性破坏。灾变性破坏具有突发性和破坏强度大的特点。如1997年8月，夏威夷岛上最古老的瓦吼拉神庙被基拉维火山喷出的熔岩全部淹没，一座有700多年历史的名胜古迹毁于一旦。

2.缓慢性风化

一般情况下，长期的寒暑变化、流水侵蚀、风吹雨淋等都会慢慢地改变旅游资源的形态。这种缓慢的变化即为缓慢性风化。缓慢性风化的破坏过程往往是渐进的，但长年累月引发的损害也不容小觑。如埃及基奥斯普大金字塔表层每年损耗约3毫米，我国云冈、龙门、敦煌三大石窟无一例外地也受到了类似的破坏。

自然力作用造成的破坏，人类无法阻止它的产生，只能通过一些科技手段延缓或补救这种破坏，尽可能降低它的破坏程度。

（二）人为开发对旅游资源的影响

1.旅游开发促进对旅游资源的保护

旅游开发是一个人为的过程，是通过人的主观能动性，将旅游资源转化为产品与项目的过程。旅游开发促进了旅游资源的利用，使之能发挥出潜在的综合效益，但保护和利用是旅游开发的两方面，保护的目的是更好地利用，而利用也有助于保护。

人们对于旅游资源的开发在一定程度上改变了人们对资源利用的传统思维。很多旅游资源在没有开发之前，往往没有认识到它们的价值，只有通过旅游开发，才能促进人们认识和理解旅游资源还具有供人们休闲、游憩，获得精神和物质享受的功能。例如，在山区，森林资源的唯一功能长期以来被认为是木材的价值，人们将树木砍伐，然后运出山里，在市场上获得它的价值，这造成很多森林地区过度砍伐，既过度消耗森林资源，又破坏环境，造成水土流失，原来山清水秀的美景一去不复返。随着旅游开发，过去地处偏远的森林现在成为旅游开发的热点，人们才认识到让树木生长在那里可以产生同样的甚至是更多的效益，人们这种观念的转变得益于旅游的开发。旅游开发促进了文化传统和自然环境的保护。因为旅游开发挽救了很多濒临灭绝的旅游资源，旅游开发将传统的城市和传统的文化从消亡的边缘拉了回来。

2.旅游开发造成旅游资源的破坏

与旅游开发促进对旅游资源的保护相对应的是一些不当的旅游开发往往也会造成旅游资源的破坏，这种破坏有的是非旅游活动造成的，有的是旅游开发中的不当活动所引起的，有的则是旅游开发活动本身所带来的。

旅游开发对旅游资源的破坏可以分为建设性破坏、保护性破坏、管理性破坏和制度性破坏四种。

（1）建设性破坏

建设性破坏是指旅游业发展进程中开发不当等引发的对旅游资源的破坏。景区索道建设在我国是一种普遍性的旅游开发性破坏方式，如丽江玉龙雪山索道的建设和运营，给保护区带来了生态灾难，大量游人的拥入，使亘古冰川遭到破坏，部分冰川开始融化，高山植被和野生花卉被游客践踏、破坏，野生动物数量急剧减少。

（2）保护性破坏

保护性破坏是指以旅游资源的保护为目标，但因保护措施失当，导致保护设施与周围环境不协调，或因保护性修护方法欠妥，引发旅游资源新的破坏。与建设性破坏不同，由于保护性破坏有良好的初衷，使其隐蔽性更强。如某些历史遗址，一旦周围环境遭破坏，也会导致历史性建筑失去了原真性、整体性，而这种原真性、整体性一旦消失就无法再恢复。

（3）管理性破坏

管理性破坏是一种更深层次的破坏方式，又可进一步细分为直接的管理性破坏和间接的管理性破坏，前者是由于不当的管理决策直接导致的对旅游资源的破坏，后者则多是由于对游客管理失当或管理缺位而引发的，超过景点容量的超规模接待破坏了旅游区自然生态系统的平衡，从而对旅游区生态系统带来危害。

（4）制度性破坏

制度设计上的产权重叠与监督缺位，是旅游资源人为破坏的根源所在。由于目前存在同一旅游资源分别委托给林业、环保、建设等多个部门进行"代理"的现象，实际上造成了产权设置重叠，即同一资源实体的一些产权同时委托给不同的平级政府部门，各政府部门对资源的"处置权"并不具有排他性，他们在实际中相互竞争使用。同时，信息不对称与制度性监督缺位也是旅游资源制度性破坏的另一导火索。

二、旅游资源的保护手段

旅游资源是一个国家发展旅游业的生命线，要使旅游业得以持续、快速、健康地发展，就必须采取各种行政的、经济的、法律的、科技的、教育的手段来保护旅游资源。

（一）旅游资源保护的法律手段

旅游资源保护的法律手段，就是通过各种涉及旅游资源与环境保护的法律、法规来约束旅游开发者和旅游者的行为，以达到对旅游资源进行保护的目的。法律保护手段具有权威性和强制性，是最为有力的保护措施。目前，我国并没有专门的旅游资源保护法，与旅游资源保护有关的法律法规主要散见于各环境与资源单行要素保护法律及行政法规、部门规章中，旅游资源保护法律法规较为松散，缺乏系统性和整体性。

（二）旅游资源保护的经济手段

旅游资源保护的经济手段就是国家或主管部门运用价格、利润、利息、税收、罚款等经济杠杆和价值工具，调整各方面的经济利益关系，把企业的局部利益同社会的整体利益有机结合起来，制止损害旅游资源的活动，奖励保护旅游资源的活动。

（三）旅游资源保护的行政手段

发展旅游业，如果管理得当，会促进旅游资源保护的进展；如果管理不善，会给环境带来灾难性后果，最终导致旅游业赖以生存和发展的基础被破坏。各级地方政府对旅游资源的行政管理以及对发展旅游业和保护旅游资源方面起着不可替代的重要作用。

（四）旅游资源保护的技术手段

旅游资源保护的技术手段是指运用各种科学技术手段进行旅游资源环境的管理，这些手段包括数学手段、物理手段、生物手段、工程手段、新兴科技手段等。

（五）旅游资源保护的教育手段

旅游资源保护教育是指通过各种宣传手段和教育方法，对从事旅游开发经营活动的开发商、参与观光游览活动的旅游者进行资源坏境的道德伦理教育及资源开发与环境保护技术教育，特别是加强对青少年的环境教育、生态知识普及，加强对教育机构、教育投入机制、媒体的组织、领导和管理等教育，在全社会形成旅游道德、环境意识和环境技能教育的网络体系。其包括施教者、宣传者、组织者、被教者、管理者等各个群体系统。

第七章　文化旅游管理概论

第一节　文化旅游管理的概念

基于旅游者对旅游资源文化内涵的体验，旅游目的地、旅游服务机构、旅游管理部门和相关教育部门都应有相对应的优化方向与管理方案。

在文化旅游的过程中，旅游者对景观文化内涵的良好感受，离不开旅游目的地对旅游资源文化吸引力的营造、文化主体的合理策划以及有效合适的整体文化管理模式，更不能忽视旅游目的地所在社会的文化认同与接受度。文化旅游目的地对旅游资源的规划与建设是否得当，体现着当地政府的文化管理水平。一个省或地区整体的旅游形象与定位与当地的旅游资源是否相宜，往往是旅游发展能否获得长足发展的关键。开发的"旅游资源"符合大众心目中普遍认可的审美标准，规划的新城区能满足游客对当地传统文化观光与体验的需求，都是十分重要的。一旦忽视规划中的文化因素，盲目投资，就可能造成游客不足和资金浪费的现象。

旅游需要实现可持续的发展，其实质是要求旅游与自然、文化、人类生存的环境之间形成一个整体，这一整体之间各因素的平衡关系不能破坏。文化旅游的可持续发展应该包括保护旅游目的地文化的完整性、传承性，除此之外，还要满足旅游开发的经济需求以及游客的文化体验需求。

酒店、旅行社、交通运输部门，作为旅游活动的接待或中介机构，不能低估文化在服务中的含金量。酒店形象的文化塑造是酒店服务文化精神内涵的表现，客房配置的文化装饰、餐饮供给的文化包装、场景氛围的文化营造、员工素质的文化提升等，都能从本质上提高酒店的服务质量和水平，让旅游者获得更好的享受，进而在市场竞争中立于不败之地。导游、景区讲解员应把握景区的文化和游客群体特征，甚至是旅游交通工具乘务员等，亦应深刻理解岗位的性质，以人为本，把最好的文化服务奉献给游客。

政府、企业和行业组织等提供的旅游公共服务，包括旅游基础设施建设、旅游公共信息宣传服务、旅游生态环境建设与保护、旅游公共资源开发与管理、旅游公共安全保障等内容。为了增强游客满意度，这些旅游公共服务的不少环节都可以融入充分的文化思考，例如，在旅游指南、旅游通关设施、窗口岗位，针对不同地域文化、宗教背景的游客设计贴心的服务细节等。

近年来，有的中国游客在进行文化旅游活动时，破坏当地文物建筑、不尊重文化习俗、不遵守公共秩序等行为屡见报端，与国际认可的游客形象相距甚远。究其原因，主要是中国传统文化影响下的游客，面临旅游产业的迅速发展和经济实力的上升，没有以新的面貌呈现在国际社会面前，自身的旅游文化素养与国际旅游文明没有紧密接轨。在这样的背景下，讨论文化旅游目的地的游客文明管理很有必要。

在多样的文化素养要求下，为了给游客提供全面专业的文化服务，旅游教育机构应重视文化旅游人才的培养。例如，中国传统优秀文化在旅游管理专业大学课程中的应用与设计、历史文化与爱国教育、跨文化管理素养与交流技巧、文化服务设计在未来工作岗位中的融入等，都是文化旅游管理的重要内容。

综上，文化旅游管理就是围绕游客在旅游目的地的文化体验活动展开的一系列对旅游目的地文化形象塑造、文化吸引力提升、文化规划与建设、游客文化管理和文化旅游管理人才培养活动的综合体。

第二节　旅游管理中文化的价值

一、文化的价值及与旅游的融合

文化的价值在于规范人、优化人。它能对人产生一种优化的动力，使人向善，变得文明，即伦理教化的功能。文化代表着一种高层次的精神需求，而不仅仅是吃饱穿暖，人们希望自己的生活符合社会规范并得到优化。文化是社会经济与政治的反映，记载了人类历代积累的智慧与创造并传承下去，成为人类文明成就得以传承的载体。文化通过有形的器物或文字、无形的传说或风俗，凝聚了人们对真、善、美的追求，代表了人们对人生价值的思索，使人们向着更高的目标前进。

无论是世界上伟大的建筑、器物、艺术还是技巧，都蕴含着令人感慨的价值。

文化是旅游的灵魂。对游客来说，文化意识可以加深旅游体会。如通过对其他民族舞蹈的观赏，游客可以体会到该民族通过舞蹈展示的精神境界，从而扩大认知范围，产生文化认同的效果。对旅游目的地来说，文化更是激发旅游者强烈旅游动机的灵丹妙药。本来不知名的某个景区，通过考古发掘或史料考证，发现这里历史上曾发生过某个著名的事件传说，再通过旅游宣传与推广，很可能就成为吸引游客的新目的地。文化已经融入旅游吃、住、行、游、购、娱六大要素的很多方面，是增强旅游路线价值、提升服务水准的最新方向标。

文化可以从多角度与旅游融合。如将地域文化与旅游融合，中国各地少数民族民歌、民间传说、民间戏剧、民间舞蹈、民间习俗等具有鲜明的地域特色，经过挖掘和整理，可以开发一系列地域性和民族性较强的旅游文化产品，如"印象刘三姐"大型实景演出、贵州千户苗寨、深圳民俗文化村等。结合自然地理环境实现运动竞技文化与旅游融合，如冰川雪原、喀斯特地形地貌、森林山地等，可以开展户外运动和户外休闲旅游。如将创意文化与旅游融合，依托旅游资源，对文化资源进行创意化开发，凸显旅游的文化性和体验性。如将科普文化与旅游融合，许多景区是世界级或国家级遗产地，极具科考价值和景观美学价值，游客身临其境，可实现观光游、科普游、科考探险游等。可随之建立世界自然遗产博物馆，向游客普及自然地理的相关知识。如将建筑文化与旅游融合，建筑是人文旅游资源的重要构成部分，是科学技术和文化艺术的综合体，游客既可以感受建筑艺术之美，又能为蕴含的文化内涵所陶冶。还有生态文化与旅游融合，景区可以将风景区保护知识纳入旅游宣传册、大型户外公益广告中，大力倡导环境文明、秩序文明、服务文明。

二、文化在旅游管理活动中的价值

旅游管理同国民经济各个部门的管理一样，贯穿于旅游业发展的全过程，具有一定的活动范畴。具体来说，旅游管理包括旅游企业经营活动的管理，如提供旅游产品和服务的过程；包括旅游行业组织活动的管理，如旅游饭店协会等；包括确立旅游管理目标、建立旅游信息系统、制订旅游发展计划和进行旅游监督等；包括旅游人力资源管理活动、旅游资源管理活动等；包括旅游安全管理活动、旅游市场管理活动等。其中，旅游管理者有必要分析管理活动所处的环境、旅游资源状况、游客的文化需求、目的地社区居民的文化背景，制定合适的旅游发展策略和服务方针。

文化意识对于旅游管理活动来说是十分关键的，却往往被许多管理者忽视，导致许多旅游项目盲目上马。当今不少以新面貌出现的旅游景区，有些仿照其他国家文化遗产的建筑如埃及金字塔，有些直接复制欧洲某个城市的街区如威尼斯水城，却没有丝毫自身的地域文化特色，这就是盲目追随别国文化而造成本地文化消失的典型。文化无论对于城市还是乡村抑或山野中的景观来说，是开发旅游目的地者的一种思想方式，它决定着目的地未来在文化旅游者心目中的价值。文化对于旅游者来说，有一种无形的力量，使得旅游目的地令人向往。因此，景区对外的文化形象、文化服务细节的安排、社区居民包容的文化观，是衡量游客满意度的非物质性指标。

三、中国传统文化对旅游管理活动的价值

中国文化的优良传统值得弘扬，儒、道学中有不少博大精深的道理深刻影响了古人的旅游行为，对当代的旅游管理活动仍有很大影响。

儒学对中华民族精神文明的发展起到了巨大的推动作用，提升了精神生活的价值，例如，孔子提出"智者乐水，仁者乐山"的旅游理论，就是将旅游与最高生活境界的"仁"联系起来，在乐山乐水中回归自然。孔子以"仁且智"为圣人的境界，兼重仁智是儒学的传统。儒家思想构造的"德化山水"观念，赋予自然山水以道德性格。这种观念起源于孔子的名言："智者乐水，仁者乐山。智者动，仁者静。智者乐，仁者寿。"① 可以说，孔子"君子比德"思想的融入发挥了开创性的历史作用，同时又启迪着后人对游山玩水的新认识。希望人们在游历山水中，体会自然的玄妙，使道德精神得到提升，从而达到塑造生动人格的目的。当时的旅游，提倡人们从山水旅游中去游观，从中得到启发，领悟道德的至上境界。孟子曰："孔子登东山而小鲁，登泰山而小天下。故观于海者难为水，游于圣人之门者难为言。"② 说明登上高山之后，觉得天下变小了，看过大海之后，别的水就难以成为水了。说明人的视野开阔了，有超越性的哲学意识也就产生了。孔子赋

---

① 梁大伟.论语 [M].哈尔滨：北方文艺出版社,2019.
② 梁大伟.论语 [M].哈尔滨：北方文艺出版社,2019.

予山水以道德品格的思想，也影响了孟子等思想家。整个先秦时期，德化自然的思想十分浓厚，成为以儒家伦理为核心的改造世界的思想方式之一。在这种儒家旅游观念的指引下，后世纵情山水、涵养性情的文人士大夫层出不穷，成为显示高雅的一种时尚。

道家代表著作《列子》通过寓言指出，"游"是崇尚变化的，游中不仅可以获得乐趣，而且能观察世界的变化，使"务外游"上升到"务内观"，应从"物外之游"获得"身心之游"。战国时期庄子继承道家始祖老子的思想，在《逍遥游》中提出了道家的旅游思想，"是鸟也，海运则将徙于南冥。南冥者，天池也"。"小知不如大知，小年不及大年。奚以知其然也？朝菌不知晦朔，蟪蛄不知春秋，此小年也"。远游如同大鹏展翅到南方，虽路途遥远艰辛，却比留在本地的小虫更能获得外部知识。道家思想以"回归自然""恢复人之本性"为核心的旅游思想，是当今旅游景区规划建设的重要文化指导思想。旅游业管理中"人"是核心，这里的"人"不仅仅指提供旅游产品和服务的员工，还包括接受旅游服务的旅游者。因此，除了要对旅游者谦和以外，还要重视旅游者鉴赏旅游资源的内心需求与感受的满足因素，从而创造一个和谐的旅游过程。

儒家、道家思想在几千年的发展中不断融合，直到今天已经成为中华民族文化的瑰宝。当今社会，应融合中国传统文化，科学规划旅游地区的文化。如在突出历史文化名城保护的基础上调整优化老城区，在政府主导下，按照科学合理的原则做好旅游地区的规划。

第三节　我国文化旅游管理策略

文化旅游资源是对旅游者形成文化吸引，为旅游者在文化旅游过程中使用和消费的各类要素。作为文化渗透和感觉具体化的文化场景和环境建设，旅游目的地应努力发展一系列"文化硬件"，如建筑物的文化符号语言及审美的同一性，要创建一种在地区得到承认的建筑物的符号语言，并提高其文化表现力，以强化旅游者的视觉感受。文化旅游资源的合理开发，可以更好地提升文化价值并带来良好的市场效应，是具有科学性管理学视角的行为。

一、文化旅游产品增值策略

可以从旅游规划的视角，重视经济增值的渠道、开发利用文化旅游资源，并配套相应的投资鼓励政策，实现旅游产品的文化增值。例如，深挖地域特色的文化元素，刺激文化的消费欲望，促进购买实现。目前我国边疆旅游的产业格局以观光购物为主，产业结构陈旧，需要依托特色文化资源优势，以塑造鲜明的边境旅游特色。比如，新疆和西藏两地，为了吸引更多国际国内游客，在文化产业政策的制定上，应重视当地有地域色彩的物质和非物质文化资源产品的深度发掘。西藏边境地区的托林寺、古格王国遗址、东嘎石窟壁画、桑丁寺等人文景观，新疆边境地区的达勒特古城遗址、惠远古城、魔鬼城、香宝宝古墓群等遗址，均颇具地域特色，历史价值高。古代还有不少内地文人赴西域的诗文与游记，描写的是新疆等地区与内地不同之风貌，如清朝人作的《郭麈即事》《哈喇沙尔》《阻风行》等，对戈壁、通天河以及哈密一带的雪山风景进行了生动的描述。这些文学作品真实感人，充满了作者对祖国辽阔边疆的热爱之情，对于居住环境日渐拥挤的内地游客来说，是绝好的可供开发的旅游营销素材。根据这些文化资源的禀赋与特征，当地政府可编制专项规划，通过探险、影视或演出节目类文化产业实行景区旅游推广，并配套接待设施和文化服务，出台相应的企业投资政策。

二、文化旅游产业设计与服务升级策略

可以从产业规划设计与服务升级的视角，调整文化旅游产业结构和服务内容，提高文化旅游资源的使用效率，提高服务水平。如在旅游业综合效益持续保持较低状态、纯技术效应有下降趋势即技术进步不明显时，可以考虑创意产业文化要素的有机融入，通过促进价值增值从而推动升级。创意旅游强调对各类资源的多维化整合，通过创意将有形和无形的旅游资源转化为资本经营，促进旅游产业升级换代，促进旅游经济发展方式转变和结构优化。对于一些具有历史沉淀的文化资源和一些古城遗址，可融入一些物质载体、故事和社会生活元素进行开发和利用。如河南省要依托"古、河、花、拳、根"等丰富多彩的旅游资源，搞好创意性主题设计，应着重围绕以下主题整合资源，开发利用产品。

旅游服务是指旅游景区、饭店、旅行社工作人员通过各种设施和手段以"热

情好客"的表现形式，为旅客提供能够满足其生理和心理的物质与精神需要的过程。旅游服务还应包括旅游目的地当地政府为改善旅游环境、吸引游客所进行的旅游公共服务建设。文化旅游景区是以人文资源为对象开展旅游活动的景区，包括历史遗迹类、建筑类、民族艺术类、民俗类、宗教类、休闲文化体验类景区。这些景区以文化景观为观赏对象或以休闲娱乐方式为消费内容，其目的在于使旅游者获得深刻的景观文化认知或休闲文化体验。文化旅游景区与自然风景区相比，需要有更丰富的文化内涵服务。例如，从旅游景区门票着手，在门票设计中融入文化元素，且要与景区特色协调，还要体现景区及地域的文化精髓，配以正确、合适的语言表述。又如，景区的讲解员，应从多方面提升自身的文化素质和文化讲解水平，争取成为"文化型"讲解员。旅游景区餐饮服务是指针对游客在参观游览过程中的餐饮需求而提供的服务。餐饮服务是景区服务的重要组成部分，餐饮服务的质量和风格在很大程度上反映了景区经营的总体质量和风格，可从宴会餐饮文化、地方小吃文化、餐厅环境文化和餐厅服务文化等角度提高服务水平。

三、社区与游客文化旅游管理策略

从促进文化旅游目的地社区文化和谐、使社区文化与旅游产业实现整体协调发展的角度来更好地利用文化旅游资源。旅游业的发展与旅游目的地社区居民密切相关。旅游目的地居民之间、旅游目的地管理部门与居民之间、居民与旅游者之间的文化关系，直接影响和制约着旅游目的地的发展。对于民族村寨，可以利用寨老在当地村民中的社会地位，结合村规民约和民族传统文化促进社区接受外来游客来寨参观；同时还要尊重当地居民的民俗与文化忌讳，协调好旅游经营者、社区居民与游客三方的关系。

四、文化生态管理视野下的可持续发展

随着人类对环境危机的广泛认识，生态观念在旅游学方面对人类环境实践，尤其是山岳景区、民族乡村景区的旅游开发活动，起着维护生态平衡的作用。

可持续发展或永续发展是指在保护环境的条件下既满足当代人的需求，又不损害后代人的需求的发展模式。2015 年 8 月，在联合国全球旅游业道德守则大

会上强调了《全球旅游业道德守则》的重要性，其中概述了指导旅游业发展的各项原则，成为旅游业不同利益攸关方的参照基准，其目的是尽可能减轻旅游业对环境和文化遗产的不利影响；推动发展可持续旅游业，包括非消耗型旅游业，使社区从旅游资源中获得更多的利益，同时保持社区文化和环境的完整性，保护文物，促进对文化、遗产和传统的尊重。中国应该避免再走"先消耗、再治理"的发达国家走过的老路，文化旅游正是非消耗性旅游业的重要类别，应是实施可持续发展战略中最被重视的产业，同时亦不可忽视它的科学开发及管理。

我国名山风景区的建设，尤其应考虑生态环境及我们所探讨的可持续发展问题。而具有丰富历史经验的中国传统文化影响下的生态观，对名山风景区的旅游规划建设管理和景区的可持续发展，具有积极的实践意义。我国名山风景区文化环境与生态环境一样，也是十分脆弱的，可以说还存在诸多问题。如文化旅游的错位规划开发，当前许多地方对佛教、道教文化名山旅游资源的开发和利用极不合理，把旅游业简单地当作经济产业，对文化资源保护管理不力，缺乏全局观念和长远眼光，置文化资源保护于不顾，造成了文化资源的破坏和永远的消失。更为严重的是，文化保护意识淡薄，忽视其蕴含的文化、精神和科研价值。现代旅游业的飞速发展带来了商业化，导致对文化资源价值的曲解，造成文化旅游的变异，失去了传统文化的"原汁原味"，如盲目进行旅游开发，不注重因地制宜，胡乱挖掘名山风景区的文化资源特色，弃真求假，随意修造假古董和臆造景观。还有一些位于山区的少数民族古镇、村落，在开发乡村旅游之后，原住民要么被当地政府迁走，留下民居供外来商人经营旅游商品；要么原住民在面临日益增多的外来优势文明的冲击下，改变旧的原生态生活方式而外出打工。更有甚者，村子里的小孩会向游客索要合影费。因此，文化旅游要保持可持续性，应尽量减少对景区文化的削弱、变异作用，这就需要政府、旅游开发企业、社区委员会等进行统筹与协调。

第八章 文化旅游景区的服务管理

旅游景区几乎等同于旅游目的地，根据中华人民共和国国家标准《旅游景区质量等级的划分与评定》中的定义，旅游景区是以旅游及其相关活动为主要功能或主要功能之一的空间或地域。具体是指具有参观游览、休闲度假、康乐健身功能，具备相应旅游服务设施并提供相应旅游服务的独立管理区。文化旅游景区是以人文资源为对象开展旅游活动的景区，包括历史遗迹类、建筑类、民族艺术类、民俗类、宗教类、休闲文化体验类景区，这些景区以文化景观为观赏对象或以休闲娱乐方式为消费内容，其目的在于使旅游者获得深刻的景观文化认知或休闲文化体验。景区服务包括很多方面，如入门接待服务（票务服务、排队服务、咨询服务）、景区内接待服务（解说服务、配套服务）、保障服务（营销服务、安全服务）等。景区的管理主体是企业，服务质量是旅游景区企业的生命所在。文化旅游景区与自然风景区相比，需要有更丰富文化内涵的服务，本书称为"特色服务"。现从票务、讲解、餐饮、综合性服务等方面展开文化旅游景区特色服务管理的探讨。

第一节 旅游景区票务文化服务

一、景区门票的定义和现状

景区门票是每一位游客到景区旅游时必须购买的票据，是对游客开放的各种旅游景点，如公园、博物馆、文物古迹、休闲娱乐胜地、历史名人纪念地、自然风景区以及旅游景点附属观光索道电梯、环保车和观赏项目等所收取的游览参观费用的凭证。景区门票在一定程度上是景区给游客的第一印象，是景区"名片"。

如今的旅游门票具有各种收藏、宣传、导览、指引功能，但是亦存在不少问题。我国现在仅有少量旅游景点实行电子门票和条形码扫描准入，大部分景点仍然使用纸质门票。在检票时如果人工撕下副券，2/3以上的门票会出现票面主题图案残缺的情况，或造成门票上的系列组图不再完整。即便游客带回门票，都无法完整地向他人展示这些完整的特色景点。有些是画面设计欠佳，主题不够突出，没有选择景区最具特色、最吸引游客、最具有宣传效力的图片，这是近1/2的门票在画面设计上的最大不足。或者广告泛滥，其主题与景区风格不符，影响门票在呈现景区完整文化面貌上的效果。总之，没有利用门票的宝贵位置做好景区应有的文化宣传。做好文化旅游景区的门票设计工作，能够使景区文化特色更加凸显，增加旅游价值。

二、文化旅游景区门票的功能

如今景区门票的功能变得越来越丰富，在原先单一的准入作用之外，又衍生出游览指南、文化宣传、收藏鉴赏等诸多功能，甚至成为景区提升形象、打造品牌的重要手段。一张设计上乘的旅游门票对提升旅游区的形象和品位并最终实现经济效益具有重要意义。

景区门票具有宣传功能。门票是旅游者在景区除了旅游纪念品以外，可以直接带回家的另一纪念品。随着景区门票的设计越来越精美，门票也成为越来越多旅游者的收藏品。对景区而言，可以把旅游者的这种喜好与景区营销、景区旅游纪念品的设计集合起来，以具有特色的门票作为吸引旅游者、加强旅游者在景区的旅游体验、巩固旅游者对景区印象的一个工具和手段。

景区门票具有形象塑造功能。门票能够成为旅游景区形象传播的媒介，因为好的门票是景区形象，是景区的脸面和名片；好的门票能够传播景区特色，激起受众的消费欲望，成为旅游景区形象传播非常重要的途径。同时，旅游门票作为获得视觉形象的一种手段，特别是VCD门票，不仅是旅游经历的记录与见证，也可唤起旅游者对旅游过程的美好回忆，巩固旅游景区在旅游者心目中的形象，并通过向亲朋好友以至大众展示，扩大和提升旅游景区视觉形象影响力的深度和广度。总之，门票不仅起着传达信息的作用，而且充当着文化的承载体，文化旅游景区应不断拓展门票的创意设计空间，提升其文化内涵和审美品位。

三、文化旅游景区门票设计的原则

我国旅游资源丰富，不少景区有辉煌灿烂的文化资源。文化旅游景区尤其要重视文化特色在门票设计上的应用，如通过对所在地文化旅游开发背景和条件的分析，探讨景区地域文化在门票设计上的运用。具体说来，有以下原则。

（一）在门票设计中融入文化元素

文化旅游是依托人文资源而开展的。文化旅游景区门票设计需要体现景区文化精髓。门票设计应传承地方文化特色，使游客来游玩的同时也体验与该地域相关联的其他文化。要提炼出地域文化当中有代表性的要素，传达尽量丰富的文化含义。在设计过程中，需要从景区的文化特色和资源情况等多方面进行综合性的考虑，并适当提炼与创新，设计出能够直接使游客感受到景区有文化特色的内容，满足游客多方面的旅游体验。

以一些地区性的景区门票为例。安徽省有许多文化积淀深厚的景点，但遗憾的是，这些景点门票上的文字介绍或烦冗或笼统，既未强调历史的深厚，也没有突出文化的品位，甚至个别门票不作任何文字介绍，致使门票所承载的文化信息太过单薄。湖北是楚文化的发祥地，楚文化是古代楚人在楚地创立的地域文化，特别是在青铜器、漆器、丝织品、刺绣、哲学、文学和艺术等方面取得了显著的成就，创造了辉煌的文明。将楚文化渗透到门票设计中，并通过游客的体验，使楚文化得到提升，应充分挖掘楚文化丰富的文化资源，将无形的文化内涵渗透到具体的产品设计中。湖北旅游景区想拥有一个更大的发展空间，必须在楚文化上下大功夫。门票设计旨在彰显楚文化主题，传诵楚地灿烂文明，强化人们的文化意识，提高整个城市的文化品位。山水景观中一样可以进行文化旅游，关于湖北三峡，历史上也有不少文人名作流传后世，如屈原的《山鬼》、宋玉的《神女赋》等，描写了巫山神女的端庄，是对山峡风光最佳描述，亦可用来作为宜昌三峡景区的文字介绍参考。

又如湖北省博物馆的门票，图片是博物馆的全景照，配有中英文介绍：

湖北省博物馆位于武汉市东湖风景区，筹建于 1953 年，是全省最重要的文物征集与收藏、陈列展览与宣传教育的机构，也是全省考古勘探、发掘和文物保护研究的中心。博物馆占地面积约 8.2 万平方米，总建筑面积近 5 万平方米。目前拥有各类馆藏文物 20 余万件，其中国家一级文物近千件套。馆藏的郧县人头骨化石、曾侯乙编钟、越王勾践剑、元青花四爱图梅瓶举世闻名。

在有限的篇幅内，这一介绍涵盖了馆址、历史、功能、馆藏量和代表性文物，可以说是较为全面的。但是，如果有一两句关于楚文化的总体特征或馆藏文物总体文化的概述，更能给游客留下较鲜明的湖北文化印象。

苏州旅游资源主要体现为古典园林，既有粉墙黛瓦的特色古镇，又有传统的名刹古寺，还有着古典的江南风光，旅游资源形式丰富多彩、形态各异。因此，在门票设计过程中不能一概而论，需要针对景点的实际情况进行仔细分析，最终使门票设计与景区整体特色保持一致。例如，提起苏州城，肯定会想起建城人伍子胥；至于苏州园林，拙政园、留园更是江南古典园林的代表作品。将这些内容设计到相关景区的门票当中，能够有效地丰富门票的内容，极大地激发游客对这些内容的兴趣与热爱，提升景区的旅游价值。苏州园林目前的门票是自2010年实行"二维条码电子门票"以来，可为游客提供指纹检验基础上的当日多次入园服务。门票上的二维码与"拙政园"等园林的代表性建筑图案及"世界文化遗产"相呼应，并不显得突兀，古建筑图案与现代化的科技代码正好形成了一种古今潮流范的搭配。

（二）门票的文化设计应与景区特色相协调

和谐是世界的主旋律，中国自古以来就强调"天人合一"，旅游景区门票设计需要和景区环境相结合，应该充分考虑各个景点的特色，追求与景区风格的整体和谐统一。在门票开发设计上，可以针对相关的历史文化主题来进行设计，形成统一的基调。

如提到武汉的黄鹤楼，从崔颢的"昔人已乘黄鹤去，此地空余黄鹤楼。黄鹤一去不复返，白云千载空悠悠。晴川历历汉阳树，芳草萋萋鹦鹉洲。日暮乡关何处是？烟波江上使人愁"到毛主席的《菩萨蛮·黄鹤楼》"茫茫九派流中国，沉沉一线穿南北。烟雨莽苍苍，龟蛇锁大江。黄鹤知何去？剩有游人处。把酒酹滔滔，心潮逐浪高"。许多文人墨客徜徉其中，赋诗吟诵，留下了一篇篇脍炙人口的佳作，提及这些诗人，人们都会无限敬仰与怀念，在此基础上重新拓展有关题材的设计，潜力很大，也会深受游客的喜爱。针对景区资源特色、人文特征、文化传统等进行综合分析、提炼和总结，确定主题和特色，通过在门票设计上表现出来，让游客充分领略楚国风采。目前黄鹤楼景区的门票上除了黄鹤楼的远观图，仅有"天下江山第一楼"的语句。其实究竟哪座楼是"天下江山第一楼",目前学术界还有不少争议。因此"天下江山第一楼"并非独指或专指黄鹤楼,在门票上高调地印上这句话,还不如另择其他。有不少描述黄鹤楼文化价值和美学特征的古人辞赋,也许比这标榜"第一楼"的门票"宣言"更合适。

(三)设计上要体现文化的精髓

文化旅游景区门票设计的核心是展现景区所承载的文化。应以深厚的文化背景为依托,进行设计开发,着重渲染门票的纪念性和文化性主题。

如吴文化主要聚集在苏州、无锡等地,有着悠久的历史文化,在几千年中,吴文化逐渐形成并成熟。苏州的吴文化主要呈现为多样化文化的集中体。从物质上看,苏州古城的基础地形、容貌都非常壮观,巧夺天工,甚至屈原也叹服于"吴戈",并且有着世界文化遗产的古典园林;从文化上讲,苏州有着"百戏之祖"的昆曲,具有被称为"最美之声"的评弹。这些文化成就,足以给苏州吴文化描述出光辉的成就。苏州旅游景区门票想要在旅游产品中独树一帜,就必须要与旅游行业的发展同步,从吴文化着手,加入足够的文化特色,掌握旅游实际情况,做出适当、合理的改变。门票设计需要突出苏州吴文化的本色,简要地概述苏州几千年来的文化发展,培养人们的文化认同感,从而使整个苏州都被浓厚的文化氛围所包围。

(四)选择合适、正确的语言

体现在门票设计上的文化,最直接、最重要的是语言。语言是文化的一部分,尤其对于票幅有限的门票来说,语言承载了大部分文化信息的传递。对于历史厚重的景区来说,门票用语十分讲究,既要通俗易懂,又要体现景区的文化积淀。另外,门票用语还可与当地的宣传标语或旅游网站的标语结合起来,使游客印象深刻,容易记忆,便于宣传。

总之,一张优秀的门票通过凝练简洁的文字、优美形象的图像等信息生动而直观地表达了景区的主题元素和价值内涵。这样的门票,作为景区宣传的载体,宣传景点的风貌特色,以提高风景点的知名度,吸引更多的游客前往参观旅游。许多游客本来不知道某个风景点,可能因为看了某个风景点的门票后,引发游览的欲望。景区门票的设计需要从多方面入手,将当地旅游景区的特色融入门票设计,利用门票吸引游客的目光。

第二节　旅游景区讲解文化服务

一、"文化型"景区讲解员

"文化型"景区讲解员是在景区或博物馆为游客提供导游讲解服务的人员，通常由所在景区景点统一培训和管理。他们具有较丰富的相关专业知识，以传播景区所在地的本民族文化或地域文化为宗旨，以旅游者游览的景点以及涉及的各种社会、文化现象为依托，以友好、平等、灵活的方式挖掘、介绍其文化内涵，使旅游者产生文化共鸣，达到主客双方文化交流、文化共享、文化体验效果。景区讲解员要亲切、开朗、口齿清楚，用词优美，有真挚诚恳的态度，行动迅速，有涵养和优雅性。容貌、姿态、服饰等是景点讲解员精神面貌的外观体现，它与景点讲解员的道德、修养、文化水平、审美情趣及文明程度有密切关系。

旅游景区的讲解员如同景区的"灵魂"塑造者，其首要职责就是向旅游者详尽讲解所在景点的自然风光和人文风情。中国有不少名山大川，在这些风景区内拥有悠久的历史和丰富的文化遗产，如道教名山、佛教名山，历代诗人的诗词歌赋、名人的篆刻题咏，都需要文化型的导游从历史、宗教、地理、人文等方面进行专业的讲解，从而让游客深刻领会名山的文化内涵。即使是纯粹的湖光、山色等自然景观，亦可以从中国古代文人、探险家的审美角度进行解说，如徐霞客，在探险旅游的过程中，经历了体验绝顶情境的奇妙之旅。他从黄山天都峰坳中北下二里，四周石壁嵯峨。一路沿着危壁而行，下了百步云梯，又登至莲花峰。但见"其巅廓然开阔舒朗，四望空碧，即天都亦俯首矣。盖是峰居黄山之中，独出诸峰上，四面岩壁环耸。遇朝阳霁色，鲜映层发，令人狂叫欲舞"，经过这种级穷洞转、屈曲奇诡的探险旅程，探险者心灵因大自然的美而产生前所未有的震撼，内心在自然的呼唤下，可以得到最大限度的释放。景区讲解员应对中国这些经典的传统山水风景审美观了然于胸，随时结合风景名胜对游客做出专业的文化讲解。

二、景区讲解员工作技能的优化

景区讲解员要有足够的灵活性，才能满足游客的个性化需要。只有通过长时间自觉的知识积累和语言练习，才能实现厚积薄发的效果。

（一）深入拓展讲解的内容和知识点

讲解员平时要多积累景点相关知识，具备由已经掌握的知识点联想到没有掌握的知识点的能力。有些延伸出的知识点可以有机地融入导游词当中，使讲解更加生动全面，而有些则可以作为知识储备，应对较高文化层次游客的提问。若在讲解中有旅游者有意向对某一问题或者文化现象进行深层次的探讨，这就要求讲解员在平时对景点知识或文化现象进行深入的研究和积累。对于游客有关景区文化特征的提问，不能随便地说句"我也不清楚"，这会大大降低游客的好感度和信任感。要对园林的造园法则、山水布局、立意乃至楹联内涵了然于胸，对山水入画、视窗如画等原则清楚把握，在讲解中不仅达到"传形"，还要"传神"，将无声的园林景观用灵活、生动有趣的讲解语言变得"活"起来。如杭州西湖、承德避暑山庄等世界文化遗产景区内就有不少历代帝王书写的匾额和楹联，如不深入研究其含义，一旦遇到游客提问，是很难做出正确应对的。对于中国的各种古建筑旅游景区，要深刻了解中国传统建筑的使用材料、搭建技法的精妙之处，尤其是木质材料与西方石制建筑蕴含的不同文化含义及生活哲理。例如，中国的木结构房屋，多开孔透气、平铺延伸，反映了中国百姓的生活环境倾向于接近大自然，且人与自然希望"和谐"相处的哲理。而西方的许多建筑外形尖顶直插云霄，显示"人定胜天"等征服自然的思想，室内石制墙壁给人以冰冷、封闭，需要向上帝求得庇护的感觉。从这些中西文化对比角度来谈，定能使游客获得不一样的旅游审美感受。

（二）掌握高水平的讲解技艺

讲解可以说是景区讲解员的看家本领。只有造就一大批优秀的景区导游，让他们在讲解中把景区的内涵讲透，让游客有所学、有所悟，为游客提供良好的服务才能满足游客的愿望，使他们高兴而来、满意而归。导游在工作前必须大量储备景区的旅游信息，对文化景区来说，相关的文化背景、文献资料、逸闻趣事都要了如指掌。还要善于从当地的民风民俗等方面汲取精彩丰富的文化素材，应对游客的各种提问。在讲解中要时刻注重表情、动作、声调,营造引人入胜、身临其境的氛围,使游客对景点的历史故事、文化事件有身临其境的感受。要对景区的政治、经济、军事、文化、交通、宗教、民俗等方面的内容了解透彻,并将实际情况正确运用到讲解中去,才能丰富讲解内容和文化底蕴,体现人与景观、人与自然的完美结合、和谐统一。

(三)维护文化遗产的真实性

文化遗产的展示是指一切可能的可提高公众意识、增强公众对文化遗产的理解的活动,展示要坚持真实性和可达性的原则。其中,"真实性"要求遗产展示必须忠实地呈现和诠释文化遗产中与文化价值有关的部分。不可否认,近年来,文化遗产以其不可替代的优势,在旅游业发展中的地位和作用日益重要,但目前国内一些文化遗产景区由于粗放经营,对遗产解说系统中的导游词的重要性认识不足。景区讲解员的讲解同是遗产展示的重要凭借。它直接关系到文化遗产的真实性、知识的完整性、社会责任以及对文化意义和文脉关系的尊重。

景区讲解是文化遗产的诠释、展示手段之一。通过讲解,可使游客透过文化遗产的物质形态,了解文化遗产所承载的真实的、丰富的历史文化内涵。真实性是游客渴望得到并积极追求的一种经历,这种经历被认为是反映真实的不掺假的目的地的日常生活,或者能够让游客接触这种生活。讲解员在对文化遗产的诠释中,若对严肃历史经典做大众化、虚拟化的改变和处理,则淡化了文化遗产所代表的经典文化应有的认知功能、教育功能。

文化遗产地的旅游发展要做到开发与保护双赢,就需要从遗产资源的内在文化本源出发,还原游客一个真实的文化遗产。在旅游讲解服务中,尽管电子导游等讲解方式已较为普遍,但它们不能代替导游人员的讲解,面对团队游客或对目的地文化体验要求较高的散客,讲解词必须展示文化遗产的真实性。

如世界文化遗产"世界水利文化的鼻祖"青城山与都江堰,应对讲解词进行规范化。都江堰水利工程是全世界迄今为止年代最久、唯一留存的宏大水利工程。它由鱼嘴、飞沙堰、宝瓶口以及百丈堤、内外金刚堤、人字堤等部分组成,属全国重点文物保护单位。2007 年,"青城山—都江堰"旅游景区被国家旅游局正式批准为国家 AAAAA 级旅游景区。讲解词应围绕世界文化遗产的遴选标准和普世价值展开,力求表达的规范性。即根据文化遗产第Ⅱ、Ⅳ、Ⅵ条标准来讲解:能在一定时期内或世界某一文化区域内，对建筑艺术、纪念物艺术、城镇规划或景观设计方面的发展产生极大影响；可作为一种建筑或建筑群或景观的杰出范例，展示人类历史上一个或几个重要阶段；与具有特殊普遍意义的事件或现行传统或思想或信仰或文学艺术作品有直接或实质的联系。

讲解词具体可以包括以下内容：都江堰是当今世界年代久远，唯一留存，以无坝引水为特征的宏大水利工程。它不仅是中国水利工程技术的伟大奇迹，也是世界水利工程的璀璨明珠。它充分利用当地西北高、东南低的地理条件，根据江河出山口处特殊的地形、水脉、水势，乘势利导，无坝引水，自流灌溉，使堤防、分水、泄洪、排沙、控流相互依存、共为体系，保证了防洪、灌溉、水运和社会用水综合效益的充分发挥。它最伟大之处是建堰两千多年来经久不衰，而且发挥着越来越大的作用。都江堰的创建以不破坏自然资源、充分利用自然资源为人类服务为前提，变害为利，使人、地、水三者高度和谐统一，是全世界迄今为止仅存的一项伟大的生态工程。开创了中国古代水利史上的新纪元，标志着中国水利史进入了一个新阶段，在世界水利史上写下了光辉的一章。都江堰水利工程是中国古代人民智慧的结晶，是中华文化划时代的杰作。

第三节　旅游景区餐饮特色服务

游客在旅游过程中对于"吃"已经不仅仅是满足于填饱肚子，更是为了获得一种特殊的体验，希望品尝到平时吃不到的东西。为了满足游客在餐饮方面这种求新、求奇、求异的需求，景区餐饮在做到卫生、可口的前提下，还要做到特色鲜明。

旅游景区餐饮服务是指针对游客在参观游览过程中的餐饮需求而提供的服务。餐饮服务是景区服务的重要组成部分，餐饮服务的质量水平和风格特色在很大程度上反映了景区经营的总体质量水平和风格特色。特色餐饮是景区的重要旅游资源。饮食文化是中国文化一个重要的组成部分，游客可以通过品尝美食了解当地的民风民俗、文化传统、历史沿革，甚至宗教习俗。因此，旅游餐饮不仅是旅游者的生理需求，也是旅游活动得以进行的必要手段，而且可以成为旅游的目的之一，即成为吸引旅游者的一种旅游资源，例如，现在兴起的美食旅游。景区的餐饮服务如果能根据客人的需求以及当地实际，传承或开发一些名菜名点，推出特色餐饮，必然会丰富旅游的内容，吸引更多游客。

一、宴会餐饮文化

不少景区的食品单一雷同，体现不出景区的特色餐饮文化。旅游景区餐饮一般会打造出一些所谓的当地特色，但有时只是借名而已，其实是农贸市场集体采购的原料被包装成特色菜，没有特色的加工方法和食用方法。菜品是餐厅成功经营的根本，景区餐厅需要有符合景区文化特色的核心菜品。

景区宴会餐饮在食材的选择上应以民俗、民族、土特产、郊野化、农家化为特点，由于有较深的地方烙印，文化内涵丰富，因此将成为旅游中的主要餐饮方式。特色餐饮要考虑餐饮文化的渊源，它往往代表着正宗。如顺德是粤菜发源地，北京烤鸭是最正宗的烤鸭，南京板鸭是最正宗的板鸭。特有是指一些美食材料具有很强的地方性，如三水的禾花雀、南京江宁的老鹅、苏州阳澄湖的大闸蟹等。

例如，无锡三国景区推出的三国宴特色餐饮，包括"八卦豆腐、草船借箭、舌战群儒、火烧赤壁、三顾茅庐、长坂坡、关公刀豆、苦肉计、子龙救孤、桃园结义、貂蝉玉饺、反间计、三国归晋"等菜品，菜谱的设计凸显了三国文化。另外，三国水浒景区还推出了"湖上冷餐"——乘水浒官船、观太湖夕阳、尝太湖湖鲜，别有一番风味。在一些著名景区，同时著名的还有一些传统老字号餐饮店，例如，坐落在西湖边上，素以"佳肴与美景共餐"而驰名的"楼外楼"餐馆。

又如，湖南常德的"梁山寨酒家"以《水浒传》为蓝本，营造出古寨文化的独特风格。进餐的游客捧起菜单"水泊梁山""浪里白条"等稀奇古怪的菜名，由"孙二娘"一番解释，道出原委，这些菜品几乎都是清一色的"土色土香"，其五谷杂粮、野菜竟有60多个品种。"梁山寨酒家"用心良苦，构思精妙，使顾客顿时以为时光倒流到了千年前的宋代。古风古韵，绿林豪情，丝毫不让人感到做作，由此迎来了源源不断的客源。

总之，景区需要不断提高菜品的质量，增强其文化底蕴，把握消费者心理，抓好符合景区特质的主题菜品。

二、地方小吃文化

澳门是一个适宜徒步游览的城市。澳门世界遗产景区，窄小的横街斜巷里传统老字号的手信店处处皆是。手信是突出当地的传统人文价值，携带方便轻巧，颇具当地文化特色的旅游目的地手工纪念品，常见的是地方小吃和手工艺品。例如，1935 年创业的咀香园饼家，至今沿用古法木桶炭烧技术，用木桶内火炭的热力来烘干杏仁饼的水分。数十年来，无论是制作饼的原料还是燃料，用量和品种从不敢节省和更换。类似的不少老字号手信品牌将澳门的饼食文化推向了世界，亦提高了旅游知名度。如澳门特别行政区行政长官曾亲自为咀香园饼家颁发"澳门旅游功绩勋章"，赞扬其对澳门旅游业发展的贡献。

除此之外，澳门不少地方小吃都是采取家庭式经营，例如，杏仁饼、老婆饼、猪肉脯手信，还有古风车仔面、豆腐面店，蕴含着浓浓的地域风情与传统文化。澳门世界文化遗产景区"澳门历史中心"的街区里，有不少具备高超技艺的中华美食手工艺人，这些小吃及背后的创造者也是传统的文脉延续。作为中西文化交流荟萃 400 年的老城，澳门的葡国菜也是十分出名的。在澳门不吃葡国菜，仿佛没有来过澳门，例如，焗鸭肉饭、葡式蒜蓉炒蛤蜊，搭配红葡萄酒，很受世界各地游客的欢迎。

到香港除了四处游览和尽情购物外，品尝街头老店的地道小吃，也是体验香港文化的最好方法。香港饮食文化为东方文化及西方文化的交汇所在，发展出了一套糅合中国菜（主要为粤菜）和西餐的饮食习惯，被誉为"美食天堂"。在香港的文化发展中，饮食占有重要而有趣的一环，不仅有以往的大排档等街头食档、老字号的酒楼食肆以及各类地道酱油、饼食及特色食品，而且在旺角等地的街头小巷老店中，还能品尝到咖喱鱼蛋、煎酿三宝、钵仔糕、臭豆腐、鱼肉烧卖、鸡仔蛋，品尝到地道的传统南方美食。

三、餐厅环境文化

目前有些景区的餐饮建筑设计与景区主题不和谐，对景观造成了一定的破坏。一些旅游景区的餐饮建筑和旅游景区的总体规划不太和谐，其建筑风格并没有体现出景区的主题文化。餐饮经营者在建筑设计的时候要么过度追求现代化，要么搬用其他建筑风格，严重破坏了景区景观形象的完整性。2013年开始，云南泸沽湖景区一些外来经营商户和本地居民仍在租地建设过程中，又修建了不少与原生民族文化景区风貌不协调的建筑（包括餐饮建筑），严重影响了泸沽湖景区的保护和协调。这些建筑后来都在政府的组织下予以拆除。

景区内餐饮设施的规模和数量应与接待游客规模相适应。规模过小或数量过少无法满足大量游客的就餐要求，反之，规模过大或数量过多又会造成资源浪费；就餐环境应整洁优美，通风良好，空气清新，同时与提供的菜品服务相协调。

就餐环境是餐饮文化的组成部分，其营造的文化氛围是多角度、多方位的。从餐厅外在的有形店景文化到餐厅的功能布局、设计装饰、环境烘托、灯饰小品、挂件寓意都能体现文化主题和内涵。餐厅不仅仅是一个进餐的空间，也是一个特设的、使人愉悦的文化场所。如果主题餐厅为顾客营造或温馨或神秘、或怀旧或热烈的气氛，千姿百态，主题纷呈，前来就餐的顾客既可以品尝到美味佳肴，又能体会到浓厚的文化氛围，顾客自然就很容易与餐厅融为一体。例如，一进湖南常德"梁山寨酒家"的大门，游客便能看到仿古风格的装饰和家具，四壁张贴着水泊梁山108将的画像，满屋子摆放着硕大的酒坛。正面由具有古将风度的"寨主"率众恭敬迎客，见男客称呼一声"壮士"，见女客则高呼"女侠"。

主题餐厅可以健康为主题，结合中医和餐饮文化，设计药膳主题餐厅；也可以动画片《哆啦A梦》为主题，将儿童餐厅设计为哆啦A梦的幻想王国等。主题餐厅必须深度挖掘餐饮文化内涵，避免形式大于内容，实现可持续发展。

四、餐厅服务文化

旅游景区餐饮服务是指针对游客在参观游览过程中的餐饮需求而提供的服务。餐饮服务是景区服务的重要组成部分，餐饮服务的质量水平和风格特色在很大程度上反映了景区经营的总体质量水平和风格特色。景区餐厅要注重提供有文化内涵的特色餐饮服务。主题餐厅要获得成功，除了可口诱人的餐厅食品、别具一格的装饰装修外，离不开高水平的特色文化服务。从主题餐厅员工的特色服饰和服务方式方面增添服务的文化内涵。

例如，鹤翔山庄的员工工装以鹤为主题，领子、胸襟和袖口都绣有白鹤，底色为紫绛色，缀以玫瑰红和鹅黄展现高雅气质。青岛武侠主题餐厅服务员均为统一装束：穿着短衣布褂，背后印着一个"武"字，青衫黑裤，腰系一条玉带，一副武林人打扮，餐厅服务人员根据就餐客人的特点，有针对性地提供热情、周到的服务。服务员是代表餐饮为客人服务的"大使"，他们的装束打扮、服务动作、神态气质都反映餐饮的形象。如北京 ABC 就是一家以特色服务为主题的餐厅，ABC 的服务生与调酒师都是魔术师，经常以谐趣的表演为客人服务，目的是为客人营造轻松而又愉快的进餐环境。餐饮还可以与歌舞表演相结合，采取饮食文化与歌舞艺术相结合的形式，使游客在品尝美味佳肴的同时，还能欣赏一台优美的歌舞表演。比较著名的有西安唐乐宫唐代歌舞盛宴、昆明世博园的"吉鑫宴舞"等。

在餐厅的服务文化意识上，服务人员要有优雅的举止，对待客人需坦然、亲切和蔼，切记不要用躲闪、游移不定、疲倦的目光。最忌讳的动作有当众抓头、掏耳朵、扯衣角等；与顾客交谈的基本原则是诚恳、大方、平等、谨慎多思、朴实文雅、大方从容、有问必答，不要犹豫。与用餐客人谈话的禁忌包括：不该问的别问，不要指手画脚，不要议论对方的点菜习惯、穿着举止等。景区餐厅尤其应为来自世界各国的游客提供符合国际餐饮礼节的服务，即跨文化餐饮服务。除了在摆台、菜肴服务、酒水服务上必须按西式餐饮的礼节使用外，结账时不能像招呼中国客人一样大声吆喝"请付多少钱"，因为在西方人看来，主人不应让客人知道价格，让客人知道主人请人吃饭花费不菲或花费太少都是不愉快的事情，因此，服务员应把账单盖着放在托盘里递给主人。随着中西餐饮文化礼仪的不断普及，这些将会渗透到每位服务人员的理念中。

第九章　文化旅游的公共服务管理

第一节　文化旅游的交通服务

旅游交通服务是为旅游者在旅游过程中提供的交通运输服务，包括旅游公路、旅游航空、旅游铁路、旅游水运及特种旅游方式共同构成的产业集合体。提供服务的主体涉及国家各级政府部门、旅游规划部门及交通企事业单位。旅游交通服务的对象不是一般乘客，而是旅游者。旅游交通服务使游客通往旅游目的地具有通达性，是影响旅游产业布局的重要因素，文化旅游业也不例外。

早期西方国家交通工具的发展历程，丰富了旅游的文化含义，使人们从郊区休闲游发展为去更远的地方进行宗教、修学旅游。交通服务促进了本地文化与异地文化的交融，一个城市交通规划甚至对城市的人口结构起到一定的调节作用，营造着城市的文化资源。例如，英国文化古城牛津选择公共汽车来疏导人流，鼓励小车停泊在城外。而在英国其他人口密度低的地方，则推行自驾游。可见，旅游交通服务对文化资源地起到游客调配的重要作用。

旅游交通使旅游者的空间位移得以实现，其本身也构成一种旅游吸引物。因此，交通对旅游业的发展有着至关重要的意义。旅游交通服务的内容如下。

第一，旅游交通规划。早在20世纪20年代，美国的交通调查就注意到旅游交通需求，并开始在道路交通规划上融入旅游交通规划的概念。此后，美国相继开通了多条以旅游者为主要对象的收费道路。日本在1962年制定的"全国综合开发规划"中首次提到了旅游交通的问题。此后，日本在旅游交通规划理论、旅游道路设计方法等方面的研究均投入了相当大的力量，建立了较为完善的旅游交通规划理论体系。

第二，旅游交通网络。得益于政府对发展交通的高度重视，旅游业发达国家普遍形成了由航空、铁路、公路、水路、地铁等组成的立体化及由地区、全国及周边国家组成的网络化格局，最大限度地满足旅游者的流动意愿。

第三，交通设施设备。有些国家在旅游交通建设上投入巨额资金，以保证其硬件设施、设备达到世界领先水平。西班牙在旅游交通的整体规模上，不断完善现代化综合运输体系和通信网络。巴塞罗那与法国之间有高速公路连接，两者之间的路程只需 3 小时。马德里新机场全年旅客接送能力有望达到 7000 万人次，成为拉丁美洲进入欧洲的门户。在澳大利亚，城市道路并不宽，但标线清晰，标志设置齐全醒目，并与交通流量、流向相匹配。路面管理主要依靠完备的监控系统，各大城市已经取消了专司路面交通管理的警务人员，只有在人流密集的区域会安排少量男女骑警。

第四，旅游出行服务。旅游交通不仅需要完好的设备、设施和较高的运营管理水平，更重要的是为方便旅游者而建立一整套与交通有关的服务体系。在巴黎各个地铁站，均可以免费索取地铁交通图；为方便游客，地铁站附近的咖啡馆和香烟店也出售地铁票。在日本，各种车站销售的公交车和地铁的旅游通票，可供旅游者在一天中自由乘坐公交车和地铁。该旅游通票不仅价钱固定、便宜，还可以作为主要旅游景点的门票，让旅游者在一天中游遍一座城市。

我国一些文化旅游名城近些年来十分注重旅游交通和服务的改善。如河北省承德市是全国首批 24 座历史文化名城之一、全国首批优秀旅游城市、国家重点风景名胜区，其文化底蕴深厚、文化古迹荟萃。目前旅游产品已逐步向多元化转变，文化产业成为拳头产品。在政府的牵头下，承德市注重把山庄外庙旅游资源与现代休闲项目配套，把皇家文化、佛教文化、民族文化与参与性娱乐项目结合，京承高速成为进入承德市的重要旅游交通要道。市区内，县与县之间、景区与景区之间的道路网已基本实现覆盖，中心区内开通了串联景区、景点的客运专线。还进一步加快了重点景区景点周边、主要商业餐饮街区附近、大型团队驻地附近的停车场和公厕建设步伐，并相继启动了三个旅游集散中心的建设改造工作。

对西安市大明宫国家遗址公园、大唐芙蓉园、西安城墙景区三大历史文化景区的旅游交通满意度进行综合评价和对比分析得出：第一，游客对三大景区的旅游交通都达到满意程度，满意度由高到低依次为大唐芙蓉园、大明宫国家遗址公园、西安城墙景区。满意度差异显著要素为交通基础设施质量、交通便利性、景区道路的设计和护栏、警示牌等旅游交通安全设施四方面。第二，不同性别、不同年龄、不同文化程度、不同居住地的游客对景区旅游交通满意度的感知具有明显的变化规律和特征，而不同收入的游客对景区旅游交通满意度的感知变化规律则不显著。

对于自驾游者来说，我国目前在旅游交通设施方面的服务不足。如在旅游景点之间缺乏便利的公共交通，去往景点、景区的公交线路和班次都较少，很多景点没有专门的停车场，或者车位数量少；在路况信息的及时发布、明确的路标指示、加油站的合理布局与标志指示、汽车旅馆的建设、汽车维修以及紧急救援服务诸方面，都有不少问题亟待解决。

对于背包客来说，长途汽车是背包客旅游时选择的主要交通工具，国内缺少针对背包客的长途旅游汽车。普通长途汽车很少直接到达景区，而市内旅游公交专线仅停靠就近景点，不适合长距离和跨省区的旅行活动。这方面可以借鉴美国著名的灰狗汽车公司的做法，将汽车出租公司和旅游服务系统结合，借助连锁经营的汽车出租公司，使自助游者能够随时租车和异地还车。在此基础上，可以考虑实现旅游客运的联合运输。旅游客运联合运输是指通过两种或两种以上的客运方式，或同一旅游客运方式的几个不同运输主体遵照统一规章或协议，全程使用一种运输票据联合完成旅游客运任务的形式。这是未来旅游交通发展的重要方向。

第二节 文化旅游的信息服务

建立有效的旅游公共服务体系，营造旅游快速发展的良好环境以及推动旅游信息系统和组织的建设，提高旅游市场的规范程度等，是旅游经济发展中亟待解决的问题。

旅游信息需求贯穿旅游需求的全过程。旅游者旅游消费的投入和旅游消费的满意度与旅游信息供应的总量和方式紧密关联。目前，发达国家和地区的旅游信息服务体系已经相当完善。旅游信息服务可以分为以下几方面。

第一，电子、网络信息服务。信息化是 21 世纪旅游业的趋势，旅游网站的建设，经营方式的网络化、电子化为旅游者的出游提供了巨大便捷。在旅游电子业务运作和信息服务领域，英国是走在世界前列的，其旅游系统有着非常完善的电子化政务公开和旅游信息服务功能。从 2005 年 4 月开始，旅游者就已经可以在线查询英国境内旅游产品和价格，通过目的地管理或国家服务提供系统来预订，这标志着英国电子旅游网络的形成。英国的旅游网站还会提供完善的旅游宣传品递送服务，如打开伍斯特郡的旅游网站，旅游者只需要填写首页"宣传册请求"栏中的电子表格，网上发送后就会收到相关地方寄来的宣传册。

第二，旅游信息咨询中心。在旅游业发达国家，旅游信息咨询中心是最典型的为公众和游客提供服务的公共机构，已成为旅游者获取当地旅游信息的首要选择。

英国有 800 多个旅游信息中心，它们多位于游客集中的目的地区域中心，或距离机场、车站、码头不远的地方。不管是城市还是乡镇，都有完善的交通标识，有斜体字"I"标记的路标标明旅游信息中心的方位。英国的旅游信息中心是政府旅游服务的代理机构，从事旅游咨询服务，免费提供至少上百种旅游单页或折页信息，内容涉及旅游生活的方方面面。宣传单页整齐摆放在资料架上，一般都统一尺寸规格，便于游客携带。美国的旅游咨询服务中心绝大多数位于游客集中的地区，其提供异常丰富多样的服务项目。在旅游信息服务方面，涵盖包括旅馆、文化、餐饮、购物、观光、盛大活动、精彩赛事以及交通等方面的信息，具有资质的信息专家提供 10 余种语言的信息咨询服务。服务中心同时也提供 24 小时多种语言的电话咨询服务，并根据每个月的特殊盛事、体育赛事和文化活动更新咨询服务中心的电视节目。值得一提的是，大多数咨询服务中心还为残障人士提供专门的信息咨询服务。此外，咨询服务中心还为游客提供其他多种综合服务，主要包括：预订旅馆、娱乐订票服务；出售纪念品、地铁票、电话卡，出租相机；发送电子明信片，获取免费的打折券；停车服务、休息室、话吧、自动提款机、酒吧、公共休闲中心。

第三，旅游宣传图卡。旅游宣传图卡是旅游信息服务中传递信息最多的促销手段，是旅游者做出消费决定的最重要促进因素。在澳大利亚，旅游宣传卡片由旅游经营机构、旅游管理机构、旅游行业协会等免费向旅游者提供。这些内容翔实、设计精美的宣传卡片"无处不在"地被放置或陈列在火车、汽车、飞机的座位背后的置物袋中，机场和车站的出港通道、出站通道里唾手可得而又不妨碍旅游者通行的地方，游客下榻的宾馆、酒店、旅社门厅醒目处的陈列架上以及旅行社营业部。对于我国的文化旅游目的地来说，尽管互联网有了很大的发展和普及，传播旅游资讯的媒介方式和数量大大增加，这些都拓宽了人们获取旅游信息的渠道，但其提供的内容却尚未满足旅游者的实际需要。例如，目前网上的旅游信息大多是对景点的简单介绍、旅游线路和产品推广、票务预订以及一些自助游记；自助旅游书籍也多以手记为主，提供的旅游信息不够全面，对自助旅游者所关心的、对他们设计新线路来说非常重要的信息，具有互动性的在线咨询也基本空白。总之，在旅游信息的内容发布和服务方式等方面还有待拓展，旅游信息服务还远远不能满足游客的实际需要。尤其是人文习俗、禁忌等方面的官方提示还有待完善。例如，到云南、广西民族地区旅游，对于纳西族摩梭人的文化特征，除了跳舞、走婚之外，游客知道的甚少，从而导致一些当地居民与游客之间因为"祈福收费"等问题发生纠纷。

在解决对策上，必须丰富完善旅游公共信息的发布和推广。旅游公共信息服务是旅游公共服务建设的核心组成部分。行政管理、旅游企业等相关部门，在旅游者目的地选择阶段，可通过网络、咨询平台等协助旅游者信息的获取，诱导旅游者产生旅游行为。在旅游者旅行过程中，应向旅游者提供介绍、讲解和导引等服务，通过各种旅游公共信息服务设施的覆盖，刺激旅游者的信息触觉，吸引旅游者的注意力，同时重视旅游信息的丰富、准确和实时，关注旅游者对旅游满足度的反馈情况，及时与旅游者沟通。在文化旅游的影响及旅游活动结束后，应对旅游者进行意见征询和再联络，通过网络空间和交流平台等，鼓励游客变成旅游目的地信息的积极传播者。

应普及旅游咨询中心。如旅游业发达的澳大利亚拥有世界上最发达的旅游信息系统，其旅游咨询中心遍布全澳。在旅游资讯中心，不仅可以免费获得旅游地图、住宿、租车等宣传资料，购买旅游纪念品和当地特产，还可以进行住宿和旅游活动的预订，并配备业务素质和服务意识高的工作人员，为旅游者提供全方位的服务，解答旅游者的相关疑问。然而，如何满足广大民众海量的个性化旅游需求，仅仅依靠传统的服务模式，几乎是不可能完成的艰巨任务。而近年来在南京、镇江等地试点的"智慧旅游"对构建现代旅游公共服务体系具有重要意义。智慧旅游就是依托云计算、物联网等高新技术，整合旅游目的地吃、住、行、游、购、娱以及集旅游相关的各类资讯、服务于一体，利用电脑、触摸屏特别是智能手机等各类体验终端，为广大民众提供"各取所需"的服务。

例如，西藏自治区人民政府网就在"西藏旅游"栏目中刊文，提示广大进藏游客要事先了解当地风俗禁忌。到西藏一定要注意言行，要注意民族团结，要尊重西藏的风俗习惯，比如，喝酥油茶，去藏族人家，主人肯定会倒上酥油茶，双手递给你，你一定要双手接过来，千万不可单手。西藏地区的民风深受宗教影响，有些习惯不能以城市人的心态标准来衡量，不要去计较和指责他们。拍摄人物尤其是妇女时，也要小心，藏族人未必都喜欢被人拍摄，为避免麻烦，拍照前最好先征得同意。

第三节　文化旅游的公共基础设施服务

近几年来，随着交通、现代通信、网络技术及其他配套服务设施的发展，我国旅游者的出行条件及便利程度大为改善，但依然面临诸多障碍。很多旅游城市的基础设施和接待配套设施不够完善，缺乏系统的规划和协同开发，特别是针对自驾车旅游的配套设施严重不足。

完善旅游基础设施。旅游目的地在住宿设施的配备上应多样化、方便化，要加快建设便捷、多样的旅游配套设施。旅游目的地政府要大力引导企业投资建设卫生、便利、实惠的经济型酒店，大力建设家庭旅馆。家庭旅馆可将客栈的民居特色和青年旅馆的专业化服务结合起来，为自助旅游者提供更好的服务。针对自驾车旅游者的需要，可参考发达国家（美国、法国等）的经验，以规划建设汽车旅馆为突破口，可以在景区周围设立加油站、汽车维修站等设施；针对徒步旅游者的需要，可在景区内划出一些环境较好的空地，供旅游者休息、野炊、露宿之用，也可以建立综合服务站，出售或出租帐篷、睡袋、烧烤工具等野营用品，出售生食或熟食，派专人负责露营区的安全，向自助游客提供全方位的旅游服务。例如，美国黄石公园就专门开辟了一块地区作为"房车营地"，提供专门的供水系统和垃圾处理服务。中国惠州惠东海岸，有不少收费的海滩旅游景区。除了景区自己搭建并出租的小木屋提供的服务较完善外，却没有为选择其他住宿方式的游客提前提供安全指引。例如，在游客租好帐篷并搭建好入睡后，才叫醒露营客要远离海水涨潮的位置，造成游客与景区的纠纷。

对于背包旅游者，针对他们采取的"随走随买"购买方式，必须提供便利、准确、高效的预订系统，尤其在票务方面。这种预订期短、要求急、批次多、批量小、变化快的活动方式决定了对便利、准确、高效的智能旅游交通信息查询系统的需求。可在旅游咨询中心、游客集散中心增加网络、电话预订服务，为其自由便利活动提供有力保证。

第四节　文化旅游的公共营销与推广服务

公共营销是由政府、非营利组织等公共组织主导的，包括企业及个人等在内的多方共同参与的对公共产品进行的市场营销活动，其目的在于促进公众对公共产品的认识和了解，提升公众对其的形象认同，保证公众公共利益的实现。而旅游业的公共营销模式是以政府和非营利组织（旅游行业组织）等公共组织为核心主体，以旅游整体形象、整体旅游产品等准公共产品为对象，以旅游客源、投资者以及人才等为目标而开展的一种营销活动模式。文化旅游目的地应根据游客的文化需求，根据本身旅游资源供给的地域特点，结合市场定位，进行科学的公共营销。

如昆明在1999年获得"中国优秀旅游城市"称号，之后一直都在按照这个标准包装自己。世博会后，昆明市委、市政府提出要发展大旅游、培育大市场。2003年以来，从"昆明天天是春天"形象广告入手，狠抓城市营销，增强了品牌竞争力，强化了昆明旅游目的地集散地功能，国内外客源市场不断扩大。为充分展现昆明旅游特色，世博会之后的5年来，昆明每年举办的大、中型节庆活动平均多达15项。在政府的支持下，"皇马"造访、东亚城市市长论坛、环球小姐中国总决赛等活动，使昆明一次次成为中外媒体瞩目的焦点。近年来，除了中国国际旅游交易会和国内旅游交易会外，昆明还组团参加了中国香港特区旅游交易会和德国柏林旅游交易会，积极开展对目标客源市场进行考察和宣传促销活动，不断巩固和开拓国际客源市场。世博园不断完善，实现了可持续发展。与此同时，昆明注重把民族文化与旅游相结合，旅游产品越来越适应入境游客特别是欧美游客需求，阳光高尔夫和滇池高尔夫先后投入运营，金方温泉、昆明春天温泉等已成为昆明度假品牌之一，昆明旅游已开始由观光型向度假型转变，旅游业二次创业全面启动。

第五节 博物馆、图书馆为文化旅游提供的公共服务

美术馆、公共图书馆、文化馆（站）是政府举办的公益性文化事业单位，是开展文化旅游公共服务的重要场所。我国博物馆、纪念馆在 2008 年实现全面免费开放后，2011—2012 年，美术馆、图书馆、文化馆（站）也实现免费开放。博物馆、纪念馆是陈列、展示、宣传人类文化和自然遗存的重要场所。2011 年年初，文化部和财政部联合出台了《关于推进全国美术馆公共图书馆文化馆（站）免费开放工作的意见》，到 2012 年年底实现美术馆、公共图书馆、文化馆（站）的免费开放，因此可以说，图书馆和博物馆已经符合政府为游客提供的公共服务范畴。

博物馆、纪念馆、美术馆、公共图书馆、文化馆（站）的免费开放和科学管理，是进一步提高政府为全社会提供旅游公共文化服务水平的重要举措，是实现旅游目的地文化旅游的高水平发展的积极行动。博物馆、纪念馆免费开放，有利于完善我国旅游产业的公共文化服务体系，有利于发挥博物馆和纪念馆作为公益性文化机构的社会服务价值，有利于加强旅游活动中的国际文化交流和中华民族优秀文化的宣传推广。

文化旅游的发展趋势需要公共图书馆的全面介入和参与。文化旅游是以历史文化资源为中心，经过市场运营，形成的一种旅游形式，文化旅游涉及所有体现民族文化传统和人文精神的物质和精神的存在形式，欣赏某一民族文化的个性，探究文化景观自身演变的过程和结果，具有综合性、民族性、地域性和寓教于乐的特点。文化旅游的进一步发展，离不开拥有丰厚文化文献资源的公共图书馆的全面介入与参与。

公共图书馆服务文化旅游和建设旅游文化的基本思路是：

第一，深入挖掘人文景观、名胜古迹的历史文化渊源。旅游业本身具有"尚古"特色，旅游对象年代越久远，所积淀的历史文化信息越丰厚，就越具有文化内涵发掘的潜力。公共图书馆配合以文物、遗址、古建筑为代表的历史文化旅游，利用文献优势搜寻古籍，挖掘方志，传说，追根溯源等，都是挖掘历史信息的好方法。配合以生活习俗、节日庆典、祭祀、婚丧、体育活动和饮食服务等为代表

的民俗文化旅游，形象地再现缤纷的民俗风情，详尽地诠释旅游景点的诗文、楹联、碑刻，对当地旅游资源文化特色进行系列包装整合，引导游客在景区中走进丰富多彩的文化隧道。

第二，建立完备的旅游文献保障体系。筹划建立各级公共图书馆旅游文献资料室。设立专门经费，以保障旅游文献的购置，并将现有馆藏的所有旅游文献资料集中起来，进行开发、利用，除到书店购买外，还要与中国旅游出版社建立联系，保证最新的旅游资料及时到位。通过各种渠道，利用各种手段，广泛收集本地旅游文献，组织人员到本地各旅游部门、各旅游景点以及全国旅游交易会进行征集活动。深入民间，直接与个人联系，取得大量相关资料，同时，为了使馆藏旅游信息资源多样化，不断增加旅游光盘等电子文献的收藏，增订旅游报刊，为开展旅游特色服务打下良好的物质基础。

第三，加强各类旅游信息的收集和开发。随着中国和世界旅游业的发展，国内外旅游市场竞争日趋激烈，而旅游市场的竞争在很大程度上是信息的竞争。图书馆要发挥信息优势，加大旅游信息的收集力度。可指定专人收集有关旅游方面的信息资源，如国家旅游局的《中国旅游报》、亚洲太平洋旅行协会的《亚洲太平洋旅游协会旅行信息》、世界旅游组织的《旅游统计年鉴》等，同时还要密切关注与旅游相关的报刊上的信息。建立信息网站时，可专门建立旅游信息网页，与国家旅游局研制开发的"中国旅游信息库""旅游政策法规信息库"联网；还要与当地负责旅游的政府机构加强联系，以获取有关的统计信息和政策、法规、旅游走势等信息，为发展地方旅游经济提供决策依据。

第十章　文化旅游管理人才的培养

第一节　问题提出与概念界定

自 20 世纪 80 年代以来，随着我国整体经济实力的增强，旅游业取得了举世瞩目的成就，已经成为国民经济中一项重要产业。近年来，铁路、航空的日益通达使人们的出行变得更迅捷，旅游消费持续上升，大众旅游意识不断提高。如今，探险旅游、度假旅游、乡村旅游、商务旅游备受人们的欢迎。旅游资源开发的热潮此起彼伏，吸引游客的美食街、酒店、景区也如雨后春笋般冒出，还有不少老景区花费巨资数次改换面貌，以期获得游客关注。对国民来说，即使是跨境游也已经不足为奇，如今国外许多热门景点处处可见中国的团队。在这样的背景下，人们在出行的过程中对旅游服务的要求日益多样化，尤其是在文化方面的需求和指引迫切需要满足。

当今世界旅游业正在逐步转向以精神享受为目的的文化旅游，游客的旅游动机从走马观花式的旅游升级为一种文化的体验和享受，我国也不例外。在旅游行业如此快速发展的背景之下，值得关注的是，各种有关旅游文化服务、旅游文明的负面新闻经常见诸报纸和网络媒体。事实上，我国不少旅行社、星级酒店、国家级景区、旅游管理行政部门，还十分缺乏高素质、高质量的旅游管理及服务人才。就教育培养而言，许多高等院校包括高等职业学院虽都开设了旅游管理方面的专业，但在课程设置上比较轻视文化管理。不少旅游专业科班毕业的学生在后来从事旅游管理或服务的过程中仍感觉掌握的文化知识不够深厚，行业整体缺乏有文化意识的专业旅游规划人才。面临国际化旅游人才需求日益增加，高校应重视旅游管理文化与服务文化这两方面，从教学方法、课程设计和培养途径等方面进行创新。

文化管理的内涵很丰富。首先，文化是复杂的整体，包括知识、信仰、艺术、法律、伦理道德、风俗和作为社会组织成员的人通过学习获得的能力和习惯。其次，管理是指合理地组织人力、物力、财力，高效率地实现预期目标的过程。从旅游的角度来看，文化管理既包括以人为本、建设有特色的旅游接待企业文化背景、弘扬企业精神，实现服务文化的全新融合；又包括在旅游规划和开发中科学地进行文化主题的定位，找准当地的地域特色，符合社会发展的趋势。在当今信息化迅速发展的时代，旅游行业的文化管理能够凝聚成员，实现价值塑造和观念创新，是实现战略性管理的重要基础。

根据《中国文化服务业质量管理体系实施指南》，文化服务是指为满足游客（被服务方、文化消费者）的需要，供方（文化服务组织、文化执业者）和游客之间接触的活动所产生的结果，包括有形（物质）和（或）（非物质）文化服务活动产生的结果。文化服务的提供有很多方面，其中就涉及有关有形（物质）文化遗产（历史文化遗迹、自然遗产等）保护、观光的过程。旅游业中有饭店服务、旅行社导游领队服务、景区解说咨询、旅游产品营销等岗位，有些需要与游客进行文化沟通，其服务理念、服务细节都与来自世界各地的人有关；有些则需要促进旅游者对文化景观的认识与体验，这些无不涉及文化服务。

目前旅游管理专业大学生的主要就业方向涵盖旅游行政管理部门、旅行社、旅游咨询公司、旅游电子商务企业、旅游规划策划机构、旅游营销策划企业、旅游景区经营和管理、主题公园、旅游休闲俱乐部、旅游度假村、旅游教育、乡村旅游产业开发与创业。在高校旅游人才的培养过程中，应充分应用文化管理的精神，这反映了旅游高速发展的时代需求，是旅游管理教育新的发展趋势。从旅游学科的角度来说，文化管理方面的人才培养，即将文化管理的精神融入旅游教育之中。以高校旅游管理专业为例，包括科学把握旅游景区规划与开发的文化定位、研究旅游企业文化精神建设、提高旅游人员文化服务水平、提高旅游市场的文化管理规范程度、提升游客的文明行为管理等方面。

总的来说，21世纪的竞争是文化的竞争，在高等教育中，指导大学生正确把握企业文化定位、最大限度弘扬人性服务、在行政管理规划中具备文化思维具有前瞻性的意义。文化管理方面的教育是高校旅游专业人才培养中急需丰富与完善的内容。

第二节　文化管理融入高校旅游人才培养

一、具有高水平文化素养的旅游企业管理人才缺乏

进入旅游类企业是高校旅游人才培养的一个主要就业目标，包括旅行社、度假村、酒店或餐饮集团、游船公司、旅游景区、休闲俱乐部、主题乐园、休闲投资公司（包括旅游房地产投资）等。这些企业绝大多数需要直接与游客打交道，基层员工和管理人员的文化品德修养和多样性的文化积累非常重要。

旅游企业需要的人才应了解如何根据不同文化背景游客的差异，制定差别化的服务策略。文化服务涵盖着意识形态服务，在文化服务的过程中，应尊重民族风俗（习惯），并贯穿服务过程始终，包括策划、实施、评审、改进服务、注重可持续发展、中国文化的研究和保护等方面。例如，酒店和餐饮公司，是典型的旅游服务性企业。现在游客的消费越来越个性化、多样化，而且他们还来自世界各地，宗教信仰、饮食文化都有不同。这些游客在见面礼仪、乘车礼仪、进餐礼仪、语言习惯、消费支付习惯中的特殊原则，成为员工文化素养培养的重要内容。又如，中央八项规定实施之后，酒店与餐饮企业应重视最具活力的消费市场群体，如"90后""00后"的年轻人，应加强对他们的消费习惯、消费文化和消费心理的研究，然而现在传统酒店行业很少意识到，分析各种游客的文化背景和旅游需求是旅游教育中不可缺少的。

同时，旅游管理专业的大学生由于具有较强的人际沟通能力、活动组织能力，有不少进入人力资源部或企业文化部，甚至打拼到高层，这就涉及企业文化的建设方面。一些旅游企业的价值观是"以人为本"，为了做到这一点，更应该仔细研究游客和员工的文化需求。如果企业的文化价值观是"节约成本第一""经济利益第一"，就难免为了顾忌成本控制和实现经济利益，放弃一些对游客服务的细节考虑。目前国内不少旅行社，企业文化偏失，不顾国家旅游法的规定，肆意进行低价游的恶性竞争，旅游购物屡禁不绝，导游态度恶劣，行业形象尽失。如果是受过文化管理训练的毕业生进入这样的旅行社文化建设团队，在培养健康的价值观方面应该能起到科学调整的作用。

二、导游不文明服务、游客不文明旅游等事件频发

国内一些旅行社的导游人员，在服务过程中不了解游客的文化需求，或在带领出境团队时没有及时预防游客与当地人发生文化冲突，造成许多不文明的现象。导游服务是一项充满挑战性、涉及多种知识与修养的工作，属于高层次的服务，充满文化性。导游在给游客讲解的过程中，不仅需要介绍旅游目的地的文化，其自身还是中华文化的传播者。如今国内的一些导游，强迫游客购物不成，即用言语进行威胁，有的还对游客拳脚相向，给旅游行业带来极其恶劣的影响。2013年，《中华人民共和国旅游法》实施后的首个国庆黄金周，根据搜狐网、凤凰网等媒体的报道，云南香格里拉即出现导游威胁游客，强推自费项目的恶性事件。2016年国庆黄金周期间，导游强制游客购买物品甚至辱骂和威胁游客的不和谐音符再次在云南爆出。排除掉那些没有导游资格证的黑导游，如果是正式经过大学教育、经过考试取得导游资格证的导游，在大学期间接受过人生价值观、导游职业道德、诚信服务意识的正确引导和培育，发生这些现象的概率应该会小很多。

国内一些游客的不文明行为、遭遇出境游文化习俗差异等现象，近年来屡屡见诸报纸和网络媒体，给我国游客的国际形象带来很大的负面影响。例如，国内游的游客，常有以下不文明的行为见诸报端：

1. 破坏旅游景观的行为。几千年小农经济发展历史，使中国的百姓产生特有的农耕文化情结。长期群居的人们喜爱彰显自我价值，加上对土地的热爱之情，造成旅行时喜爱在地上做标记。唐宋时期文人旅游时常题壁留诗，以传播文学作品，此"流芳意识"引发后人旅游时的"题壁情结"。在保护文化遗产观念盛行的当今世界，这是破坏自然环境与文化景观的陋习。

2. 不讲秩序和卫生的行为。其表现为争抢拥挤、插队加塞、不讲餐桌礼仪、如厕后不冲洗和随地吐痰。一方面是缺乏守规矩的习惯，另一方面也是公共卫生观念未真正普及，文明意识不强。这些传统的生活陋习与过去经济和卫生发展长期滞后的历史背景相关，根深蒂固，很难依靠法律得到根治，而应该以文明引导和教育为主。

针对这些不文明现象，旅游专业的教育者应该思考如何将中华礼仪之发展与演变融入文明教育中，取其精华，去其糟粕。应教育学生，在西方礼仪文化不断引入的情境之下，中华礼仪需在保持传统民族特色的基础上发展，尤其是旅游行

业的工作人员，应坚守岗位职责之外的文明准则。

关于对游客文明的管理问题，目前国内讨论的大多是如何从政府管理部门进行宣传、对游客进行处罚角度来解决，组织团队游的旅行社国内导游或出境领队，出游前有没有对游客履行有针对性的文化指引义务，出游过程中有没有履行应有的提示义务，也是不可忽视的原因。因此，在高等教育中，在国际视野下对游客提供优质的文化服务，使中国游客获得世界文明的认同，也是旅游人才教育中需要丰富和扩展的环节。

在旅游人才的培育中，要融入中西文明的溯源及客观甄别中西文化差异的内容，教导未来将从事旅游服务的青年人才对游客进行礼仪指引。具体包括：

1.信仰与价值观变迁、品德教育与游客行为的养成。信仰为道德设定了目的和价值，这体现在爱护景区的动物和一草一木上。14—17世纪的文艺复兴，在恢复希腊时期身心和谐发展的教育思想基础上，迎合当时社会生活需要，倡导道德培育。16—17世纪的宗教改革之后，人们更重视个人的责任和义务，公德教育普遍实现。自17世纪开始的大旅行（Grand Tour）以来，欧洲就有大批游客出行，经历几百年的发展与培育，至今旅游文明已达到较高水平。

2.旅游行业与管理机构的监管。一些西方国家，过去人们的文化素养、生活习惯并无明显优势，但近几十年来针对游客素养的强化教育，取得了极好的效果，并有严格的处罚措施保障。日本、新加坡、西班牙、意大利等国管理部门和旅游企业，在大力宣传可持续旅游消费理念的同时，严格执行各种环保法规；同时，景区的各种卫生设施充足、整洁、布局合理，营造文明的环境，使游客主动约束自己的行为。这些经验均值得借鉴。

3.医学与卫生发展史对旅游文明行为的影响。西方近代医疗卫生的兴起，包括疾病流传和防治记载，对生活习惯产生了一定影响。14世纪黑死病横扫欧洲，对欧洲社会产生巨大影响，促进了教育和卫生防疫制度的发展。灾难与疾病的防治，对提高人类的文明进程有重大贡献。西方的公共卫生和个人保健的发展，亦是其游客卫生习惯较为良好的重要原因，值得探讨。

总之，鉴于导游不文明、游客不文明现象的频发，有必要在旅游教育课堂上，从文化学、文明史的角度引导学生进行分析、辨识和预防，同时，更新人才培养的理念，丰富学生文化知识，从源头上减少这些问题的出现。

三、地方政府"主导"旅游发展的文化思维急需更新

20 世纪 90 年代以来，我国"政府主导型"旅游发展战略占主体地位，国家及地方旅游局的相关部门，在景区规划、项目设计招标的过程中，起着十分重要的主导地位。旅游管理专业的学生不乏进入旅游行政管理部门从事规划者，而具有一定文化管理知识和素养，将有助其在工作中提高对当地景区文化主题的认识，尽可能避免盲目开发、公共资源浪费等情况的出现。有时，他们在景区规划与设计上还能起到协调旅游相关利益方如政府、企业、社区之间关系的职能，对景区经营、旅游吸引力凝聚能起到关键的作用。

我国旅游资源十分丰富，不少地区政府部门却摸不清资源的文化家底或者说脉络，不能充分了解市场需求，存在盲目主导开发、浪费人力物力的问题。这些亦导致景区旅游品位不高，游客亦无法进行深度的文化旅游。一些地方政府一方面在拆除古建筑和古民居，另一方面却滥建仿古街。如内蒙古呼和浩特大昭寺前，占地 2.3 万平方米的明清古建筑旅游景观街，建成不久便出现了冷清局面，主要原因就是有规划，却没有策划，没有找准地方特色和进行差异化定位。有些地方政府花大力气开发和改造后，却造出一座座冷清的新城新街。如武汉的江汉路和吉庆街都是城市的名片之一，在打造休闲文化街区的历程中，这两条街不是失去过去的人气，就是新街不如旧街旺，可以总结出不少经验与教训。作为具有两千年历史的商业城市，武汉有十分悠久的城市历史和优秀的文化精神，如何使之在城市街区的规划上与旅游业结合，使之获得持续繁荣的发展，是一个值得深入探讨的问题。

旅游规划的核心内容是结合当地社会、经济和文化发展趋势，以优化总体布局、完善功能结构等为目标的战略设计和实施。旅游规划在国家旅游业的发展过程中重要性越来越明显，随着 20 世纪 80 年代大众旅游需求日益增长，旅游规划学在摸索中前进。地理学、景观学、管理学、市场营销学、信息科学技术逐渐应用到旅游规划学中，而文化管理是从管理学角度延伸开的一个新视角。政府旅游管理部门人员应该具备文化思维，在科学文化管理的指导下，实现理念更新，避免失败的规划案例再次发生。因而，把握规划对象所属地区的文化脉络、人文精神、消费者文化需求，包括增加文化学的理论方法，成为旅游规划类人才培养急需的内容，也是旅游规划类课程内容设计改进的方向。

第三节　文化管理在高校旅游人才培养中的应用

一、基于文化思考的教学方法的创新

首先，针对文化管理及服务的必要性，高校旅游专业应注重"文化型"人才的培养模式。文化型导游要兼具深厚的专业知识和良好的品德修养。学生除了取得英语等级证、导游证等资格证书，还应具备在国际文化环境下被认可的人生价值观、职业道德观，这有助于未来走上工作岗位后旅游管理及服务的展开。在旅游专业课讲授的时候，教师可以将这些文化思想融入授课的内容和体系之中，而不能认为文明道德教育与专业课无关。

其次，尽量多使用案例分析和情景教学模式，使学生了解现实社会一些不良现象及产生的原因，引起重视，认真思考旅游管理与服务的文化问题。教师可以在课前收集游客投诉的媒体报道和相关数据，从企业文化理念、导游素质、地区文化差异等方面进行归纳和讲解，引导学生找出对策或预防措施。在课堂上根据频发的负面问题，让学生进行角色扮演，设计仿真的教学环节，激发学生的兴趣，获得真切的感受，让他们体会到不懂文化差异带来的困境。

最后，应改变仅仅由教师授课的传统模式，实行学校、政府和社会的协同培养。可以带学生去当地的博物馆、景区参观，让学生实地担当讲解员，在此之前，学生可以分组查阅文献，做好文化知识讲解方面的准备。或者现场考察一些规划失败的景区，请学生发放问卷或进行街头访谈，课后与教师一起分析文化方面的原因并寻找对策。应重视学生的社会参与，教师可以设计一些旅游文化类的专题，请学生调研后，在课堂上演讲，由教师提问再共同探讨，激发学生的自觉性与自主性。如此培养出来的学生，理论知识与实践得到了良好的结合，亦将更具有国际文化竞争力。

二、礼仪文化、道德修养在课程内容中的设计

以上提到的一些教学模式或方法，可以从以下角度切入，即在课程设计中加入相应的文化管理和服务内容，培养出高素质、复合型的文化型旅游管理人才。

首先，中西文化中的优秀元素可以纳入旅游管理类课程中。坚持中国传统文化根基，提倡"以人为本"的文化服务理念。我国在五千年的历史演变中形成了一套宏大的礼仪思想和礼仪规范，中国古人讲"礼仪者，敬人也"，也就是说，在人际交往中既要尊重自己，也要尊重别人。在国际交往日益密切的今天，我国的青年学子只有在传承古代优秀礼仪的基础上，知晓和遵循体现世界人类文明和社会进步的主流文明准则，才能得到国际社会的认可。例如，中国传统文化中讲究人与人和睦相处、人与自然和谐共存，强调内心的自我反省，将善作为人的本性等，值得在旅游工作中传承和发扬。西方道德文明中的诚实守信、重视个体存在的价值、理性大于情感、人类社会要遵循理性规律等方面值得学习。

另外，在课程设计中还可以加入职业道德素养章节，鼓励学生以服务社会的心态，养成优秀的品德和谦虚的性格，如此也将有助于学生长期的职业发展。可以说，当今社会旅游从业人员的职业道德水平已经成为职业事业发展的瓶颈。爱国爱企、爱岗敬业，热情友好、宾客至上，文明礼貌、规范服务，不卑不亢、自尊自强，遵纪守法、廉洁奉公，真诚公道、公平守信，团结协作、顾全大局，钻研业务、提高技能，是社会主义旅游职业道德的基本内容。此外，《旅游涉外人员守则》《中国旅行社工作人员职业道德规范（试行）》等条例、规定，也应在课堂上进行宣讲。

课堂应专门结合《旅游法》的规定，展开旅行社管理、导游服务等需要关注的内容来对学生进行专题讲解及教育。例如，该法规第三章"旅游规划和促进"、第四章"旅游经营"应该是课程内容增加的重点。具体如旅游发展规划应当包括旅游业发展的总体要求和发展目标，以及旅游服务质量提升、旅游文化建设等内容。还有旅行社不得以不合理的低价组织旅游活动，诱骗旅游者，并通过安排购物或者另行付费旅游项目获取回扣等不正当利益；旅行社组织、接待旅游者，不得指定具体购物场所，不得安排另行付费旅游项目等条款。

三、文化知识储备：帮助学生走向社会

高校有必要为旅游专业的学生储备丰富的文化知识教育内容，为其日后走上工作岗位做好准备。教师可以多和旅行社、饭店酒店、旅游景区等进行学科调研，了解目前企业的用人需求，以丰富课堂讲授的文化知识、服务技能。例如，为国

内游、出境游服务的导游、领队甚至是旅游企业管理者，应该了解那些国内外旅游景区的人文风情、生活习俗、礼仪禁忌，内容尽可能丰富，又要突出重点。高校可以多鼓励学生到企业中去，增加相关的实习经验。除了传统酒店的餐饮服务、前台服务实习岗位，世界遗产景区、主题乐园、乡村旅游景区、海边度假村等，也可以成为学生实习的选择。尤其是在具有国际经营理念的企业中或者世界游客云集的景区，学生能接触到更多的国际文化，了解企业和游客的需求，为将来就业做好准备。如武汉职业技术学院长期组织学生去阿联酋的饭店实习；澳门科技大学每年输送学生去美国佛罗里达州的奥兰多迪士尼乐园实习，这都是做得非常成功的学界先例。从青年时起，培养学生的跨文化能力非常重要，在实习过程中，学生可以在进入社会前有一些职业认识，了解用人单位对大学生综合素质的要求，从而提高文化知识水平。

参考文献

[1] 邓明艳. 旅游目的地文化展示与形象管理研究 [M]. 北京：中国社会科学出版社，2021.

[2] 范高明. 旅游文化 [M]. 厦门：厦门大学出版社，2015.

[3] 傅军军，师永强，侯娜. 现代旅游管理理论与实践 [M]. 长春：吉林人民出版社，2021.

[4] 顾金孚. 江南水乡文化概论 [M]. 杭州：浙江工商大学出版社，2014.

[5] 郭伟，付岗. 旅游管理专业实践教学教程 [M]. 秦皇岛：燕山大学出版社，2018.

[6] 贾荣. 乡村旅游经营与管理 [M]. 北京：北京理工大学出版社，2016.

[7] 李江敏，苏洪涛. 中国旅游与非物质文化遗产 [M]. 武汉：武汉大学出版社，2017.

[8] 吕宛春，赵书虹，罗江波. 旅游企业跨文化管理 [M]. 天津：南开大学出版社，2009.

[9] 马东跃，何伟，张明. 文化符号与城市旅游品牌管理研究 [M]. 北京：中国环境科学出版社，2015.

[10] 唐秀丽. 旅游心理学 [M]. 重庆：重庆大学出版社，2020.

[11] 王鹏. 文化与旅游策划十二堂课 [M]. 石家庄：河北教育出版社，2020.

[12] 王迎新. 文化旅游管理研究 [M]. 北京：现代出版社，2019.

[13] 王子超. 文化旅游管理 [M]. 北京：中国劳动社会保障出版社，2017.

[14] 肖怡然. 旅游消费者行为学 [M]. 北京：北京理工大学出版社，2017.

[15] 谢元博，麦霖. 中国旅游文化 [M]. 北京：中国商业出版社，2018.

[16] 羊绍全. 旅游资源调查与评价实训教程 [M]. 北京：北京理工大学出版社，2019.

[17] 姚宏，郭雪梅，李晓英. 我国世界文化遗产地旅游成长波动与管理动因

研究 [M]. 北京：中国财政经济出版社，2019.

[18] 易小力. 文化遗产旅游管理研究 [M]. 北京：中国旅游出版社，2014.

[19] 张嘉惠，刘晶. 旅游心理学 [M]. 北京：北京理工大学出版社，2018.

[20] 张莉杰. 旅游管理与旅游文化传播 [M]. 延吉：延边大学出版社，2022.

[21] 张胜男. 旅游文化管理 [M]. 北京：人民出版社，2012.

[22] 钟永德，陈晓磬. 旅游景区管理 [M]. 武汉：武汉大学出版社，2009.

[23] 周永振. 旅游学文化概论 [M]. 武汉：武汉大学出版社，2010.

[24] 朱晓晴. 中国旅游文化 [M]. 西安：西北大学出版社，2019.